종교적 일상과 삶의 이야기

영혼의 향연

병인박해를 피해 고향을 등지고 진천 절골의 교우촌으로 옮겨가 숨어 살다 1868년 4월 19일 붙잡혀 8월 13일 34살의 젊은 나이로 순교하신 복자 박경진 프란치스코와 복자 오 말가리다를 기리고, 사랑하는 예슬 마리아로사와 정수 후안을 생각합니다.

종교적 일상과 삶의 이야기

영혼의 향연

박종욱 지음

한국학술정보(주)

우리 인간의 삶이란 알 수 없는 수수께끼처럼 낯설고 어려운 것으로 가득한 미로와 같이 여겨지기도 합니다. 과연 그 끝은 있는 것인지, 시작은 어떻게 된 것인지. 우리들 가운데 누구도 이 세상에서의 삶을 선택한 사람은 없습니다. 또한 우리의 의지와 관계없이 죽음을 맞이해야만 합니다. 시작과 끝이 모호하고 알 수 없는 미궁과 같다면, 그 중간인 우리의 삶은 과연 어떠한 모습이 되어야 하는 것일까요. 앞서 간 사람들 가운데 모델이 될 수 있는 삶이 있다면, 어떤 모습일까요.

여기에 삶의 기본과 원칙을 종교적 신념에 두고 열심히 살다 간 사람들의 일생에 대한 짧은 이야기들이 있습니다. 그들의 삶과 에피소드를 통해 우리의 삶의 깊이를 통찰할 진실하고 깊이 있는 주제가 있습니다.

시간과 공간을 뛰어넘어 우리들에게 다가오는 이러한 이야기에는 가슴 아픈 상처와 사랑과 눈물과 감동이 있습니다. 신념을 갖고 산다는 것이 쉽지 않은 오늘날 자신의 믿음을 위하여 스스로의 삶을 고스란히 희생한 이들의 행위는 때론 전율로 느껴지기도 합니다.

자신에게 주어진 삶을 열심히 살았던 이들의 고귀한 삶의 흔적은 훗날 이들을 '성인'으로 부르도록 만들었습니다. 어떤 이들은 박해의 칼날 아래 목숨을 내놓아야 했으며, 어떤 이들은 사랑을 실천하며 거룩한 삶을 살아갔습니다.

우리는 이들의 삶을 돌이켜 보면서, 영웅처럼 대단한 그들의 행동을 흥미 있게 살펴볼 수 있습니다. 영웅적인 행동은 신앙을 탄압하던 때에 두드러지게 나타나기도

하지만, 다른 사람들을 사랑하는 순수한 마음씨와 행동에서 나타나기도 합니다. 물론 이러한 사랑은 국가나 인종은 물론이고 종교를 넘어서 실천되기도 하였습니다. 어떤 성인들은 학문을 통해 자신의 사랑과 믿음을 실천하였으며, 어떤 이들은 어려운 이웃을 위한 봉사와 희생을 삶의 모든 것으로 생각했습니다.

초대 교회의 사도들과 순교자들이 가장 중요하게 생각했던 것은 예수의 가르침을 많은 사람들에게 알리는 일이었습니다. 그렇지만 세월이 지나면서 수도원에서 기도하고 명상하는 생활이 더욱 근본적인 영웅적 행동으로 생각되기도 했고, 다른 종교를 믿는 민족들과의 전쟁을 치러야 했던 시대에는 보다 적극적이고 과감한 행동이 훌륭한 모범으로 여겨지기도 했습니다. 너와 나를 구분해야 하는 투쟁의 역사 현장에서 보편적인 인류에 대한 사랑과 실천을 따르기란 너무도 어려웠을 것입니다. 성인들의 영웅적인 행동에 대한 인식 또한 세월이 흐르면서 바뀔 수밖에 없었습니다. 수도회의 성격에 따라 성인들의 행동도 조금씩 달라지기도 합니다. 모범적인 행동은 수도원을 창설하신 분의 뜻에 따라서 바뀌기도 하고, 시대의 변화에 따라 조금씩 다르게 표현되기도 했습니다. 시대의 변화와 함께 표준이며, 전형일 것만 같던 영성의 패러다임이 바뀐 것이지요. 사람들을 가르치고 바르게 이끌어 주는 일이 가장 중요하게 여겨졌던 시절도 있었지만, 전쟁의 공포에서 사람들을 구출하는 일이 더욱 소중하게 여겨지던 시절도 있었으며, 굶주림이 가장 큰 위협이 되는 지역이나 시대가 있기 때문입니다. 그렇지만 아무리 시대가 바뀌고 성인들이 속해 있던 수도회가 달라도 변하지 않는 일이 있습니다. 그것은 언젠가는 죽을 우리 모두의 삶을 영원한 평화로 이끌어 갈 수 있도록 이웃을 위해 기도하고 사랑의 정신을 실천하려 노력하는 자세일 것입니다. 나와 너를 가르고, 나누는 배타심이 아니라, 너와 나를 우리로 만드는 인류애의 불꽃이 필요할 것입니다.

물과 불을 구분하듯 확고한 믿음과 사랑을 지니고 살았던 이들의 삶이 보기 흔한 경우는 아니지만, 그렇다고 여기에 기록된 사람들의 숫자란 2000년을 넘긴 신앙의 역사에서 볼 때는 제한적인 기록일 뿐입니다. 격렬한 역사의 현장에서 살아가야 했던 이들과 달리, 온화한 분위기에서 마음 안에 자신의 사랑과 신앙을 지키며 곱게 살아갔던 사람들의 숫자가 훨씬 많을 것이기 때문입니다. 물론 이런저런 상황에서 자신의 신앙을 아름답게 지켜낸 사람들의 모든 흔적을 찾아낸다는 것 또한 어려운 일이기도 할 것입니다. 이러한 이유 때문에, 로마 교황청은 1969년 새롭게 성인들의 기념 축일을 정리하면서, 알려진 자료가 너무 적거나 전혀 없는 성인들의 경우를 중요한 기념 축일에서 빼기로 결정했습니다. 그렇지만 로마 교황청은 기록이 너무 없어 잘 알려지지 않은 성인들을 깊은 존경과 관심으로 계속 인정하기로 했으며, 성인들의 기념 축일이 같은 날 겹치는 것을 막기 위해서 기념 축일을 조금씩 조정했습니다. 우리가 읽게 될 이 책에서는 모든 기록들을 기본적으로 새로운 기념 축일에 맞추었지만, 특별히 전통적으로 지방 축제 등과 관계가 있는 기념일은 전통적인 기념 축일에 맞추었습니다.

이 책은 어린이부터 청소년, 노인들까지 온 가족이 어렵지 않게 읽을 수 있도록 포괄적인 자료들을 대상으로 광범위한 기초 정보와 자료들을 수집하고 분류한 뒤, 일관된 형식의 틀에 맞춰 내용을 분석하고, 주제와 맞는 사진과 이미지 자료들을 수집하여, 하나의 통일된 내용이 될 수 있도록 글을 여러 차례 다듬어 만들어낸 책입니다. 물론 한국의 성인들도 포함시켰습니다. 우리와 같은 음식을 먹고, 같은 말을 하던 조상들의 이야기이기에 더욱 정겹고 친근하게 느껴지는 것은 어쩔 수 없나 봅니다.

성인들의 이야기는 1월부터 12월까지 기념 축일의 순서에 따라 이어집니다. 따라서 관심이 있는 성인들에 대한 일화와 그들이 남긴 말들을 읽을 수도 있겠지만, 달력을 보듯 곁에 두고 천천히 읽을 수도 있을 것 같습니다. 밀레니엄을 두 번 맞이한 가톨릭 신앙의 역사를 성인들에 얽힌 일화와 함께 읽어나가는 것도 흥미 있는 책 읽기가 될 것입니다.

contents

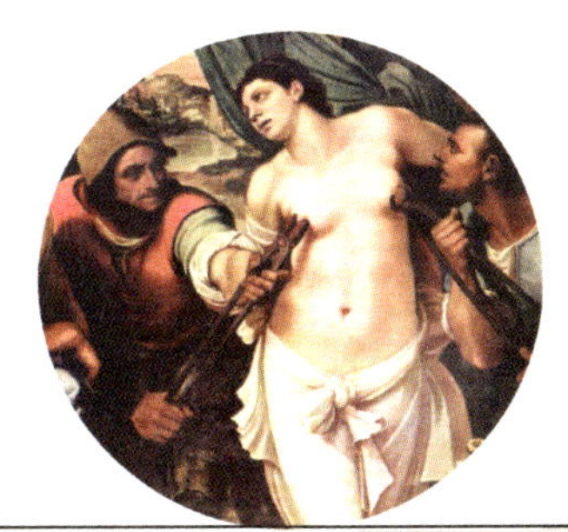

4월

1월

성 바실리오

〈기념 축일: 1월 2일〉

바실리오 성인은 330년 태어났습니다. 그는 교회를 위해서 훌륭한 글과 연구를 남겼기 때문에 '위대한 성 바실리오'라는 이름으로 불립니다. 성 바실리오는 동갑내기 친구이기도 했던 성 그레고리오 나치아체노(기념 축일: 1월 2일)와 성 후안 크리소스토모와 함께 "교회의 학자"라는 칭호를 받았을 만큼 많은 업적을 남긴 학자입니다.

바실리오 성인의 집안에서 '성스러운 삶'이란 전혀 낯선 단어가 아니었습니다. 아버지 바실리오와 어머니 에멜리아, 그리고 할머니 마크리나, 형제 그레고리오 니세노와 베드로 데 세바스테 그리고 누이 마크리나 모두 성인의 대열에 올라 있을 정도입니다. 바실리오가 태어난 다음 그의 부모는 고향 체사레아에서 추방당했습니다. 그들은 물론 많은 고통을 겪어야만 했습니다. 그러나 카파도치아 지방에 있는 체사레아 시로 돌아오면서 오랫동안 계속되었던 박해를 피할 수 있었습니다. 부모가 도시에서 추방되어 있는 동안 어린 바실리오는 할머니인 성녀 마크리나의 보살핌으로 자라났습니다. 바실리오는 청년이 되어 콘스탄티노플과 아테네에서 공부를 하였고, 그 후 이집트, 팔레스타인, 시리아 등지에 있는 수도원을 돌아다니면서 종교적인 삶에 큰 관심을 갖게 되었습니다. 물론, 그는 언제나 쉬지 않고 연구에 몰두하였습니다. 그는 폰토 지방을 흐르는 아이리스 강가에 수도원을 세웠는데, 성 베네딕토(기념 축일: 7월 11일)가 서방 수도원의 시조라면 바실리오는 동방 수도원의 시조인 셈입니다. 그가 여러 수도원의 생활양식을 연구하며 만든 원칙은 오늘날 동방 수도원에 큰 영향을 끼쳤습니다.

성 바실리오는 370년 체사레아 시의 주교로 임명되었습니다. 그는 주교로 일하면서 사회적인 문제들을 해결하기 위해 많은 글을 남겼습니다. 당시에는 가톨릭교회의 역사상 가장 큰 이단이었던 아리우스파가 있었는데, 당시 폭군이었던 발렌티노 황제가 아리우스파의 주장을 믿고 있었습니다. 황제는 예수님의 신성(하느님으로서 거룩하심)을 부정하였습니다. 그는 바실리오에게 이단자들에게도 영성체를 모실 수 있도록 하라는 부당한 압력을 계속하였습니다. 바실리오 성인의 역할은 대학자였던 성 아타나시오가 죽은 다음 더욱 커지게 되었습니다. 그는 둘로 갈라진 교회를 하나로 모으고 신자들을 일치시키는 데 많은 노력을 기울였습니다. 성 바실리오는 죽기 전에 유대인과 그리스도인은 물론이고 예수님을 믿지 않는 이방인들에게조차도 존경을 받았습니다. 그는 379년 1월 1일 이 세상을 떠나 하느님의 품으로 올라갔습니다.

성 바실리오는 성 요셉(기념 축일: 3월 19일)과 성 안드레아(11월 30일) 그리고 성 니콜라오(12월 6일)와 함께 러시아의 수호성인으로 기념됩니다.

누이인 성녀 마크리나의 부탁으로 바실리오 성인이 쓰신 수도원 생활을 위한 규칙은 오랫동안 수도원 생활의 모범적 원칙으로 받아들여지고 있습니다.

"하느님은 교회를 통해서 말씀을 하시며 교회를 성령으로 가득 메워 주신다."

성녀 제노베파

〈기념 축일: 1월 3일〉

성녀 제노베파는 프랑스의 수도 파리의 수호 성녀로 기념됩니다. 그녀의 이름은 파리의 역사에 중요한 부분으로 남아 있습니다. 제노베파는 422년 파리 근처에 있는 작은 도시 낭트에서 태어났습니다. 어린 시절 성녀는 부모님이 기르시던 양 떼를 돌보며 자라났습니다. 일곱 살이 되면서 제노베파는 성 제르마노(기념 축일: 7월 31일)를 알게 되었습니다. 어린 제노베파는 아버지 같이 다정하고 성스러운 성 제르마노의 인품에 깊은 감동을 받았습니다. 물론 성 제르마노의 영향으로 제노베파는 기도 생활과 참회의 참다운 의미를 알 수 있게 되었고, 이웃에 대한 사랑을 실천할 줄 아는 올바른 신앙인의 모습을 갖추게 되었습니다. 제노베파는 부모님이 돌아가시자 낭트를 떠나 대모가 살고 있던 파리로 이사를 했습니다. 열다섯 살이 되면서 성녀 제노베파는 어렵고 가난한 사람들을 돕는 수녀가 되려는 소망을 이루기 위해 다른 두 명의 동료와 함께 파리 대주교에게서 서원을 받았습니다.

451년 파리는 프랑코 족이 다스리고 있었는데, 침략자인 아틸라와 흉노족의 세력으로부터 커다란 위협을 받고 있어서 많은 파리 시민들은 집을 버리고 달아나야 했습니다. 그러나 성녀 제노베파는 혼란에 빠져 있는 사람들을 안심시키면서, 기도로써 파리를 지킬 수 있으니 모두 동요하지 말고 침착하게 행동하도록 사람들을 설득하였습니다. 다행스럽게 침략자인 아틸라는 파리를 포기하고 오를레앙으로 향하는 길로 도망치다 카탈라우니코 평원에서 로마와 연합군에게 패배하고 말았습니다.

성녀 제노베파는 주기적으로 유럽을 휩쓸고 다니던 흉년의 어려운 시기에 파리 시민들이 필요로 하는 먹을 것, 입을 것 등을 구하고 나눠주는 자선 생활을 계속했습니다. 로마 제국이 프랑코 왕국에 권력을 양보하자 성녀 제노베파는 새로운 민족이 그리스도를 믿고 따를 수 있도록 전교에 나섰습니다.

성녀는 종교와 관계없이 많은 사람들로부터 사랑과 존경을 받았으며, 칠데리코 왕과 클로도베오 왕을 비롯해서 성녀 클로틸데 여왕(기념 축일: 6월 3일) 등은 성녀에게 깊은 존경을 표현했습니다. 성녀 제노베파는 500년 당시로는 많은 나이인 78세로 세상을 떠났습니다.

"우리가 하느님을 믿고 그분께 기도한다면, 그분께서는 모든 두려운 역경으로부터 우리를 지켜 주실 것입니다."

성 시므온

〈기념 축일: 1월 5일〉

성 시므온은 '고행'을 실천했던 대표적인 인물입니다. 물질이 중요하게 여겨지는 요즘 '고행'은 낯선 신앙 행위입니다. 그렇지만 4세기 무렵 고행은 죄인들의 회개와 개종을 위해서 매우 효과적이었습니다. 성 시므온은 아직 하느님을 알지 못하는 사람들에게 예수님을 통해 하느님께 다가가는 방법을 알려주고, 사람들이 지닌 나쁜 생활 습관을 버릴 수 있도록 육체적인 어려움을 이겨내는 고행이라는 방법을 선택했던 것입니다.

시므온은 390년 시산이란 목축 지방에서 태어났습니다. 시산은 시리아와 시리치아 사이에 있는 지방입니다. 시므온은 텔레단과 텔네신에 있는 시리아계 수도원 공동체에 들어갔습니다. 시므온은 공동체 생활에서 경험하는 집단적 고행을 부족하게 느껴, 개인적으로 더욱 어렵고 힘든 고행의 생활을 시작하게 되었습니다. 그러나 그는 단체 생활에 어울리지 않는 행동을 한다는 이유로 공동체에서 내보내졌습니다. 사실 시므온의 고행은 보통 사람으로서는 생각하기도 힘든 고난의 연속이었습니다. 가난한 사람들에게 자신이 먹을 것과 입을 것을 모두 나눠준 다음, 자신은 사십 일 동안이나 먹지도 않은 채 들풀 줄기와 잎으로 만든 엉성한 옷을 걸치고 기도와 고행을 계속할 정도였습니다.

공동체에서 나온 다음 시므온은 안티오키아에서 그리 멀지 않은 사막의 마른 우물과 주변의 동굴에서 홀로 기도와 고행을 계속하면서 살아갔습니다. 시므온은 조용히 기도에 몰두하기 위해서 담을 쌓고, 그곳에 쇠사슬로 자신을 묶은 채 지냈지만, 안티오키아의 멜레치오 대주교가 "쇠사슬이란 맹수에게나 어울리는 것이며, 사람이란 이성으로 자신을 조절할 줄 아는 존재이므로 이성으로 자신을 다스려야 한다"며 시므온의 고행 방법에 반대하였습니다. 시므온은 대주교의 말을 받들어 쇠사슬에 몸을 묶지는 않았지만 고행과 기도만은 계속했습니다. 날이 갈수록 많은 사람들이 시므온이 고행하고 있는 곳으로 몰려들어, 그의 고행 모습과 기도 태도를 바라보고, 올바른 신앙 생활에 대해서 묻곤 했습니다.

성 시므온은 기도를 하기 위한 기도대를 만들었습니다. 대는 지름이 90센티 정도밖에 되지 않는 좁은 기둥이었는데 시간이 지나면서 자꾸 높이를 올려 마침내는 약 2미터에 이르는 좁고 높은 모양을 하게 되었습니다. 시므온 성인은 이곳에서 그의 여생을 보냈습니다. 정말 많은 사람들이 성 시므온의 고행을 보기 위해서 멀리에서부터 몰려들었고 그 가운데 많은 사람들이 성 시므온의 고행을 확인하고는 그리스도교로 개종하게 되었습니다.

어느 날 안티오키아의 대주교는 성 시므온이 복종하는 겸손한 마음을 갖고 있는지를 확인하기 위해서 그에게 대에서 내려오도록 명령했습니다. 대주교의 명령에 시므온 성인이 아무런 주저 없이 기도대에서 아래로 내려오려고 하자, 대주교는 순명하는 자세를 보여준 시므온에게 내려오지 않고 계속 그 곳에 머물러도 좋다고 허락했습니다. 성 시므온은 35살이 되던 해부터 459년 60세의 나이로 죽을 때까지 기둥을 벗어나지 않고 설교와 기도를 계속하였습니다. 성 시므온의 이러한 행동에 감동을 받은 많은 사람들이 더욱 열심히 신앙생활을 하게 되었던 것은 물론입니다. 당시 매우 중요한 종교 회의였던 칼케돈 공의회도 성 시므온의 충고를 받아들였습니다.

"나는 지금 웃고 있는 당신들이 가엾게 느껴집니다. 당신들 가운데 많은 사람들이 울고 신음하게 될 것이기 때문입니다."

동방 삼왕: 가스팔, 멜키올, 발타살

〈기념 축일: 1월 6일〉

아기 예수님이 태어나시던 날, 목동들은 구유에 계신 예수님을 찾아가 경배하였습니다. 그때 아주 멀리 떨어진 곳에서 예루살렘까지 별을 따라 여행을 하는 사람들이 있었습니다. 그들은 바로 가스팔과 멜키올 그리고 발타살이라고 불리는 동방 삼왕입니다. 그들은 주변의 다양한 민족을 상징합니다. 별을 뒤쫓아 예루살렘까지 올 수 있었던 동방 삼왕은 갑자기 사라진 별을 찾지 못해 헤롯왕을 찾아가 별에 대해 물었습니다. 헤롯왕은 그때까지 아무것도 모르고 있었기 때문에, 당황해서 사제들과 유대 법학자들에게 물어보았습니다. 이들은 헤롯왕에게 예언자들이 예언했던 구세주가 베들레헴에서 태어나게 되어 있다는 사실을 알려주었습니다. 헤롯왕은 동방 삼왕을 불러 베들레헴이라는 작은 고을로 가면 될 것이라고 알려주면서 자신도 구세주를 찾아뵐 예정이니까 그분을 만나게 되면 미리 알려 달라고 당부하였습니다.

멜키올과 가스팔, 그리고 발타살은 왕궁을 나서면서 다시 선명하게 빛나는 별을 발견할 수 있었고, 그 별을 따라 베를레헴 변두리의 작은 마구간을 찾을 수 있었습니다. 그들은 아기 예수님 앞에 다가서 머리를 조아리고 인사를 드렸습니다. 그리고 자신들이 소중하게 가져온 황금과 유향, 그리고 몰약을 선물로 드렸습니다. 한 천사가 동방 삼왕의 꿈에 나타나 헤롯왕이 나쁜 생각을 하고 있다는 사실을 알려주며 돌아갈 때 예루살렘을 지나지 말고 다른 길로 가라고 말해 주었습니다. 그들은 천사의 말에 따라 다른 길을 통해 자신들의 나라로 돌아갔습니다.

아기 예수님을 방문한 동방의 삼왕은 서로 다른 민족과 나라를 대표합니다. 동방 삼왕의 아기 예수 방문은 매년 되풀이됩니다. 그리고 많은 나라에서는 바로 이날 어린이들에게 선물을 나눠줍니다. 동쪽 나라에서 온 세 사람의 왕들과 그들이 가져온 세 가지 선물의 의미는 구세주께서 이스라엘 민족만을 위해 이 세상에 오신 것이 아니라, 모든 지방의 모든 사람을 위해 오셨으며, 세상의 값진 의미를 담아 감사의 선물로 드리는 것입니다.

"주여, 임금이신 당신에게 황금을 드리고, 하느님이신 당신에게 유향을 드리며, 사람이신 당신에게 몰약을 드리옵니다."

페냐포르트의 성 라이문도

〈기념 축일: 1월 7일〉

성 라이문도는 1180년 비야프랑카 델 페네데스의 성에서 태어났습니다. 그는 스페인 카탈루냐 지방의 귀족이었으므로 바르셀로나와 볼로냐에서 법률학을 공부할 수 있었습니다. 라이문도는 젊어서부터 철학을 가르쳤으며 교회법에 관련된 많은 글을 남기고 있습니다. 그는 나라와 교회를 위한 여러 가지 중요한 일을 맡아 충실히 일했습니다. 바르셀로나 대성당의 책임 수사였고, 교황을 비롯해서 카스티야 레온 왕국의 현왕 알폰소 10세와 아라곤 카탈루냐 왕국의 하이메 1세 국왕의 고문과 자문을 지냈으며, 도미니코 수도회의 관구장을 맡기도 했습니다. 라이문도는 하이메 1세가 정복한 마요르카 지방의 선교를 위해 특히 많은 일을 했으며, 성 베드로 놀라스코에게 많은 조언을 들려주어 포로들을 구출하기 위한 '자비의 수도회'를 창립할 수 있도록 하였습니다. 라이문도는 아랍 지역에서 선교하기 위해서 튀니지와 바르셀로나 그리고 무르시아에 아랍어 학교를 세워 그곳에서 아랍어뿐만 아니라 히브리어의 교육에도 힘썼습니다.

라이문도 성인은 자신이 옳다고 생각하는 것을 위해서는 어떠한 어려움도 맞서 싸우는 용기와 신념을 실천하였던 강직한 사람이었습니다. 당시 아라곤과 카탈루냐의 왕이던 하이메 1세에게 여러 번 자신의 의견을 고집하며 저항을 했을 정도입니다. 한 번은 마요르카 섬에서 바르셀로나까지 여행을 해야만 했는데 수도복을 입고 지팡이를 손에 쥔 채 거친 파도를 헤치며 바다를 건넜다는 놀라운 이야기가 전해집니다.

성 라이문도는 1275년 1월 6일 99세의 나이로 평화롭게 죽음을 맞이했습니다. 성인의 장례식에는 수많은 주교, 신부, 수사와 수녀들을 비롯해서 아라곤과 카탈루냐의 왕 및 여러 나라의 왕들과 그 가족들이 참석했습니다. 그의 시신은 바르셀로나 대성당에 모셔져 있습니다.

라이문도 성인은 『교회 법전』 제5권을 편찬했는데, 1917년 교회 법전이 나오기까지 가장 정리가 잘된 책 가운데 하나로 인정받았습니다. 그는 위대한 학자였으며, 교회법과 교리에 관한 훌륭한 연구 업적을 남겼습니다.

성인은 어려움과 위험에 빠져 있을 때, "예수님은 당신의 자녀를 결코 잊으시는 법이 없으시며 또한 순수함을 사랑하는 사람들과 함께 계신다"고 스스로를 북돋우며 용기를 내셨습니다.

최초의 은둔 수도자 성 바오로

〈기념 축일: 1월 15일〉

은둔 수도자 성 바오로는 230년 태어나 112세가 되는 342년 세상을 떠났습니다. 그러나 이렇게 오랫동안 살면서도 거의 항상 사막의 황량하고 메마른 고요 가운데 살았습니다. 성인에 대한 전기는 성 예로니모(기념 축일: 9월 30일)가 쓴 전기에 그 기록이 조금 남아 있을 뿐입니다.

예로니모 성인의 기록에 의하면 바오로 성인은 이집트의 높은 귀족 집안에서 태어난 덕분에 여러 학문을 연구할 수 있었는데, 데시오 왕의 그리스도인들에 대한 박해가 이집트 전국으로 확산되자 사막으로 피신했다고 합니다. 바오로는 박해가 끝난 다음에도 계속 사막에 머무르며 여생을 보냈다고 합니다. 거친 사막에서 무려 90년 동안이나 고요와 기도, 그리고 고행의 삶을 계속했던 것입니다. 은둔 수도자 바오로 성인은 사막에서 얻을 수 있는 간단한 나뭇잎이나 동물의 가죽만을 입고 다녔으며, 새들이 그에게 날라다 주는 작은 먹을거리만을 먹으며 살았다고 합니다.

바오로 성인이 노인이 되었을 때, 성 안토니오 아빠스(기념 축일: 1월 17일)는 성 바오로를 만나 은둔 고행에 대해 의논을 하였습니다. 안토니오 성인은 바오로 성인의 은둔 수도 생활에 대해 깊은 감동을 받았으며, 특히 진정한 그리스도인이 되기 위해 지켜야 할 도리를 행동으로 보여주는 바오로 성인을 깊이 존경했습니다. 두 사람은 은둔 고행 생활에서 참다운 그리스도인이 되기 위한 가치를 발견하였습니다.

동물과 수도자들의 아버지이고 수호성인으로 기념되는 성 안토니오 아빠스가 342

년 두 번째로 바오로 성인을 방문했을 때 성 바오로는 이미 죽어 있었습니다. 안토니오 성인은 바오로 성인을 위한 무덤을 만들어 주었습니다. 전해 오는 전설에 의하면 그때 사자 한 마리가 나타나 성 안토니오 아빠스가 무덤을 파는 일을 도와줬다고 합니다.

성 안토니오 아빠스

〈기념 축일: 1월 17일〉

성 안토니오 아빠스는 모든 수사와 은둔 수도자들의 시조입니다. 그는 이집트 멤피스 지방에서 남쪽으로 약간 떨어져 있는 콤이라는 작은 고을에서 251년 태어났습니다. 그는 성 프란시스코가 나중에 그러했듯 스무 살이 되면서 집과 가족을 버리고 가지고 있던 모든 것을 가난한 사람들에게 나눠준 다음 사막으로 들어갔습니다. 그리스도교 총회에서 "너희가 완전해지고 싶다면, 가서 너희가 가지고 있는 모든 것을 다 팔아 가난한 사람들에게 나눠준 다음 나를 따르라"는 예수님의 말씀을 듣고 느꼈던 감동을 순수하게 따르

고 싶었기 때문이었습니다. 안토니오 아빠스 성인은 자신의 고향에서 가까운 곳에 있는 광야에서 은둔 수도자로서 살았습니다. 305년 파윰에 수도원을 세운 다음 얼마 후 피스피르에 또 다른 수도원을 세웠습니다. 오늘날 우리들이 볼 수 있는 수도원을 세운 최초의 사람이 바로 안토니오 아빠스 성인입니다. 312년부터 356년 세상을 떠날 때까지 성인은 홍해 근처의 콜숨 산에서 머물렀습니다.

성인의 삶은 어려움의 연속이었습니다. 성인은 악령의 유혹을 밤낮으로 견뎌 내야

만 하는 어려움을 겪었지만, 결국 온갖 유혹과 고난을 거뜬하게 이겨냈습니다. 하느님의 은총을 받게 되었던 것입니다.

안토니오 성인은 언제 어디에서나 가난하고 고생하는 사람들을 배려하는 순수한 마음씨를 간직하고 있었습니다. 안토니오 성인이 살고 있던 시절은 종교적인 자유가 보장되지도 않았던 때였기 때문에 그리스도교를 믿는 사람들에 대한 탄압이 자주 있었습니다. 그러나 성인은 종교적 박해에도 불구하고 순교를 할 각오로, 아니 어쩌면 순교를 하고 싶다는 마음에서 아무런 두려움도 없이, 알렉산드리아 감옥에 광산 노예처럼 붙잡혀 있던 죄수들을 돌보고 또한 그들을 위해서 기도하는 일을 열심히 하였습니다.

뛰어난 그리스도인 학자였던 디디모가 장님이 되자 안토니오 아빠스 성인은 그를 방문하여 "한 마리의 파리가 앞을 바라보듯 그렇게 당신이 앞을 보지 못함을 슬퍼하지 마십시오. 사도들과 성인들처럼 당신 영혼의 믿음이 빛으로 변하여 당신의 앞을 비추어 줄 테니까요"라며 위로하였던 일화는 널리 알려져 있습니다.

성인이 백세가 되었을 때, 성인의 부드러움과 강한 믿음에 감동을 받은 수많은 사람들이 니케아 공의회에서 확인된 믿음의 정신을 알렉산드리아 시에 가르쳐 달라고 간절하게 부탁했습니다. 그의 기념 축일에는 흐뭇하고 재미있는 풍습이 계속되고 있습니다. 성인이 평소 가난한 사람들에게 기울였던 관심과 사랑을 기념하고 성인으로부터 축복을 받기 위해서 많은 가정에서 성인의 기념 축일에 가난한 사람들에게 나눠 줄 새끼 돼지를 키우는 아름답고 재미있는 전통이 계속되기 때문입니다.

성 안토니오 아빠스는 가축의 수호성인으로 기념되기도 합니다. 매년 기념 축일이 되면 사람들은 집에서 키우는 가축들을 성당 정문으로 끌고 나와 축복을 받는다고 합니다.

"여러분이 완전해지고 싶다면, 가서 여러분이 가지고 있는 모든 것을 다 팔아 가난한 사람들에게 나눠준 다음 나를 따르세오."

성 세바스티아노

〈기념 축일: 1월 20일〉

　　로마의 순교자인 세바스티아노(세바스티안) 성인이 언제 태어났는지는 정확하게 알려져 있지 않습니다. 그렇지만 성인이 아직 한창 젊었을 때, 예수님의 말씀을 믿고 따른다는 이유 때문에 일찍 세상을 떠났다는 사실만은 분명하게 알려져 있습니다. 그는 귀족 출신이었고 남다른 재주가 많아서 누가 봐도 뛰어난 재능을 지닌 멋진 젊은이였습니다. 그래서 로마 황제인 디오클레치아노의 특별한 관심과 사랑을 받는 것은 아주 자연스러운 일로 보였습니다.

　　성 세바스티아노는 로마 감옥에 잡혀 있던 많은 그리스도인 죄수들을 돕고, 위로하며, 그들에게 예수님에 대한 믿음을 잃지 않도록 돕기 위해 자신의 높은 지위를 이용하곤 하였습니다. 물론 세바스티아노 성인도 당시에는 이미 그리스도교 신앙을 믿고 있었습니다. 어느 날 이 사실을 알게 된 로마 황제 디오클레치아노는 자신이 아끼는 세바스티아노가 그리스도교를 믿지 말도록 설득하려 애썼습니다. 더 이상 엉터리 같은 예수의 말을 믿고 따르는 바보짓을 하지 말라는 것이었습니다. 황제가 직접 나서서 자신을 달래고 협박하였지만, 세바스티아노는 예수님에 대한 자신의 마음을 전혀 포기하지 않았습니다. 그러자 화가 난 디오클레치아노 황제는 세바스티아노를 커다란 기둥에 묶도록 명령을 한 다음, 아랍인 병사들에게 화살을 쏘아 그의 목숨을 빼앗도록 명령을 내렸습니다. 수많은 화살로 온 몸이 벌집이 된 채 거리에 버려진 세바스티아노는 죽지 않은 채 의식을 잃고 있다가 마침 주변을 지나가던 사람들의 도움을 받고 기적적으로 살아났습니다. 몸을 회복한 세바스티아노 성인은 이번에는 오히려 황제를 직접 찾아가 황제의 무분별한 행동과 비도덕적인 생활을 꾸짖고 당장 회개하라고 설득했습니다. 죽은 줄만 알았던 세바스티아노가 죽지 않고 나타나서, 오히려 자신의 행동을 꾸짖기까지 하자 디오클레치아노 황제는 너무나 당황하고, 화가 난 나머지 회초리와 몽둥이로 세바스티아노 성인의 숨이 멈출 때까지 계속 때리라고 명령했습니다. 결국 세바스티아노 성인은 288년 순교하게 되었습니다.

온몸이 화살에 박혀 있는 세바스티아노 성인의 모습은 예술가, 특히 화가들에게 죽음을 두려워하지 않는 아름다운 청년의 감동적인 이야기로 자주 표현되곤 하였습니다. 성인의 죽음에 얽힌 이야기는 많은 화가들에게 영감을 불러일으켰습니다.

367년 교황 성 다마소(기념 축일: 12월 11일)는 세바스티아노의 무덤 위에 교회를 건설하도록 명령하였고 이 교회가 오늘날 로마에 있는 중요한 일곱 개의 그리스도교 교회 가운데 하나가 되었습니다.

사람들은 아주 오래 전부터 페스트를 극복하게 도와주는 수호성인으로 세바스티아노 성인을 기념했습니다.

"사람들로부터 박해를 받는 사람들은 행복합니다. 그들은 하늘나라에서 보상을 받을 것입니다."

성녀 아녜스

〈기념 축일: 1월 21일〉

아녜스라는 이름은 성녀가 살던 3세기경에는 많은 그리스도인 사이에서 흔하게 붙여지던 이름이었는데, 그리스 말로 '순결'이란 뜻입니다.

아녜스는 열세 살이 되던 해에 그리스도교 신앙을 믿고 있다는 이유로 붙잡혔습니다. 암브로시오(기념 축일: 12월 7일) 성인은 성녀가 우리에게 들려주었을 말을 대신하고 있습니다. "아, 저를 유혹에 빠뜨리려는 사람들은 얼마나 엉터리 이야기를 꾸며댈까요? 저와 결혼을 하기 위해서 또 얼마나 많은 흉계들을 준비하고 있을지 걱정됩니다. 그러나 저의 소원은 사람들이 저에게서 원하는 그런 것들과는 전혀 다른 아름다운 것이에요. 그러니 사람들이 저를 꾀어내도록 내버려 주고 결혼을 허락한다는 것은 생각해 본 적도 없는 일이지요. 그것은 하늘에 계신 저의 소중한 분의 이름을 더럽히고 그분의 사랑을 포기하는 일입니다. 그분은 처음으로 저를 선택하신 분이세요. 저는 그분을 믿고 있습니다. 죽음은 왜 이렇게 늦게 찾아오나요? 제가 원하지도 않는 사람들의 사랑을 받아들여야 하는 것보다는 차라리 빨리 죽을 수 있었으면 좋겠습니다."

전해 오는 이야기에 따르면, 아녜스의 아름다움을 탐낸 수많은 청년들이 그녀를 유혹하려고 애썼으나 모두 보기 좋게 거절당했으며, 그 가운데 한 사람이 그녀를 그리스도인이라고 고발하여 결국 체포되게 되었다고 합니다.

다마소(기념 축일: 12월 11일) 성인은 성녀 아녜스 동정 순교자의 영웅적인 행동에 대해서 기록하고 있습니다. "아녜스를 불 속에 던져 넣으라는 로마 총독의 외침과 협박에도 불구하고 아녜스 성녀는 너무나 당당하고 차분했습니다." 아녜스의 아름다운 외모에 반해서 그녀를 자신의 곁에 두고 싶어 했던 총독은 자신의 말을 따르지 않는 아녜스를 불이 이글거리는 아궁이에 집어던지도록 명령했습니다. 그러나 아녜스는 엄청나게 커다란 불길에서도 아무런 상처도 입지 않은 채 무사히 걸어 나왔습니다. 그렇지만 아녜스 성녀는 결국 병사들에 의해서 목이 잘려 죽고 말았습니다.

프루덴치오도 역시 성녀 아녜스 동정 순교자에 대한 소중한 기록을 남기고 있습니다. "아녜스는 똑바로 선 채 고개를 숙이고 조용히 기도를 드리기 시작했습니다. 사형 집행인은 아녜스의 당당함에 질려 긴장한 나머지 몸을 떨었고… 마침내 아녜스의 목이 바닥으로 떨어졌습니다. 육체적인 고통보다 죽음이 먼저 찾아 왔던 것입니다."

이 사건은 350년 디오클레치아노 황제 시대에 일어났습니다. 콘스탄티누스 대제의 딸이 성녀 아녜스 동정 순교자를 기념하기 위해서 지하 공동묘지에 있던 그녀의 무덤 위에 교회를 세웠습니다.

아녜스 성녀는 쏟아지는 위협과 협박에 당당하게 대답하였습니다. "예수 그리스도는 자신을 믿고 따르는 자들을 결코 잊지 않으십니다. 그분은 순결을 사랑하는 사람들 모두와 함께 계십니다."

성 빈첸시오

〈기념 축일: 1월 22일〉

　빈첸시오 성인은 스페인 북부 지방의 작은 도시인 우에스카에서 태어났습니다. 하지만 언제 태어났는지 알려지지는 않았습니다. 빈첸시오는 어려서부터 교회의 영향을 받고 자라났으며, 자연스럽게 성직자가 되기로 결심을 하게 되었습니다. 그는 곧 '말더듬이'라는 별명을 지니고 있던 성 발레리우스(기념 축일: 1월 28일)에 의해 부제로 서품되었습니다. 부제가 된 빈첸시오는 사라고사 지방의 그리스도인을 대표할 대변인 역할을 맞게 되었습니다. 그렇지만 당시는 그리스도교에 대한 로마 황제들의 탄압이 아주 심하던 때였으며, 끊임없이 계속되는 박해로 어려운 시절이었습니다. 로마에서는 악명 높은 디오클레치아노 황제가 다스리고 있었고, 발렌시아에서는 다치아노 총독이 다스리고 있었습니다. 빈첸시오와 발레리우스 주교는 다치아노 총독 앞에 끌려가게 되었습니다. 다치아노는 주교보다도 젊은 빈첸시오 부제를 훨씬 위험한 인물로 점찍고 있었습니다.

　다치아노는 간단한 재판을 통해서 발레리우스 주교를 먼 사막으로 내쫓는 형벌을 내렸고, 빈첸시오 부제에게는 예수님에 대한 신앙을 거부하라면서 몇 시간 동안이나 참기 힘든 고문을 계속하도록 명령하였습니다. 병사들은 빈첸시오 부제를 고문대에 묶어 온 몸의 뼈마디를 뒤틀어 엄청난 고통을 주었고, 쇠갈고리로 온몸을 긁어 대며 겨우 목숨만 붙어 있을 정도로 고통스러운 아픔을 주기 위해서 천천히 불타고 있는 석쇠 위에 빈첸시오 성인을 집어 올렸습니다. 뻘겋게 달구어진 석쇠 위에서 고문이 계속되었지만 빈첸시오는 용기와 당당함을 잃지 않았기 때문에 오히려 고문을 하던 사람들이 그만 이성을 잃고 말았습니다. 사람들은 이번에는 더럽고 어두운 감방에 빈첸시오 성인을 집어넣은 다음 나무 몽둥이로 쉬지 않고 때렸습니다. 그러나 성인은 예수님을 부정하는 대신 오히려 잠시 고문이 멈추어 있는 동안을 이용하여 자신을 고문하던 사람들을 회개시키려는 집념을 보여주었습니다. 참다못한 다치아노 총독은 시간을 두고 빈첸시오 부제를 설득하거나 협박하기로 마음먹고 고문을 잠시 멈추도록 명령하였습니다. 그러나 빈첸시오는 기도를 하면서 행복한 미소를 입에 머금은 채 숨을 거두고 말았습니다. 그의 얼굴은 기쁨과 행복으로 가득했습니다. 그의 용기와 강한 신념은 함께 있던 다른 죄수들에게 감동을 주었으며, 그들은 자신들의 죄를 회개하고 그리스도교에 커다란 관심을 갖게 되었습니다.

성 아우구스티누스(기념 축일: 8월 28일)와 성 레온(기념 축일: 11월 10일)은 빈첸시오 성인의 순교 행위를 높이 기리고 찬양하였습니다. 로마에서는 빈첸시오 성인의 이름으로 된 성당이 세 채나 지어졌으며, 푸르덴시오는 "순교자들의 월계관"이라는 노래를 통해 그의 영웅적인 행위를 높이 칭송하였습니다. 성 빈첸시오 부제 순교자는 포도를 재배하는 농사꾼들과 포도나무의 수호성인으로 기념되기도 합니다.

아우구스티누스 성인은 "성 빈첸시오 부제 순교자를 기념하지 않는 곳이 없다"는 사실을 상기시키면서 성인을 기념하는 네 편의 강론을 준비하였습니다.

성 프란치스코 살레시오

⟨기념 축일: 1월 24일⟩

　프란치스코 살레시오는 1567년 프랑스의 사부아 지역 토렌스에서 태어났습니다. 사부아 지역의 국회의원이었던 프란치스코의 아버지는 아들이 변호사가 되기를 희망했습니다. 아버지의 간절한 소망을 거절할 수 없었던 살레시오는 파리와 파도바에서 법률학을 공부하였습니다. 성실했던 그는 파도바에서 박사 학위를 받아 집으로 돌아올 수 있었습니다. 그의 아버지는 훌륭하게 성장한 아들을 훌륭한 집안의 얌전한 처녀와 서둘러 결혼을 시켜야 하겠다고 생각을 하고 있었기 때문에, 아들이 신부가 되고 싶다는 결심을 듣고는 크게 놀랐습니다. 그러나 아들의 신념이 아주 분명하다는 사실을 알게 된 아버지는 아들의 소망을 인정할 수밖에 없었습니다. 프란치스코 살레시오는 25세가 되던 해 드디어 신부가 되기 위한 수업을 시작합니다.

　프란치스코 살레시오는 드디어 사제로 서품을 받고, 샤빌 지역의 본당 신부로 파견되었습니다. 당시 그곳은 개신교 교회 활동이 매우 활발하던 곳이었습니다. 그렇지만 프란치스코 신부의 타고난 부드럽고 인자한 성품에 감동되어 2년도 채 못 되어 8,000명이 넘는 사람들이 가톨릭으로 개종할 만큼 그의 영향은 대단했습니다. 성인은 인문학적으로나 종교적으로 매우 중요한 많은 영적 서적을 남기고 있는데 그 가운데 가장 중요한 책으로는 『신심 생활의 입문』, 『우리의 잘못을 극복하는 기술』, 『하느님의 사랑론(신애론: 神愛論)』 등이 있습니다.

　32세인 1599년 프란치스코 살레시오 신부는 제네바 교구 사목 행정을 돕기 시작했으며, 3년 후인 1602년 사목 행정을 혼자 책임지게 되었습니다. 그는 쉬지 않고 열심히 맡은 일을 하였습니다. 성 프란치스코 살레시오는 성직자들을 위해서는 학술 대회를 개최해서 학문적인 발전을 위해 노력하였고, 신자들을 위해서는 교리를 알기 쉽고 분명하게 풀이한 설교 방법을 개발하여 하느님의 말씀을 잘 이해하고 따를 수 있도록 하였습니다. 그는 고향인 에네시 근처에 신학교를 설립하여 후배 성직자들을 가르치는 데 많은 노력을 하였습니다.

프란치스코 성인은 성녀 잔 프랑수아 드 샹탈(기념 축일: 12월 12일) 수녀와의 만남을 통해서 '성모의 방문 수녀회'를 창설하는 일을 도왔습니다. 이 수녀회는 예수님의 어머니인 동정녀 마리아가 사촌 엘리사벳을 방문하는 데서 모범을 보인 덕행, 즉 겸손과 믿음 그리고 서로 사랑하는 마음을 실천하려는 생각을 가진 수녀들로 구성되었습니다. 이 수도회에서는 다른 수도회가 가진 엄격함 대신 부드러움과 자상함이 두드러집니다. 그래서 처음에는 어렵고 힘든 사람들, 특히 병자와 가난한 사람들을 돌보는 일을 시작하였습니다. 나중에는 교육과 관상 생활을 위한 공동체의 역할을 하는 수도회로 자리 잡습니다.

교구청에서 살레시오 신부를 부유하고 풍부한 사람들이 많이 사는 동네로 옮기려고 하자, "저는 이미 제가 있는 이곳 본당과 결혼한 몸입니다. 그러니 어찌 제가 이곳의 사람들을 포기하고 다른 곳으로 갈 수 있겠습니까?"라며 어렵고 힘든 사람들을 위한 삶을 고집하였습니다.

프란치스코 살레시오 성인은 수많은 신자들과 편지를 교환했으며 그의 글에는 온화하고 부드러우며 밝은 마음씨가 고스란히 두드러졌습니다. 그가 이렇게 영적 서적을 비롯해서 많은 편지를 남겨 주었기 때문에, 그는 성 요한 보스코(기념 축일: 1월 31일)와 함께 신문잡지의 편집자, 기자, 작가들의 수호성인으로 기념되고 있습니다.

"한 숟가락 꿀이 한 통 식초보다 더 많은 파리를 끌어들인다."

S · FRANCISCO · SALESIO
MONIALIVM · VISITATIONIS · VALLATORI
CAROL · ALBERTVS · REX · SARDINIÆ
MDCCXLV

성 디모테오와 성 디도

〈기념 축일: 1월 26일〉

성 디모테오와 성 디도의 기념 축일은 같은 날입니다. 두 사람은 모두 성 바오로 사도(기념 축일: 6월 29일)의 제자였습니다. 이들은 모두 주교를 지냈으며, 성 바오로 사도는 두 사람 모두에게 편지를 보냈습니다. 이러한 편지들은 교서라고 불립니다. 이 편지들은 성 바오로 사도가 60년에서 63년 사이 처음으로 포로가 되었을 때, 그리고 사도 바오로가 65세 정도의 나이로 돌아가실 때 쓰셨던 것들입니다.

디모테오 성인은 소아시아의 리스트라 데 리카오니아에서 유니게라고 불리는 유대인 어머니와 그리스 아버지 사이에서 태어났습니다. 유대인 사회에서는 이렇게 외국인과의 사이에서 태어난 아이들은 정당한 대우를 받지 못했었습니다. 디모테오는 어렸을 때부터 할머니의 영향을 받아 그리스도교에 깊은 관심을 갖고 있었는데, 47년경에 성 바오로 사도를 만나 그리스도인으로 개종한 다음 성 바오로 사도의 선교 활동에 적극적으로 참여합니다. 서기 50년 무렵에는 사도 성 바오로를 따라서 에페소, 예루살렘, 프리지아, 마케도니아, 펠로폰네소스와 로마 등지를 여행하였습니다. 성 에우세비오(기념 축일: 8월 2일)의 기록에 의하면 디모테오 성인은 에페소 교구의 주교였다고 전해지고 있습니다. 성 바오로 사도는 디모테오 성인의 성실한 선교 활동에 깊은 감동을 받아 고마운 마음을 이렇게 전하고 있습니다. "저의 마음을 함께 나눌 수 있는 가장 믿음직스러운 사람이 바로 디모테오랍니다. 그는 마치 아들이 아버지를 도와 힘껏 일하는 것처럼 나를 도와 많은 일을 하였습니다."

디모테오 성인은 바카스 신을 믿지 않는다고 돌팔매질을 하는 로마인들에 대항하여 그리스도교의 진리를 선포하다 순교하였습니다. 디도 성인은 바오로 사도의 제자이며 동시에 동료 선교사이기도 했습니다. 그는 그리스 사람이었으며, 처음에는 그리스도인이 아니었습니다. 예수 그리스도를 알지도 못했고 믿지도 않았으니까요. 그러나 디도 성인 또한 디모테오 성인처럼 예수님을 믿게 되었고, 예수님의 사랑과 사상을 전하기 위한 선교사의 역할을 충실히 수행하게 되었습니다. 그러나 성 디도 역시 스승이며 친구였던 성 바오로 사도가 그랬던 것처럼 선교 활동에 많은 어려움을 겪어야만 했습니다.

바오로는 디도와의 관계를 고린도서에 기록하고 있습니다. "나는 그리스도의 복음을 전하려고 트로아스에 갔습니다. 그곳은 주님을 위해서 일할 수 있는 조건은 좋았지만 만나기로 한 내 형제 디도가 나타나지 않아 마음이 불안해서 나는 그곳 교우들과 작별하고 마케도니아에서도 조금도 쉬지 못했습니다. 쉬기는커녕 가는 곳마다 어려움을 당했습니다. 밖으로는 싸움을 겪었고 안으로는 두려움에 싸여 있었습니다. 실의에 차 있는 사람을 위로해 주시는 하느님께서는 디도를 보내시어 우리를 위로해 주셨습니다."(고린도 후서 2, 12~13; 7, 5~6)

디도 성인의 이야기는 디모테오 성인의 이야기와 아주 비슷한 점이 많습니다. 성 디도는 성 바오로와 함께 고린도, 니코폴리스 델 에피로와 크레타를 여행하였습니다. 그는 크레타 섬에서 오랫동안 선교와 사목 활동을 하였으며 그곳에서 죽었습니다. 성 에우세비오의 기록에 의하면, 디도 성인은 크레타 섬의 최초의 주교였습니다.

성 바오로 사도의 디도 성인에 대한 평가는 아마 디모테오 성인과 디도 성인 모두에게 해당하는 것이라고 생각할 수 있을 것입니다. "그는 예수님에 대한 믿음에 따라 예수님의 영광을 위해 살아가는 참된 자식입니다."

성 로베르 아빠스

〈기념 축일: 1월 26일〉

로베르 아빠스 성인은 1100년 요크 지방에서 태어났습니다. 젊었을 때 성인의 삶에 대해서는 조금밖에 알려져 있지 않지만, 신부가 된 다음의 행적에 대해서는 비교적 정확하게 기록되어 있습니다.

성 로베르 아빠스는 신부가 되자 곧 휘트바이에 있는 베네딕토 수도회에 입회하여 다른 열두 명의 수사들과 함께 공동체 생활을 시작하였습니다. 그는 성 베네딕토의 가르침과 규칙을 좋아하며 따르고 있었고 베네딕토 수도회 생활에도 만족을 하고는 있었지만, 그래도 보다 구체적이고 실천적인 규칙을 정하고 그 규칙을 따르는 모임을 만들어 보고 싶다는 생각을 하게 되었습니다.

로베르 아빠스 수사는 높은 사람들의 허락을 받아 폰태인 구역에 새로운 공동체를 만들어 그 곳에서 성 베네딕토의 규칙을 새롭게 해석하고 그 규칙을 실천하기 시작하였습니다. 바로 이 수도원의 시작이 시토 수도회의 시작이 되었습니다. 새로운 규칙으로 활동을 시작한 수도사들은 하얀 색의 수도복으로 갈아입고 영국 북부 지방의 종교 단체와 기구를 중심으로 활동을 시작하였습니다. 이렇게 시작된 시토 수도회는 영국과 프랑스를 중심으로 발전하여 금방 중요한 수도회로 탈바꿈하게 되었습니다. 베네딕토 성인의 가르침과 규칙을 따르는 수도회가 하나가 아니라 둘이 된 것입니다. 성 베네딕토의 규칙을 새롭게 해석한 시토 수도회 규칙의 기본적인 구성은 성 스테파노 하르딩(기념 축일: 1월 26일)의 도움에 의해서 이루어졌는데, 수도회의 규칙은

1119년 정식으로 인정을 받게 되었으며, 마지막으로 모든 규칙에 대한 상세한 승인이 결정된 것은 로베르 아빠스 성인이 세상을 떠난 다음인 1234년이었습니다.

로베르 아빠스의 새로운 수도회 운동으로 성 베네딕토의 가르침을 따르는 수도회는 검은색 수도복을 입는 베네딕토 수도회와 하얀 색 수도복을 입는 시도 수도회로 다양해지게 되었습니다. 물론, 옷의 색깔과 수도회의 이름은 달라졌지만 예수님을 따르려는 성 베네딕토의 가르침을 따르는 목적은 같습니다.

1137년 로베르토 아빠스 성인은 뉴민스터의 노섬버랜드에 수도원을 세웠으며 이 수도원의 초대 수도원장을 지냈습니다. 로베르토 수도원장을 아는 사람들은 누구나 그를 온화하고 너그러우며 친절하고 상냥한 성격을 지닌 성스러운 인물이었다고 증언하고 있습니다. 시토 수도회의 창설자인 성 로베르 아빠스는 1159년 세상을 떠났습니다.

"하느님을 두려워하고 그분의 가르침과 명령을 따르려 애쓰는 사람은 행복한 사람입니다."

성 토마스 아퀴나스

〈기념 축일: 1월 28일〉

토마스 아퀴나스는 1225년 이탈리아 남쪽 지방인 아키노 부근의 로카세카에서 태어났습니다. 아버지는 란둘포 데 아키노 백작이었고, 게르만과 라틴, 그리고 노르만디의 혈통이었습니다. 토마스 아퀴나스의 부모는 둘째 아들인 토마스가 다섯 살이 되던 해 그를 몬테카시노의 베네딕토 수도원에 맡기고 싶어 했습니다. 몬테카시노에서의 기초 공부가 끝나자 그는 나폴리 대학으로 옮겨 공부를 계속했습니다. 그곳에서 그는 그리스 철학의 매력에 빠지게 되었습니다. 특히 아리스토텔레스라는 철학자는 토마스 아퀴나스에게는 위대한 사상의 보물 창고와 같이 느껴졌

습니다. 아퀴나스는 이제 막 창립된 성 도미니코 수도회에 들어가기를 원했습니다. 그러나 그의 이러한 소망은 그를 베네딕토 수도회에 들여보내고 싶어 하는 부모님의 생각과 어긋나는 것이었기 때문에 일은 토마스 아퀴나스 성인의 계획대로 되지 않았습니다. 1243년 결국 고집을 꺾지 않고 도미니코 수도회에 입회한 토마스 아퀴나스는 가족들에 의해 성 지오반니 산성에 가두어졌고, 아들의 결심을 꺾으려는 부모님의 꾸짖음과 설득이 강해지면 강해질수록 그의 소망은 더욱 강하게 굳어졌습니다. 가족들

은 모두 아퀴나스의 뜻을 존중할 수밖에 없었으며, 결국 풀려난 그는 자신에게 부족하다고 생각되는 공부를 계속하기 위해서 고향을 떠났습니다.

토마스 아퀴나스 성인은 볼로냐, 콜로냐, 파리 등지에서 공부를 계속하다가 쾰른으로 가 그곳에서 대 알베르토(기념 축일: 11월 15일) 성인에게 가르침을 받았으며, 파리로 돌아가 대학교에서 강의를 맡았고 로마와 비테르보에 등에서 교육과 학문 연구 등을 위해 살았습니다. 그의 고대 세계의 학문에 대한 지식은 대단히 수준이 높았으며, 그리스를 중심으로 한 고대 서양 철학과 아랍 세계의 폭 넓은 사상에 대해 깊이 있는 이해를 하고 있었습니다. 교회의 역사상 토마스 아퀴나스 성인만큼 박식한 사상가는 찾기 어려울 정도입니다. 그는 특히 아리스토텔레스의 철학 사상을 잘 연구해서 그리스도교 신학의 이론적 체계를 세우는 데 큰 역할을 했습니다. 그의 이러한 저술 활동은 교회에 남긴 그의 가장 큰 공헌이라고 할 수 있는데, 그의 책들은 믿음의 문제를 이성적으로 잘 밝혀 주는 데 가장 큰 장점을 보여주고 있습니다. 아퀴나스 성인의 대표적 작품인『신학 대전』은 그리스도교 신학의 큰 틀을 구성하고 있지만, 불행하게도 미완성 작품입니다. 물론 그밖에도 믿음의 문제를 생각하면서 쓴 산문집들과 시들을 남기고 있는데, 시들 가운데 몇 편은 노래로 불리고 있습니다. 토마스 아퀴나스 성인의 업적에서 지나쳐 버릴 수 없는 것은 역시 그의 교육에 대한 열정이었습니다. 파리 대학에서 강의를 시작한 그는 이후 오르비에토와 로마, 비테로보를 거쳐 다시 파리로 돌아와 강의를 하였고 죽기 전까지 이탈리아의 나폴리에서 강의를 계속하였습니다.

성 토마스 아퀴나스는 교황의 부탁으로 리용에서 열리는 공의회에 참석하려 했지만, 병 때문에 포사 노바의 시토회 수도원으로 향했습니다. 그는 죽기 전에 자신이 쓴 모든 작품들이 "그리스도 교회의 판단에 따라서" 고쳐지고 가다듬어지기를 여러 차례 부탁했습니다. 그는 교회의 학자이며 모든 가톨릭 대학교와 학생들의 수호성인으로 기념됩니다.

"언제나 …… 제가 당신 안에서 …… 아무런 이유도 없이 당신을 사랑할 수 있게 해 주소서."

성 요한 보스코

〈기념 축일: 1월 31일〉

요한 보스코 성인은 1815년 이탈리아 피아몬테 지방의 작은 동네인 베치에서 태어났습니다. 농부였던 그의 아버지가 세상을 떠나자, 요한은 아버지를 대신해서 쉬지 않고 일을 해야 했습니다. 그렇지만 그는 언제나 공부를 원했습니다. 일요일이면 본당 미사에 참석한 요한 성인은 사제의 강론을 듣고 당장 내용을 외울 수 있을 정도로 공부에 대한 뜨거운 열의를 보여줬습니다. 뒤늦게 공부를 시작한 그는 4주 동안에 글을 읽을 수 있을 만큼 무척 빨리 배웠습니다. 그는 언제나 교리문답 책을 가지고 다녔기 때문에 그의 형은 그를 비웃느라고 "나는 이런 것들을 모르고도 이렇게 힘이 센걸"이라고 말했습니다. 그러자 그는 "형이 많은 것들을 배우려 하지 않는다면, 형은 절대로 우리 노새보다 더 강해질 수는 없어"라고 말했습니다.

보스코 성인은 마을에서 공부를 가르쳐 주는 무리알도까지 10킬로 길을 매일 걸어 다녔습니다. 사제가 되고 싶던 자신의 소원을 이루기 위해 먼 길도 기쁜 마음으로 다녔던 것입니다. 그는 어렵게 구한 신발이 닳을까 봐 신발을 어깨에 걸쳐 맨 채 먼 길을 맨발로 걷기도 했습니다. 1841년 사제가 되자 그는 어머니의 도움을 받아 가난한 어린이들을 위한 봉사 활동을 시작하였습니다. 보스코 성인은 근로 청소년들을 위한 프란치스코 살레시오 기도원을 개설했으며, 부유하고 권력 있는 많은 후원자들의 물질적인 도움을 받아 청소년들을 위한 작업장을 마련하였습니다. 청소년들은 곧 삼백 명을 넘게 되었지만, 요한 보스코 성인은 그들을 자상하고 성실하게 가르쳤습니다. 학생들을 사랑으로 이끄는 요한 보스코의 교육적 태도는 학생들의 잘못을 꾸짖기보다는 미리 선도하는 예방적 장치를 마련하고 있었습니다. 청소년들을 사랑으로 대하며, 그들이 자주 고해 성사를 받고 영성체를 할 수 있도록 권했고, 그들이 자연스럽게 일하고 공부하며 하느님을 가까이에서 경험할 수 있도록 도와주었습니다. 요한의 가르침은 아주 유명해졌으며 많은 젊은 신부들이 그를 찾아와 함께 일하고 싶어 했습니다. 그래서 보스코 성인은 1857년 프란치스코 살레시오회를 창설했습니다. 요한 보스코와 협력자들은 청소년들의 교육과 선교 활동에도 많은 신경을 썼지만, 소녀들을 돕기 위한 살레시오 수녀회도 만들었습니다. 그가 1888년 세상을 떠날 때는 그의 교육 사업은 세상에 널리 알려지게 되었습니다.

요한 보스코 성인은 견습공들의 수호성인이며, 프란치스코 살레시오(기념 축일: 1월 24일)와 함께 가톨릭 출판업자들의 수호자입니다.

"얘들아, 이리 와서 내 말을 들어라. 나는 너희들에게 주님을 두려워하고 사랑하는 법을 알려주겠다."

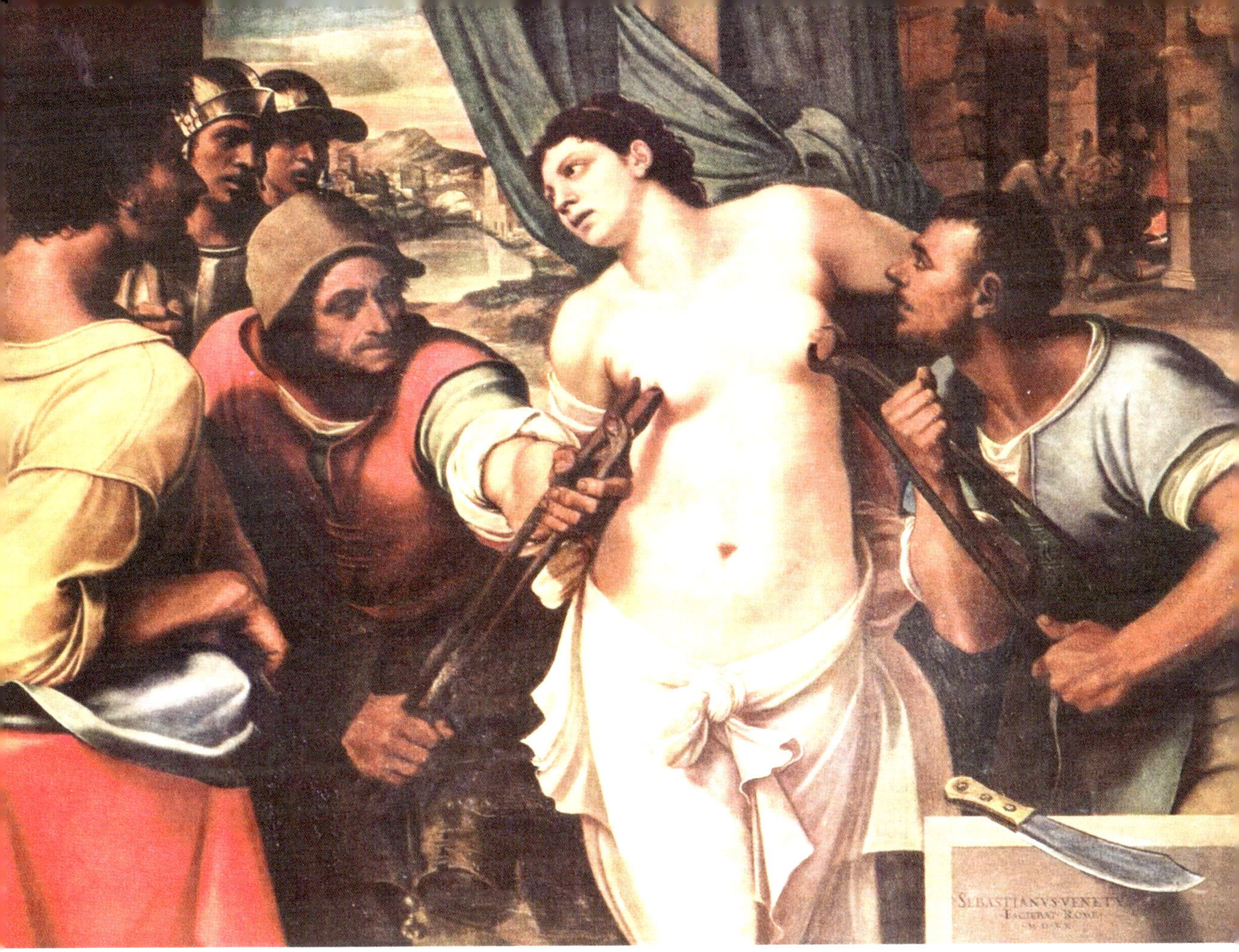

2월

성 블라시오

〈기념 축일: 2월 3일〉

초기 순교자들에 대한 오래된 기록에 의하면 블라시오 성인은 아르메니아에서 태어났습니다. 의사였던 그는 그리스도인으로 개종한 뒤, 당시에는 매우 큰 도시였던 세바스테에서 사제로 활동했으며 나중에 주교가 되어 많은 일을 하였습니다.

성인이 한 소년의 목숨을 살린 이야기는 지금까지 널리 전해지고 있습니다. 한 소년이 목에 생선 가시가 걸려 아주 고통스러워하고 있었는데, 두려움 때문에 아무도 그 가시를 빼낼 수 없었습니다. 소년은 점점 숨이 막혀 마침내 질식하고 말았습니다. 그때 성 블라시오가 소년의 목에서 가시를 끄집어낸 다음 숨을 못 쉬어 거의 죽은 상태로 있던 소년을 살려냈습니다. 이 사건이 있은 다음부터 로마 사람들은 블라시오 성인을 목의 상처와 염증으로부터 건강을 축복하는 수호성인으로 모시게 되었습니다. 그의 축일에는 빵과 초를 축성하고 있습니다.

로마 제국은 311년 신앙의 자유를 허용했지만, 식민지였던 아르메니아에서 그리스도 신앙에 대한 박해가 아주 심했습니다. 블라시오 성인은 마지막 로마 박해였던 316년 목이 잘려 죽는 참수형으로 순교하였습니다. 성 블라시오는 쇠 빗을 손에 들고 있는 모습으로 기억되곤 합니다. 쇠 빗을 들고 있는 모습은 참수형을 당하기 전에 양털을 빗질하는 날카로운 쇠 빗으로 모진 고문을 당했기 때문입니다.

성녀 아가다

〈기념 축일: 2월 5일〉

성녀의 이름은 값진 보석이나 '좋은 사람'이라는 뜻을 지니고 있습니다. 아가다는 230년 팔레르모에서 그리스도교를 믿고 따르던 아주 높은 귀족 집안의 딸로 태어났습니다. 그녀는 팔레르모에서 자라났으며 그곳에서 교육을 받았습니다.

시칠리아의 총독인 킨치아노는 눈부시게 아름다운 아가다를 사랑하고 있었습니다. 그러나 아가다는 오직 종교적으로 순수한 삶에만 신경을 기울이고 있었습니다. 무소불위의 권력을 휘두르던 총독은 자신과 연인의 관계를 전제로 사귀자는 끈질긴 요구에 냉정하게 거절만을 계속하는 아가다에게 화가 나서 그녀를 몸을 파는 여인들의 집으로 보내도록 명령했습니다. 그러나 아가다는 아무런 피해도 입지 않고 무사히 그곳에서 나올 수 있었습니다. 너무도 순진하고 순결한 아가다의 모습에 감동을 받은 여인들이 그녀가 몸과 마음을 다치지 않도록 마음을 모아 그녀들 도왔던 까닭입니다.

아름다운 아가다의 사랑을 받을 수 없게 된 킨치아노 총독은 351년 데치오 황제가 명령한 그리스도인에 대한 박해를 이용하기로 했습니다. 그는 아가다를 잡아 가두게 하였습니다. 킨치아노 총독은 그리스도교를 포기하지 않는 그녀에게 온갖 고문을 다하라고 명령했습니다. 깨진 유리 조각이나 불이 붙은 석탄 조각 위를 걷게 하는 등 잔인한 고문을 계속하다가, 성녀의 두 가슴을 칼로 떼어 내도록 하는 무서운 고문까지 서슴지 않았습니다. 성 베드로가 총독의 행위를 비난하며 가혹한 고문에 대해 항의하자, 죽음의 문턱에 있던 아가다는 더 이상의 모진 고문을 받지는 않은 채 감옥에 보내지게 되었지만, 혹독한 고문의 후유증을 견디지 못하고 351년 세상을 떠났습니다.

아가다는 팔레르모와 카타니아 두 지방의 수호 성녀로 기념됩니다. 아가다가 죽은 뒤 에트나 산의 화산이 멈추게 된 것은 성녀의 기도 덕분이라고 알려져 있습니다. 카타니아 시내를 향하여 위협적인 속도로 내려오고 있던 에트나 화산의 용암이 아가다 성녀의 무덤에 놓여 있던 촛불을 발견하고 그만 움직임을 멈추고 말았다는 이야기가 전해져 오고 있습니다.

모든 신자들과 사제들은 매일의 미사 통상문에서 아가다 성녀를 기억합니다. 아가다 성녀는 플로리안 성인(기념 축일: 5월 4일) 및 라우렌시오 성인(기념 축일: 8월 10일)과 함께 소방대원, 종 제작자, 대장장이, 광부들의 수호 성녀로 기념됩니다.

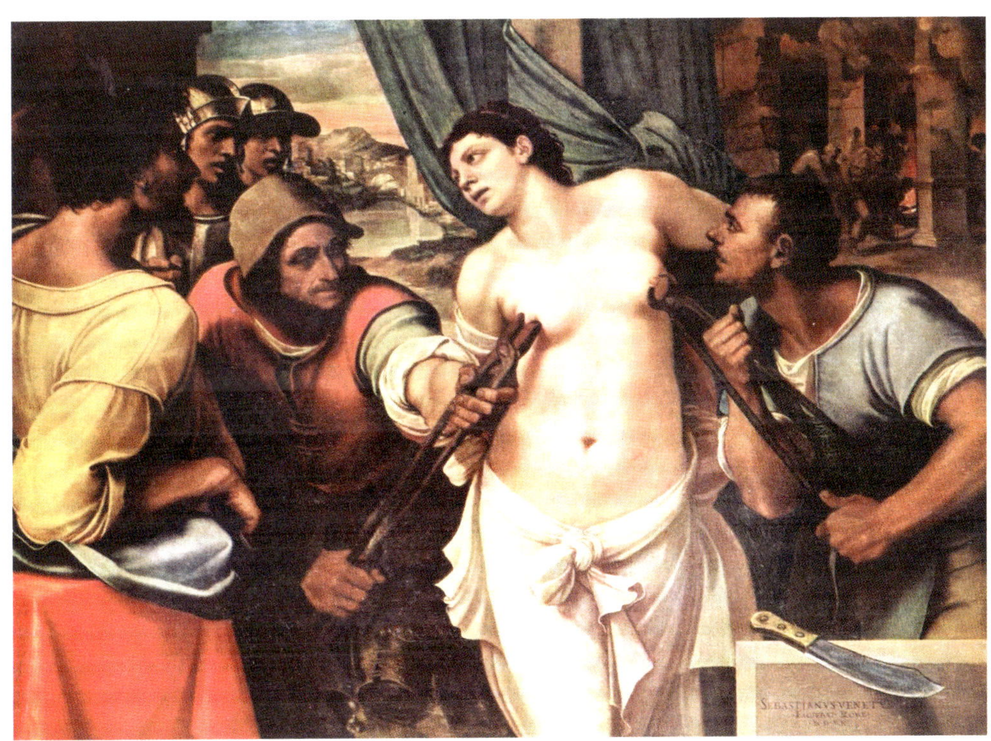

성 리카르도

〈기념 축일: 2월 7일〉

리카르도 왕의 인생은 전설 같은 이야기들로 가
득합니다. 리카르도가 살고 있던 시절의 영국은 일
곱 개의 크고 작은 왕국으로 나뉘어 있었습니다.
리카르도 왕은 그 가운데 한 왕국을 다스리는 왕이
었습니다. 그는 신앙심이 매우 깊어서 자녀들을 모
두 훌륭한 그리스도인으로 키웠습니다. 리카르도는
세 명의 자녀들을 두고 있었는데, 큰 아들 발리발
도와 작은 아들 비네발도는 수사가 되었으며, 하나
뿐이던 딸 발부르가도 오빠들이 창립한 수도원의
원장 수녀로 활동하게 됩니다. 이들은 모두 그리스
도인의 모범이 되는 훌륭한 삶을 살아 나중에 성인
으로 시성되었습니다.

711년 아랍인들은 스페인의 남쪽 지방으로 들어와 몇 년 만에 유럽의 많은 나라들
을 쉽게 점령하여 자신들의 영토로 만들었습니다. 스페인에서는 718년 코바동가에서
돈 펠라요를 중심으로 아랍인들에게 빼앗긴 영토를 찾기 위한 전쟁이 시작되었지만,
거의 모든 영토는 아랍인들의 손아귀에 놓여 있었습니다. 스페인의 북쪽에 있던 프랑
스도 비슷한 입장에 있었습니다. 아랍인들의 위협은 프랑스에도 아주 심각한 것이어

서, 프랑스를 통해서 로마나 예루살렘 성지를 여행한다는 것은 아주 위험하고 힘든 일이었습니다.

그러나 리카르도 왕은 722년 로마와 성지 순례를 결심했고, 이미 수사가 된 자신의 두 아들과 함께 여행을 떠납니다. 왕으로서의 권력과 재산을 뒤로하고 겸손한 한 인간의 모습으로 순례 여행을 고집하던 리카르도 왕은 프랑스를 거쳐 이탈리아의 루카에 도착했지만, 힘든 여행 동안 얻은 병으로 그만 죽고 말았습니다. 그러나 두 아들은 아버지가 시작한 순례 여행을 계속했으며 마침내 로마에 도착할 수 있었습니다. 동생 비네발도는 병에 걸려 로마에 머물러 있었으며, 형 발리발도는 여행을 계속하였습니다. 비네발도는 몸이 회복되자 칠 년을 로마에 머물면서 공부를 하였습니다. 한편 발리발도는 여행을 계속하여 성지와 많은 수도원들을 방문할 수 있었습니다. 성지 순례에서 돌아온 발리발도는 몬테카지노에서 십 년을 머무르면서 수도원의 재건을 도왔습니다.

세 남매는 그들의 사촌이었던 성 보니파시오(기념 축일: 6월 5일)의 초청에 따라 독일에서 모일 수 있었습니다. 발부르가 성녀는 하이덴하임 수도원의 수녀 원장을 지냈으며 비네발도 성인은 하이덴하임 수도원의 원장을 지냈고 발리발도 성인은 에이쉬타트의 주교를 지냈습니다.

리카르도 왕의 경건한 신앙심은 자식들을 비롯한 가까운 친척들에게 훌륭한 모범이 되었던 것입니다.

"죄를 짓지 않고 사는 사람들은 행복하여라, 주님의 말씀을 따르는 사람들은 행복하여라. …"

성녀 아폴로니아

〈기념 축일: 2월 9일〉

아폴로니아 성녀에 대해서는 많은 사실들이 알려져 있지 않습니다. 그녀가 알렉산드리아 교회의 신자였다는 사실은 기록을 통해 분명하게 드러나지만, 아폴로니아의 출생에 대해서는 정확한 기록이 전해지지 않습니다. 데치오 황제는 그리스도인들에게 분명하고 강력한 방식의 박해를 명령했으며, 249년 아폴로니아 성녀는 다른 신자들과 함께 황제의 병사들에 의해 그리스도 교인이라는 죄목으로 붙잡혔습니다. 배교를 유도하던 병사들은 성녀에게 예수님을 거부하는 단어를 한 개만이라도

발설하라고 명령했습니다. 그렇지만 아폴로니아 성녀는 그 말을 듣지 않았고, 오히려 평온한 태도를 잃지 않으며, 차분한 목소리로 평소보다 더욱 용감하게 예수님을 따르겠다는 말을 하였습니다. 황제의 명령을 충실하게 수행하던 병사들은 당황했고, 본격적인 고문에 들어갔습니다. 정말 끔찍한 일이 벌어졌습니다. 그들은 커다란 집게로 성녀의 이빨을 모두 뽑았고, 그녀의 입은 온통 피투성이가 되어 버렸습니다.

알렉산드리아에 전해져 내려오는 오래된 기록에는 아폴로니아 성녀의 용감한 행동에 대해 이렇게 적혀 있습니다. "준비된 모닥불에 불을 붙인 다음 병사들은 아폴로니

아에게 예수님을 거부하는 말을 하도록 명령했다. 그러나 그녀는 잠깐 동안 생각에 잠기더니 자신을 붙들고 있던 병사들의 손을 뿌리치고 불에 타고 있던 모닥불에 뛰어들었다. 잔인한 고문을 계속하던 병사들은, 사형집행인의 손길을 기다리지 않고 스스로 죽음을 맞이하는 아폴로니아 성녀의 용감한 행동을 바라보면서 오히려 깜짝 놀라 멍청하게 서 있었다.” 기록은 당시의 극적인 장면을 그림처럼 생생하게 묘사하고 있습니다.

　아폴로니아 성녀는 치과의사들의 수호 성녀이며 치통을 낫게 해 달라고 기도드려 주는 중개자입니다. 성녀의 모습은 언제나 커다란 집게에 달려 있는 이빨이나 어금니의 모습과 함께 기억됩니다. 물론 중요한 것은 치료나 기원이 아니라, 분명한 신념을 지키기 위해 자신을 희생했던 아폴로니아 성녀의 태도일 것입니다.

“저는 부끄러움 없이 당신의 율법에 대해 말했고 …… 제가 진정 사랑하는 당신의 계명을 마음 깊이 생각합니다.”

성녀 스콜라스티카

〈기념 축일: 2월 10일〉

성녀 스콜라스티카의 쌍둥이 남매는 성 베네딕토(기념 축일: 7월 1일)입니다. 그 둘은 480년 부유한 가정에서 태어났습니다. 스콜라스티카는 어릴 때부터 하느님께 자신의 삶을 바치기로 결심했습니다.

성녀는 베네딕토 성인의 정신적인 지도와 충고를 받아들여, 베네딕토 성인이 있는 몬테카지노 근처에 베네딕토 수녀원을 창립합니다.

성 그레고리오(기념 축일: 9월 3일)의 『대화집』에는 두 남매의 애정 어린 관계에 얽힌 일화가 소개되어 있습니다. 성 베네딕토는 일 년에 한 번 수도원을 벗어나 여동생 스콜라스티카와 만나서 영적인 문제를 토론하면서 만남의 시간을 보내곤 했습니다. 스콜라스티카가 오빠의 수도원에 출입하는 것이 허락되지 않았기 때문이었습니다. 스콜라스티카가 죽기 얼마 전의 일입니다. 날이 어둑해지자, 이런저런 이야기를 마치고 자리에서 일어서는 오빠 베네딕토를 보고 스콜라스티카는 그날만은 자신과 함께 머물러 있어 달라고 부탁했습니다. 베네딕토는 자신이 정해 놓은 규칙이 잠은 언제나 수도원에서만 자도록 되어 있다면서 단호하게 거절을 했습니다. 그는 아쉬움을 남긴 채 곧 자리에서 일어나 수도원을 향한 길을 떠났는데, 갑작스러운 폭우가 쏟아져 할 수 없이 스콜라스티카에게 돌아와 함께 머물러 있을 수밖에 없었습니다. 죽음을 얼마 남겨 놓지 않은 스콜라스티카의 부탁을 오빠 베네딕토가 들어주지 않자, 이번에는 하느님께 간청하여 폭우를 내리게 해 결국 오빠와 함께 많은 시간을 보낼 수 있게 되었다는 일화입니다.

이런 일이 있은 다음 삼 일이 되는 날 베네딕토 성인은 하얀 비둘기의 모습으로 하늘로 올라가는 동생의 영혼을 발견하였고 자신을 위해서 준비했던 무덤에 동생의 시신을 안장하도록 하였습니다. 비록 수도자의 몸이기 때문에 가족을 돌보기보다는 하느님을 위해 자신의 삶을 바쳤지만, 세상을 떠난 동생의 무덤이라도 가까이에서 지켜봐 줄 수 있도록 하기 위해서였던 것입니다.

오늘날 두 성인의 유해는 몬테카지노 수도원의 제단 아래 나란히 모셔져 있습니다.

"저는 하느님께 기도를 드렸고, 하느님은 제 간청을 들어주셨습니다."

루르드의 성모 마리아

〈기념 축일: 2월 11일〉

　예수님을 낳으신 성모 마리아에 대한 사랑과 존경의 정신은 교회 안에서 오랫동안 계속되어 왔습니다. 그러나 19세기 동안 성모 마리아에 대한 신심은 '무염시태의 성모' (원죄 없이 아기 예수를 잉태하신 성스러운 어머니) 라는 이름으로 더욱 확고해지게 되었습니다. 이 무렵 루르드에서 특별한 일이 벌어집니다.

　1858년 2월 11일 가난한 제분업자의 딸인 베르나뎃타는 여자 친구와 여동생과 함께 마른 나뭇가지를 줍기 위해 산으로 들어갔습니다. 가베 강 지류를 통과하려고 했을 때 갑자기 강한 바람이 불어왔습니다. 놀란 베르나뎃타는 고개를 들었고, 마사비엘 동굴 입구에 아름다운 젊은 여인이 조용히 서 있는 모습을 발견하였습니다. 그녀는 하얀 옷을 입고 있었고, 허리에는 푸른 띠를 두르고 있었으며, 손가락 사이에는 묵주를 들고 있었습니다. 베르나뎃타는 나중에 그때의 경험을 설명하였습니다.

　"그분은 머리를 숙여 저에게 인사를 하셨습니다. 저는 제가 잘못 보았다고 생각하면서 두 눈을 비볐습니다. 그러나 다시 눈을 뜨자, 저를 보고 웃으며 가까이 다가오라는 손짓을 하는 그분을 보았습니다. 저는 얼른 가까이 다가갈 수 없었습니다. 그렇지만 저는 무서워서 그랬던 것은 아니었습니다. 무서워했다면 얼른 도망을 쳤을 텐데, 저는 오히려 그분을 바라보며 언제까지나 그곳에 머물러 있고 싶다는 생각을 했기 때문입니다. 그때 갑자기 기도를 하고 싶다는 생각이 떠올랐기 때문에 가지고 다니던 묵주를 꺼냈습니다. 저는 무릎을 꿇었습니다. 그러자 젊은 귀부인은 성호를 그으시는 것이었습니다. 제가 기도를 하는 동안, 그분은 아무런 말도 하지 않고 당신이 가지고 계시던 묵주를 하나씩 세고 있었습니다. 제가 '영광이 성부와 성자와 성령께'라고 말을 하자, 그분도 저와 함께 기도문을 외우셨습니다. 묵주 기도가 끝나자 그분은 다시 저를 보고 웃으시며 약간 위로 올라가셨다가 마침내 사라지셨습니다." 동굴에서의 만남은 같은 해 7월 16일 마지막 만남이 있을 때까지 모두 18번이나 반복되었습니다. 베르나뎃타는 성모 마리아를 만날 때마다 새로운 이야기를 들었습니다. '죄인들을 위해서 기도하라'라는 이야기와 종교 행렬에 참가하라는 말도 들었습니다. 베르나뎃타가 젊은 귀부인에게 당신이 누구인지 알려 달라고 계속 묻자, 그녀는 '나는 원죄 없는 잉태이니라'하고 말씀하셨습니다.

성모 마리아와 베르나뎃타의 만남이 이루어질 때마다, 호기심에 찬 사람들이 몰려 들었습니다. 3월 4일의 만남에서는 한 부인이 자신의 병든 아들을 데리고 나타났었는데, 동굴의 틈새에서 새어나오는 새로운 샘물에 자신의 아들을 담갔다가 꺼내면서 제발 아들의 병을 낫게 해 달라고 기도를 했습니다. 그런데 그 아이는 물에서 나오자마자 곧 병에서 완전히 회복되어, 간절하게 기도를 하던 어머니의 소원이 이루어졌습니다.

이 일이 있은 다음, 그곳은 성지로 인정되어 커다란 성당이 세워지게 되었고 사람들은 이곳을 찾아 몸의 병뿐 아니라 마음의 병을 치유하기 위해 기도를 하게 되었습니다.

루르드의 성모 마리아는 모든 아픈 사람들의 수호자입니다.

"그분을 한 번 뵈었을 때 너무나 아름다운 모습에 감동되어, 그분을 다시 보기 위해서 죽어야 한다면, 어서 죽고 싶습니다."

QUE SOY
ERA
IMMACULADA COUNCEPCIOU

성녀 에우랄리아

〈기념 축일: 2월 12일〉

전설에 의하면 에우랄리아 성녀는 스페인의 바르셀로나 지방에 있는 사리아란 고장에서 태어났다고 합니다. 디오클레치아노 황제와 막시미아노 황제의 통치 기간 동안 로마 제국에 속해 있던 모든 지방에서 그리스도인들에 대한 박해가 가장 잔인하고 거세게 이루어졌습니다. 에우랄리아 성녀는 아직도 어린 소녀였을 때 부모 몰래 로마 제국의 지방 총독인 다치아노의 재판소에 용감하게 나타났습니다. 에우랄리아는 그리스도인들에 대한 재판을 강력하게 비난했습니다. 그러자 다치아노 총독은 에우랄리아를 협박했습니다. 그런데 예상했던 것보다 어린 소녀의 신념이 너무나 확고하자, 그는 재미 삼아 협박을 하던 태도를 바꿔서 본격적으로 소녀를 고문하도록 명령했습니다. 채찍과 갈고리로 온몸을 때렸으며, 쇠로 만들어진 빗으로 살갖을 긁었으며, 끓는 기름과 녹인 납으로 온몸을 고문했습니다. 그래도 예수님을 거부하지 않고 오히려 다치아노의 잘못된 행동을 지적하자, 그는 어린 소녀를 십자가에 못 박아 죽게 하였습니다. 304년 2월 13일에 벌어진 끔찍한 일이었습니다.

밤이 되자 소녀의 시체는 사라졌습니다. 다음 날 밤 근처에 살던 그리스도인들은 눈에 덮여 있는 소녀의 시체를 발견하고 묻어 주었던 것입니다.

소녀 아우렐리아가 순교를 당한 지 8일이 되는 날 소녀의 부모는 무덤에 찾아와 기도를 드렸습니다. 그러자 소녀는 영광의 빛에 싸여 오른편에 하얀 양의 모습을 한 예수와 함께 나타났습니다.

성녀의 시신은 산타 마리아 델 마르 본당 교회로 모셔졌다가 878년 산타 크루스 대성당의 재단 아래로 옮겨졌으며, 1334년에는 지금의 위치인 지하 납골실로 내려져 모셔져 있습니다. 소녀 에우랄리아 성녀의 순교 이야기는 아직도 많은 사람들에게 감동을 주고 있습니다.

"성부께서 마련해 두신 영원한 왕관을 받으십시오. 당신은 우리를 위한 사랑으로 피를 흘리셨기 때문입니다."

성 치릴로와 성 메토디오

〈기념 축일: 2월 14일〉

이 두 형제는 '슬래브 민족의 사도'로서 존경을 받고 있습니다. 그들은 그리스의 살로니카에서 태어났으며 콘스탄티노플에서 공부하였습니다. 원래 그들의 이름은 각각 콘스탄티누스와 미카엘이었는데, 그리스도교로 개종을 하기 위해 치릴로와 메토디오라고 이름을 바꾸었던 것입니다.

메토디오는 형이었는데, 그는 비잔틴 제국에 속해 있던 슬래브 지방의 총독을 지냈습니다. 그러나 그는 그리스도교를 믿게 되면서 총독의 직책을 버리고 이름마저 메토디아로 바꾸며 수사가 됩니다. 치릴로는 콘스탄티노플에서 교수 생활을 했지만 곧 신부로 활동하게 되었습니다. 치릴로는 곧 크림 반도 남쪽으로 선교 여행을 시작했으며 아주 큰 성과를 거두었습니다. 그는 두 번째 여행에서 형인 메토디아 성인과 만나 함께 그리스도교를 전파하는 데 열심히 일을 하였습니다. 그들은 불가리아와 모라비아 사람들을 그리스도인으로 개종시키려고 결심했지만, 다른 선교사들처럼 라틴어로 강론을 한다면 개종은 어려울 것이라고 생각했습니다. 그래서 치릴로가 제일 처음 한 일은 슬래브 사람들이 말하는 언어로 선교를 하는 것과 그 언어를 글로 바꾸어 쓸 수 있도록 그리스 문자를 바꾸어 슬래브 문자를 만드는 일이었습니다. 이들 형제는 함께 복음을 비롯한 중요한 성경 구절을 슬래브 어로 번역하였으며, 전례에서 사용되는 말들도 슬래브 어로 만들었습니다. 그러나 새로운 언어로 성경을 번역하고 전례를 정하는 것은 독일을 중심으로 한 많은 교회 학자들의 반대에 부딪히게 되었습니다. 그래서 이들은 로마로 가서 하드리아노 교황에게 자신들의 선교 방식에 대한 허락을 정식으로 받아 냈습니다. 메토디오는 함께 일하던 다른 동료들과 함께 사제로 인정되었으며, 이들은 슬래브 말로 미사를 집전할 수 있게 되었습니다.

성 치릴로는 869년 로마에서 세상을 떠났습니다. 이제 막 선교 주교로 임명을 받은 다음이었습니다. 성 메토디오는 선교에 몰두하였지만 라틴어의 권위만을 고집하던 독일 선교사들의 반대로 많은 어려움을 겪었습니다. 그러나 로마 교황청에서는 그의 열정을 인정하고, 오히려 그를 모라비아와 파노니아의 주교로 임명했습니다. 그는 884년 자신이 사랑하던 슬래브 사람들에 둘러싸인 채 세상을 떠났습니다. 치릴로와 메토디오의 장례식은 라틴어, 슬래브어, 그리스어로 진행되었습니다. 두 형제의 하느님에 대한 사랑이 어떠한 언어로 표현이 되어도 모두 다 똑같이 소중하다는 사실을 사람들이 깨달았기 때문이었습니다.

치릴로와 메토디오 성인은 베네딕토(기념 축일: 7월 11일) 성인과 함께 유럽의 수호성인으로 기념됩니다.

"모든 사람들이 하느님의 말씀을 알아듣고 다른 사람들을 구원할 수 있도록 하기 위해서였습니다."

성 발렌타인

〈기념 축일: 2월 14일〉

발렌타인(발렌티노) 성인은 가장 유명한 가톨릭 성인들 가운데 한 분입니다. 종교가 다르거나 없는 사람들이라도, 밸런타인데이는 많이들 알고 있기 때문입니다. 그런데 발렌타인 성인에 대해서 알고 있는 사람들은 많지가 않습니다. 왜 사랑을 고백하는 날이 발렌타인 성인의 기념일에 맞춰진 것인지도 잘 알려져 있지 않습니다.

발렌타인은 로마에서 의사로 활동하다가 사제가 되었습니다. 그는 클라우디오 황제의 통치 아래 269년 순교하여 죽었습니다. 교황 줄리오 1세는 비아 플라미니아에 있던 그의 무덤 위에 순교 기념 교회를 짓도록 하여 350년 작은 교회가 세워졌습니다.

로마를 방문하는 순례자들은 로마에 도착하기 전 발렌타인 성인의 묘소를 일부러 방문하곤 하였습니다. 중요한 위치 때문에 교황 호노리오 1세는 낡은 교회를 새로 세워 발렌타인 성인의 순수한 삶을 많은 사람들이 기념할 수 있도록 했습니다.

발렌타인 성인의 날이 오늘날의 밸런타인데이가 된 것은 계절적으로 새로운 보금자리를 마련하는 상징적인 출발의 시기와 일치하기 때문입니다.

성 발렌타인의 기념 축일인 이날 사랑하는 사람들이 서로 사랑의 편지나 작은 마음의 선물을 나누는 전통은 멀리 중세 시절부터 시작되었습니다. 일 년 중 이 무렵이 되면 들판에 있는 새들이 서로의 짝을 선택하고, 봄이 되면 함께 살아가게 될 둥지를 마련하면서 지저귀기 시작하는 모습을 관찰할 수 있었습니다. 그래서 사람들은 이날을 사랑하는 사람과 함께 미래를 준비하는 날로 생각하게 되었고, 이렇게 성 발렌타인 성인의 일화와 연결하여 사랑하는 사람들의 수호성인으로 생각하는 전통이 시작되었던 것입니다. 지금은 세상 곳곳에서 그리스도인이건 아니건 성 발렌타인 축일을 기념하고 있습니다. 사람들은 이때가 되면 인사가 담긴 카드를 보내거나, 선물이나 편지를 주고받으며 사랑과 우정을 확인하게 되었습니다.

발렌타인 성인은 사랑하는 사람의 수호성인으로 기념됩니다.

"하늘로 함께 가기 위해서는 사람들도 새들처럼 '발렌타인 성인'을 필요로 합니다."

성 오네시모

〈기념 축일: 2월 16일〉

    오네시모는 노예였는데, 어느 날 갑자기 그의 주인 곁을 떠나 로마로 도망을 치고 말았습니다. 그는 로마에서 바오로 성인의 설교를 듣고 그에게 다가가 자신의 처지를 이야기하고는 그리스도인이 되고 싶다는 고백을 하였습니다. 그러자 바오로 성인은 오네시모를 받아들였지만, 주인에게 되돌아가서 잘못을 고백하고 용서를 빌겠다는 약속을 하라고 말했습니다. 오네시모는 바오로 성인의 말을 따라 주인에게 돌아가 용서를 빌기로 했습니다. 그러자 바오로는 오네시모의 주인인 성 필레몬에게 편지를 써 주었는데, 지금도 '필레몬에게 보낸 편지'라는 이름으로 신약성서에 전해져 오고 있습니다. "나 바오로는 그리스도 예수의 사신이며 그분에게 붙잡혀 있는 몸입니다. 나는 그대에게 내 믿음의 아들 오네시모의 일로 간청합니다. 나는 그를 그대에게 돌려보냅니다. 그것은 내 심장을 떼어 보내는 셈입니다. 그가 잠시 동안 그대에게서 떨어져 있었던 것은 아마 그를 영원히 당신의 종으로서가 아니라 사랑하는 형제로서 그를 바라볼 수 있도록 하기 위한 하느님의 배려 때문이라고 생각합니다. 만일 그대에게 잘못한 일이 있거나 빚진 것이 있으면 그 책임을 나에게 지우십시오. 나 바오로가 그것을 다 갚겠습니다."

    이 편지는 당시 사용되던 말투로 쓰였는데, 바오로가 얼마나 오네시모를 사랑했는지를 알 수 있게 해주고 있습니다. 그러나 주인만이 노예에 대한 권리가 있다는 당시의 법을 존중하고 있는 바오로의 태도를 알 수 있습니다.

　그러나 그때는 필레몬도 이미 그리스도인으로 개종을 한 다음이었기 때문에, 노예 오네시모의 도망은 아무런 문제가 되지 않았습니다. 필레몬은 오네시모를 용서했을 뿐 아니라 자유를 허락했습니다. 오네시모란 이름은 '쓸모 있는'이라는 뜻을 지니고 있습니다. 오네시모는 로마로 돌아와서 바오로 사도를 도와 많은 일을 하였습니다. 오네시모 성인은 바오로의 다른 제자였던 티케오와 함께 골로사이에 있는 그리스도인들에게 보내는 바오로의 편지를 전달했습니다.

　오랫동안 바오로를 도와 복음의 말씀을 전하던 오네시모는 마케도니아에 있는 베르체 지방의 주교로 임명되었으며 그곳에서 선교를 하다가 순교하여 세상을 떠났습니다.

　바오로는 '골로사이인들에게 보낸 편지'에서 오네시모를 **"성실하고 사랑 받는 여러분의 형제"**라고 부르고 있습니다.

성 베드로 다미아노

〈기념 축일: 2월 21일〉

　베드로 다미아노(다미안)는 이탈리아의 라벤나에서 태어났습니다. 그의 부모는 그가 아직 어린 아이였을 때 많은 자녀들을 남겨 놓고 죽었습니다. 어려서부터 고아가 된 베드로 다미아노는 여러 형제들 가운데 한 형의 보살핌을 받으며 자라야만 했습니다. 그러나 그를 돌봐 주던 형은 베드로 다미아노를 잘 보살펴주기는커녕 농가의 돼지를 돌보게 하는 등 힘든 일만 시켰습니다. 또 다른 형이었던 다미안노는 라벤나의 성직자였는데, 베드로 다미아노의 처지를 불쌍하게 생각해서 그를 파엔자와 파르마에서 공부를 시키기로 결심했습니다. 평소에 하고 싶던 공부를 하게 된 베드로는 정말 열심히 공부를 했습니다. 그리하여 그는 교수가 될 수 있었습니다.

　베드로는 철저한 단식과 기도를 매일처럼 하였습니다. 그는 28살이 되면서 20여 년 전에 복자 로돌포가 세운 폰테 아벨라나의 개혁 베네딕토 수도원에 들어갔습니다. 그는 언제나 침착하게 행동했으며, 수도회의 규칙을 엄격하게 지키는 등 열심히 수도원 생활을 했습니다. 그의 품행을 관심 있게 보아 온 수도원장은 자기가 죽으면 베드로 다미아노가 자신의 뒤를 이어 수도원장의 책임을 맡도록 했습니다.

　수도원장이 된 베드로 다미아노는 언제나 진지하고 침착하게 일을 잘 처리했기 때문에 교황 스테파노 9세는 그를 로마 근교에 있는 항구 도시 오스티아의 주교와 추기경의 자리에 임명했습니다. 그는 교회를 위해 봉사하는 사람들 모두 좀 더 모범적인 삶을 살 수 있도록 노력할 것을 주장했습니다. 그가 맡아야 했던 일은 크게 두 가지였습니다. 첫째는 성직 매매에 관계된 일이었습니다. 드물게 있는 일이긴 했지만, 신부가 되기 위해서 성직을 돈을 주고 사고파는 일이 비밀스럽게 진행되곤 했었기 때문입니다. 교회의 돈을 관리하는 사람들이 가끔 부정하게 그 돈을 사용하는 일도 있었습니다. 또한 교회의 높은 사람들을 임명하는 과정에서도 은밀한 관계가 이루어지지 않도록 감시하고 반성하는 분위기를 만들어 가는 역할 또한 베드로 다미아노 성인의 일이었습니다. 둘째는 성직자들의 나태해진 정신을 새롭게 가다듬는 일이었습니다. 그는 엄격하고 청빈한 삶의 태도를 중요하게 생각했습니다.

베드로 다미아노 성인은 많은 편지와 글을 썼습니다. 그는 여러 공의회에 교황 사절의 자격으로 참석했으며, 프랑스, 롬바르디아와 독일에서 교황 사절로 오랫동안 활동했습니다. 자신을 돌보지 않고 열심히 일하던 베드로 다미아노 성인은 1072년 교황 사절의 임무를 마치고 돌아오다 병에 걸려 자신이 무척 사랑하던 폰테 아벨라나 수도원에서 세상을 떠났습니다.

"모든 그리스도인은 복음이 전하는 것과 같지 않은 것을 모두 버리고 십자가의 열정을 경험하며 살아야 합니다."

코르토나의 성녀 마르게리타

〈기념 축일: 2월 22일〉

마르게리타는 1247년 태어났습니다. 그녀의 부모는 시골 농부였습니다. 마르게리타가 일곱 살이 되던 해에 어머니가 돌아가셨기 때문에 얼마 후에 새어머니가 들어오셨습니다. 그런데 새어머니는 어린 마르게리타를 너무나도 엄격하고 무섭게 대했습니다. 마르게리타는 열일곱 살이 되던 해에 자신을 자상하게 대해 주던 귀족 청년과 사랑에 빠지고 말았습니다. 그 청년은 마르게리타를 친절하게 대해 주었으며, 그녀와 결혼을 하기로 마음먹었습니다. 그러나 평범한 농부의 딸과 귀족 청년의 결혼은 사회

적으로 허용되지 않았습니다. 사람들은 그 둘을 떼어놓으려고 애썼지만, 두 사람은 9년 동안이나 함께 살았습니다. 귀족 청년이 여러 번 결혼식을 위한 노력을 했지만, 그의 가족들과 친척들이 계속 반대를 했기 때문에 결혼식을 올릴 수는 없었습니다. 어느 날 청년은 혼자서 개만 데리고 산책을 나갔습니다. 그런데 청년은 돌아오지 않고 개만 돌아왔습니다. 마르게리타는 다음날 아침 개와 함께 청년을 찾으러 나갔다가 칼에 찔려 죽어 있는 청년을 발견하였습니다.

사랑하는 사람의 죽음에서 하느님의 뜻을 깨달은 마르게리타는 살고 있던 성을 떠

나 코르토나로 돌아왔습니다. 그러나 마르게리타는 가족의 품에 돌아가는 대신 성 프란치스코 수도회에 들어갔습니다. 마르게리타 성녀는 병원과 수도원을 지어 병들고 힘든 사람들을 돕는 일을 해 나갔습니다. 그녀는 진심으로 자신의 죄를 회개하는 사람들을 고해 신부에게 데려가 그리스도인이 될 수 있도록 돕는 일에 커다란 기쁨을 느꼈습니다.

성녀 마르게리타는 사람들이 자신이 하는 일에 대해서 나쁜 이야기를 만들어 퍼트리거나 오해를 하더라도, 어렵고 힘든 사람들을 위한 봉사 활동을 열심히 하면서 살았습니다. 성녀는 1297년 2월 22일 세상을 떠났는데, 그녀의 얼굴은 죽은 사람의 얼굴답지 않게 천사처럼 환한 기쁨의 미소가 담겨 있었습니다.

"그리스도 예수님은 절망한 사람들의 구원자입니다. 그분은 용서의 목소리이십니다."

촛불의 성모 마리아

〈기념 축일: 2월 22일〉

그리스 사람들이 "구세주와의 만남"이라고 부르는 이 축제에는 사람들이 촛불을 들고 행진을 하며 미사에 참석을 하기 때문에 '촛불 행렬'이라고 부르기도 합니다. 이 날은 마리아와 요셉이 성전에 가서 아기 예수를 바치신 것을 기념하는 날입니다. 유대인들은 첫 아들을 하느님에게 바치도록 율법으로 정하고 있습니다. 큰아들을 성전에서 하느님에게 봉헌할 때는 산비둘기 한 쌍이나 집비둘기 새끼 두 마리를 제물로 바쳤습니다.

유대인들은 폭풍이나 죽음의 위험에 닥칠 정도로 특별한 도움이나 보호가 필요할 때 켜 둘 수 있도록 초를 보관하는 풍습을 지니고 있었습니다. 이러한 유대인의 풍습에 따라서 마리아와 요셉은 하느님에게 아드님을 봉헌하고 정결 예식을 한 것입니다.

이때 이스라엘의 구원을 기다리고 있던 시므온이라는 사람이 있었는데, 하느님께서는 그에게 죽기 전에 구세주를 볼 수 있게 해주겠다고 약속하셨습니다. 시므온은 성령의 부름을 받고 성전에 들어갔다가 아기 예수를 보게 되었습니다. 그래서 시므온은 그 아기를 두 팔에 받아 안고 하느님을 찬양하였습니다. "주여, 이제 이 종은 평안히 죽을 수 있습니다. 제 눈으로 주님의 구원을 보았습니다. 그 구원은 주의 길을 밝히는 빛이 되고 모든 나라와 이스라엘의 영광이 됩니다."

마리아와 요셉은 그의 말을 듣고 감격하였습니다. 그러나 시므온은 "이 아기는 수많은 이스라엘 백성을 넘어뜨리기도 하고 일으키기도 할 분입니다. 이 아기는 많은 사람들의 반대를 받는 표적이 되어 당신의 마음은 예리한 칼에 찔리듯 아플 것입니다."라고 말했습니다.

성전에는 안나라고 불리는 예언자가 있었는데, 그녀는 단식과 기도만을 하고 있던 중이었습니다. 이 여자는 예식이 진행되고 있을 때 바로 그 자리에 왔다가 하느님께 감사를 드리고 메시아를 기다리고 있던 모든 사람에게 이 아기의 이야기를 하였습니다.

"주님께서 저희에게 주셨으니 …… 그것은 모든 민족들이 볼 수 있는 빛나는 빛입니다."

성 알렉산드레

〈기념 축일: 2월 26일〉

알렉산드레(알렉산더)라는 이름의 성인은 무려 46명이나 됩니다. 그 가운데는 순교자, 주교, 수사, 군인 등이 있습니다. 이 모든 분들에 대한 이야기를 들려줄 수는 없지만 모두 이날을 기념 축일로 지낼 수 있습니다. 원래 알렉산드레라는 이름은 '사람들을 도와주는 사람'이라는 뜻입니다.

알렉산드레 성인은 250년 태어났습니다. 어린 시절의 그에 대한 이야기는 별로 알려진 것이 없습니다. 그리스도인으로 자라난 그는 신부가 되었으며, 313년에는 알렉산드리아 시의 주교가 되었습니다.

당시 알렉산드레의 교구에는 아리우스라는 신부가 있었습니다. 그는 예수님은 하느님과 다르다는 이야기를 퍼트리고 다녔습니다. 예수님은 인간도 아니고 신도 아니라는 것이었습니다. 그러나 알렉산드레 주교는 분명히 예수님은 하느님과 본질적으로 하나라고 발표하였습니다. 그러자 아리우스는 알렉산드레 주교를 오히려 이단으로 고발하고 예수님은 신성한 존재가 아니라는 주장을 했습니다. 그는 쉬운 말로 많은 사람들을 자기편으로 끌어들이는 데 성공했습니다. 그렇게 아리우스는 그리스도교를 둘로 나누려고 하였습니다. 이집트와 시리아, 그리고 팔레스타인에는 아리우스가 주장하는 이야기가 넓게 퍼져 가고 있었습니다.

알렉산드레는 용감하게 종교회의를 소집하였고 아리우스와 그 추종자들을 이단으로 선포했습니다. 그러나 그들은 자신들의 잘못을 인정하지 않고 오히려 교회의 분열을 이끌었습니다.

마침내 니케아 공의회가 325년 소집되었으며, 알렉산드레 주교와 그의 제자 아나타시오가 참석했습니다. 두 사람은 예수님이 남겨 주신 가르침이 얼마나 소중한가를 사람들에게 널리 알려주었습니다. 아나타시오는 우리가 교리문답 시간에 배우고 또 미사 시간마다 외우는 '사도 신경'이라는 기도문을 만들었습니다. 이 기도문에는 그리스도교의 중요한 교리가 담겨 있습니다.

알렉산드레 성인은 알렉산드리아에 돌아와서 교회를 위해 열심히 일하다가 세상을 떠났습니다.

"전능하신 천주 성부, 천지의 창조주를 저는 믿나이다. 그 외아들 우리 주 예수 그리스도님, 성령으로 인하여 동정 마리아께 잉태되어 나시고…."

3월

천주의 성 요한

〈기념 축일: 3월 8일〉

요한은 1495년 3월 8일 포르투갈의 알렌테조에서 태어났습니다. 그는 여덟 살이 되던 해에 세상을 구경하기 위해서 부모님이 계신 집을 떠났습니다. 그는 오로페사의 목장에서 오랫동안 돼지를 기르는 일을 하게 되었습니다. 그러다 나이가 들면서 목장 주인의 딸과 결혼을 하게 되었지만, 그의 소원은 더 넓은 세상을 마음껏 돌아다니면서 많은 돈을 버는 것이었습니다. 그는 출세를 하기 위해서 스페인의 카를로스 5세 국왕의 군대에 들어가 군인이 되어 전투에 참가했습니다. 그는 전쟁에서 돌아오는 길에 부모님을 찾아보기로 했습니다. 고향에 도착한 그는 자신의 가출 때문에 슬퍼하던 어머니가 병을 얻어 세상을 떠나셨다는 것과 아버지도 이미 프란치스코 수도회의 수사가 되셨다는 사실을 알게 되었습니다.

전쟁에서 돌아온 요한은 성물 판매를 하면서 스페인과 포르투갈을 돌아 다녔습니다. 그러다 우연히 아빌라의 요한의 설교를 듣고 감동을 받은 그는 자신의 과거를 진심으로 뉘우치고 앞으로는 병든 사람들을 위해 살아야겠다고 결심했습니다. 그러나 자기 자신을 매질하는 등 거친 행동을 하여 정신 병원에 갇히게 되었습니다. 정신 병원에서 고통스러운 나날을 보내고 있던 어느 날 요한에게 아빌라의 요한이 방문을 하여 그에게 참다운 그리스도인의 자세에 대한 충고를 들려주었습니다. 안정을 찾게 된 요한은 마음의 평화를 얻고 병원을 떠나 가난한 사람들을 위해 일하기 시작했습니다. 그는 그라나다에 병원을 세워 병든 사람들을 돌보았습니다. 그러던 어느 날 병원에 불이 나자, 그는 불길을 뚫고 다니며 아픈 사람들을 모두 다 구해 냈습니다.

천주의 성 요한은 병들고 가난한 사람들을 위해 오랫동안 일을 하면서 자신도 병에 걸리고 말았습니다. 그러나 그는 자신이 병들었다는 사실을 숨기고 건강한 사람처럼 다른 사람들을 돌보며 살다 세상을 떠났습니다.

"가난하고 병든 사람들을 돌보는 것은 하느님을 사랑하는 가장 훌륭한 방법입니다."

성 도미니코 사비오

〈기념 축일: 3월 9일〉

어린 나이에 죽은 도미니코 사비오 성인의 삶에 대해 설명할 것은 적지만, 배울 것은 많습니다. 도미니코 사비오는 자신이 맡은 일을 성실하게 처리하였습니다. 천사들은 우리들 곁에 살고 있다고 합니다. 그렇지만 우리는 그 사실을 느끼지 못합니다. 도미니코 사비오 성인은 바로 천사와 같은 사람이었습니다.

그는 1842년 이탈리아의 피아몬테 지방에서 철공 일을 하는 시골 농부의 아들로 태어났습니다. 그는 열두 살이 되던 1854년 투린에 있는 성 프란치스코 데 살레지오 학원의 학생으로 입학하여, 성 요한 보스코의 제자가 되었습니다. 그의 스승은 성실한 제자 도미니코에 대한 글을 기록하여 남겨 놓았습니다.

도미니코 사비오는 공부 이외에도 성체 조배에 대한 무척 순수한 사랑의 마음을 갖고 있었습니다. 그가 제일 좋아했던 일은 학교에서 미사 시간에 복사 일을 맡는 것이었습니다.

그는 1857년 15살이 채 되기도 전에 짧은 나이로 죽었지만, 정말 성스러운 생각과 행동을 하며 살았습니다. 성 도미니코 사비오는 순교를 하지 않고 성인이 된 가장 어린 성인입니다.

예수님께서는 "이 빵은 하늘에서 온 것이니 …… 이것을 먹는 사람들은 …… 영원히 살 것이다"라고 말씀하셨습니다.

예수님께서는 "이 빵은 하늘에서 온 것이니 …… 이것을 먹는 사람들은 …… 영원히 살 것이다"

성 치리노와 성 칸디도

〈기념 축일: 3월 10일〉

로마 황제 디오클레치아노는 수십 년 동안이나 그리스도인들에 대한 잔인한 박해를 명령했습니다. 로마의 지배를 받고 있던 대부분의 유럽 국가에서는 로마 황제의 명령을 받은 총독들이 그리스도인을 무차별적으로 처벌하였습니다. 결과적으로 수많은 신자들이 순교를 하게 되었습니다.

세상에는 약삭빠르고 못된 사람들이 정의롭고 착한 사람들을 이기는 것같이 느껴지는 이야기가 많이 있습니다. 그러나 결국 모든 것은 바뀔 것이며, 못된 사람들은 자신들의 행복이 얼마나 형편없는 것인지 알게 될 것입니다.

리치니오 박해 때인 320년 아르메니아에서 순교를 한 로마의 병사들은 모두 40명이나 되었습니다. 그들은 모두 얼어 죽는 형벌을 당했습니다. 로마 병사들은 그리스도인들을 붙잡아 탄압해야 하는 일을 맡았지만, 그들 가운데에도 그리스도인들이 많이 있었습니다. 로마 병사들은 그리스도교를 믿는 병사들을 모두 찾아내어 그들에게 예수님을 모욕하고 그리스도교를 버리도록 고문 방법을 생각해 내었습니다. 그들이 선택한 고문은 매서운 겨울의 추위가 한창일 때 그리스도인 병사들을 꽁꽁 언 호수로 데려가 옷을 모두 벗긴 다음 얼어 죽게 내버려두는 것이었습니다. 그런데 그 호수에서는 바로 가까이에 따뜻한 온천이 있었기 때문에 예수님을 모욕하거나 자신의 믿음을 포기하려는 사람들은 언제든지 따뜻한 온천으로 들어갈 수 있도록 했습니다. 고문을 하면서도 달콤한 유혹을 하려는 셈이었습니다. 온몸이 얼어붙는 추위를 견디다 못해 몇 사람이 호수를 벗어나 온천으로 뛰어들었는데, 그 사람들이 있던 자리는 어느새 새로운 사람으로 채워져 있었다고 합니다. 이들은 그리스도인들의 용감한 행동에 감동을 받고 그 자리에서 그리스도인이 되기로 결심을 한 사람들이었던 것입니다.

호수 위에 있던 마흔 명의 순교자들 가운데 치리노와 칸디도의 행동은 두드러졌습니다. 그들은 그리스도교를 버리라는 재판관의 협박과 설득에 "우리의 육체를 간단한 명령으로 마음대로 할 수 있는 힘을 가지고 있는 사람들이 있습니다. 그러나 우리의 영혼을 마음대로 할 수 있는 힘을 가진 자는 이 세상에는 없습니다"라고 당당하게 말했습니다.

온몸을 조금씩 마비시키는 무서운 추위를 겪으면서도 그들은 있는 힘을 다하여 서로의 가족이나 친척에 대한 인사를 나누며 서로를 격려했습니다. 그들은 이 세상에서의 짧거나 긴 세월보다는 천국에서의 영원한 삶을 소망했기 때문입니다.

다음 날 아침 마흔 명의 시신들은 수레에 실려 불에 태워지기 위해 옮겨졌습니다. 병사들은 그들이 모두 죽었는지 확인하기 위해서 시체들의 다리를 부러뜨리다가 메리톤이라는 사람이 아직도 숨을 쉬고 있는 것을 발견했습니다. 그의 어머니는 아들에게 달려가서 알몸으로 얼어 죽어 가고 있는 아들을 안타까운 마음으로 바라보다가 아들의 소망대로 순교할 수 있도록 다른 동료들의 곁에 놓아두었다고 합니다.

성 바실리오(기념 축일: 1월 2일), 니스의 성 그레고리오(기념 축일: 3월 9일)와 시리아의 성 에프렘(기념 축일: 6월 9일)은 호수에서 순교하여 죽은 이들의 영웅적인 행동에 대해서 글을 남기고 있습니다.

"주님, 우리를 위해 준비하신 마흔 개의 왕관을 잃지 않으렵니다."

성녀 마틸다

〈기념 축일: 3월 14일〉

　　마틸다(마웃)는 프러시아 왕족인 웨스트팔렌의 백작 테오도릭의 딸로 태어났습니다. 909년 결혼한 남편 엔리코가 독일의 왕이 되었고, 둘 사이에서 마틸다와 엔리코는 세 명의 아들과 두 명의 딸을 낳았는데 이들은 모두 중요한 역할을 하게 됩니다. 큰 아들은 독일의 황제인 오토 대제가 되었고, 둘째 아들인 엔리코는 바비에로의 공작이 되었으며, 셋째 아들인 성 브루노(기념 축일: 10월 11일)는 콜로니아의 주교를 지냈으며, 큰 딸 헤르베르가는 프랑스 왕인 루이 4세의 부인이 되었고, 둘째 딸 에두비히스는 위고 왕의 부인이 되었습니다.

　　마틸다는 언제나 가난하고 힘든 사람들을 위한 봉사를 하는 청빈한 삶을 즐겼으며, 노르드하우젠, 엔제른, 펠테와 케드린부르크에 수도원을 세웠습니다. 그녀는 왕이 죽자 30년 동안 과부로 지내면서 진정한 그리스도인으로서의 인생을 살기 위해 열심히 노력했습니다. 하지만 큰 아들과 작은 아들인 오토와 엔리코가 아버지의 재산을 가로채려고 하자 그녀는 모든 것을 포기하고 수도원에서 봉사 생활을 하면서 살았습니다.

　　마틸다 성녀는 여왕이었지만, 언제나 참회와 겸손을 먼저 생각하면서 살아가려고 노력하는 모범적인 그리스도인이었습니다. 그녀는 머리에는 왕관 대신 참회와 겸손을 표시하는 재를 뿌리고 무릎을 꿇은 채 세상을 떠났습니다.

"그리스도는 재와 고행대에서 영적으로 죽으십니다."

성 파트리시오

〈기념 축일: 3월 17일〉

　파트리시오는 로마의 지배를 받던 영국 땅에서 태어났습니다. 그는 16살이 되던 해에 아버지와 함께 여행을 하다 해적들에게 붙잡혔습니다. 해적들은 파트리시오와 그의 아버지 일행 모두를 아일랜드 북쪽 지방인 밀코에 있는 족장에게 노예로 팔았고, 그는 추위와 굶주림을 겪으면서 양치기 일을 해야 했습니다. 그러나 힘들고 외로운 노예 생활을 하면서 그는 오히려 하느님에 대한 많은 생각을 할 수 있는 시간을 가지게 되었으며, 하루 중 거의 모든 시간을 기도와 묵상을 하며 보냈습니다.

　파트리시오는 육 년이라는 긴 세월 동안을 노예로 지내다가 감시가 한가한 틈을 타 배를 타고 프랑스로 도망쳤습니다. 프랑스에서 자유로운 몸이 된 그는 수사가 되기로 결심하였습니다. 그는 여러 수도원을 다니며 공부를 시작했습니다. 스승인 제르마노(기념 축일: 7월 31일) 성인을 따라 영국에서 선교 활동을 했습니다.

　영국에서의 선교 활동을 마치고 로마로 돌아온 제르마노와 파트리시오는 교황 셀레스티노 1세의 명령에 따라 아일랜드로 가서 팔라디오 주교를 돕기로 했습니다. 그러나 파트리시오가 아일랜드를 향해 출발을 하기 전에 팔라디오 주교가 그만 세상을 떠나고 말았습니다.

　432년 교황으로부터 주교로 임명된 파트리시오는 그리스도교에 대해서 들어보지도 못한 사람들을 찾아 아일랜드의 모든 곳을 돌아다녔습니다. 그의 고생은 이루 말할 수 없이 힘든 것이었지만, 사람들에게 하느님의 말씀을 알려주고 새로운 사람으로 다시 태어나게 한다는 기쁨을 느꼈기 때문에 선교 활동에서의 고생은 그에게는 오히려 행복이 되었습니다. 그는 가난하고 힘든 사람들에게나 왕과 같이 힘이 있는 사람에게나 모두 똑 같은 생각과 말로 하느님의 말씀을 알리고 다녔습니다. 파트리시오 성인은 특히 기도의 소중함을 강조했으며 사람들에게 도덕적인 생활을 하도록 당부했습니다. 로마 교황청에서 교황 성 레오(기념 축일: 11월 10일)는 많은 선교사들이 파트리시오 성인을 도와 아일랜드의 복음화를 이룩할 수 있도록 후원을 아끼지 않았습니다. 성 파트리시오는 죽을 때까지 아일랜드에 계속 머물면서 보다 많은 사람들이 하느님을 알 수 있도록 열심히 선교 활동을 했습니다.

파트리시오 성인은 성녀 브리지타(기념 축일: 2월 1일)와 성 콜룸바(기념 축일: 6월 9일)와 함께 아일랜드의 수호성인으로 기념됩니다.

"'성 파트리시오의 무기'라고 불리는 기도를 가르쳐 주십시오."

아리마태아의 성 요셉

〈기념 축일: 3월 17일〉

아리마태아의 요셉이 언제 태어나서 언제 죽었는지에 대해서는 알려져 있지 않습니다. 그러나 예수님의 수난과 죽음을 둘러싼 그의 행동은 아주 중요합니다. 복음 기록자들인 마태오, 마르코, 루가와 요한은 모두 어렵고 힘든 시절 그가 보여준 용감하고 자상한 행동에 대해서 기록하고 있습니다. 아리마태아의 요셉은 예수님의 시신을 옮기고 묻어 준 사람입니다.

성 마태오는 "날이 저물었을 때에 아리마태아 사람인 부자 요셉이라는 사람이 왔는데 그도 역시 예수의 제자였다. 이 사람이 빌라도에게 가서 예수의 시체를 내어 달라고 청하자 빌라도는 쾌히 승낙하여 내어 주라고 명령했다. 그래서 요셉은 예수의 시체를 가져다가 깨끗한 고운 베로 싸서 바위를 파서 만든 자기의 새 무덤에 모신 다음 큰 돌을 굴려 무덤 입구를 막아 놓고 갔다"고 기록하고 있습니다.

성 루가는 조금 더 자세하게 요셉 성인에 대한 이야기를 기록하고 있습니다. "의회 의원 중에 요셉이라는 사람이 있었는데 그는 올바르고 덕망이 높은 사람이었다. 그는 예수를 죽이려던 의회의 결정과 행동에 찬동을 한 일이 없었다. 그는 유대인들의 동네 아리마태아 출신으로 하느님의 나라를 기다리며 살던 사람이었다. 그는 빌라도에게 가서 예수의 시체를 내어 달라고 청하여 승낙을 받고 그 시체를 내려다가 고운 베로 싸서 바위를 파 만든 무덤에 모셨다. 그것은 아직 아무도 장사 지낸 일이 없는 무덤이었다."

성 마르코는 예수님의 시신을 받는 과정을 자세하게 기록하고 있습니다. "날이 이미 저물었다. 그날은 준비일, 곧 안식일 전날이었기 때문에 아리마태아 사람 요셉이 용기를 내어 빌라도에게 가서 예수의 시체를 내어 달라고 청하였다. 그는 명망 있는 의회 의원이었고 하느님 나라를 열심히 열망하고 있는 사람이었다. 이 말을 듣고 빌라도는 예수가 벌써 죽었을까 하고 백인 대장을 불러 그가 죽은 지 오래 되었는가 물어 보았다. 그리고 백인 대장에게서 예수가 분명히 죽었다는 사실을 전해 듣고는 시체를 요셉에게 내어 주었다. 요셉은 시체를 내려다가 미리 사 가지고 온 고운 베로 싸서 바위를 파서 만든 무덤에 모신 다음 큰 돌을 굴려 무덤 입구를 막아 놓았다."

성 요한은 요셉 성인을 도와주던 니고데모에 대한 기록을 덧붙이고 있습니다. "아리마태아 사람 요셉이 빌라도에게 예수의 시체를 가져가게 하여 달라고 청하였다. 그도 예수의 제자였지만 유대인들이 무서워서 그 사실을 숨기고 있었다. 빌라도의 허락을 받아 요셉은 가서 예수의 시체를 내렸다. 그리고 언젠가 밤에 예수를 찾아 왔던 니고데모도 침향을 섞은 몰약을 백 근쯤 가지고 왔다. 이 두 사람은 예수의 시체를 모셔다가 유대인들의 장례 풍속대로 향료를 바르고 고운 베로 감았다. 예수께서 십자가에 못 박히신 곳에는 동산이 있었는데 거기에는 아직 장사 지낸 일이 없는 새 무덤이 하나 있었다."

아리마태아의 성 요셉은 영국에 있는 글래스톤베리에 수도원을 설립하였다고 전해집니다. 이탈리아의 제노바에 있는 성 로렌조 교회에는 요셉 성인이 예수님의 피를 받아 놓은 그릇이 모셔져 있습니다.

"그는 바위를 파서 만든 자신의 무덤에 예수님의 시체를 모셨습니다."

성 요셉

〈기념 축일: 3월 19일〉

　요셉은 다윗 가문 사람으로 가난한 목수였습니다. 요셉은 마리아와 약혼한 사이였는데, 마리아가 아기를 잉태하였다는 소식을 들었습니다. 요셉은 착한 사람이었기 때문에 마리아를 비난하려는 생각은 하지 않았지만, 마음이 혼란스러웠던 것은 사실이었습니다. 그때 한 천사가 그의 꿈에 나타나서 "다윗의 자손 요셉아, 두려워하지 말고 마리아를 아내로 맞아들이어라. 그의 태중에 있는 아기는 성령으로 말미암은 것이다. 마리아가 아기를 낳을 터이니 그 이름을 예수(구세주라는 뜻)라 하여라. 예수는 자기 백성을 죄에서 구원할 것이다."하고 일러주었습니다. 요셉은 천사가 일러 준 대로 마리아를 아내로 맞아 들였으며 아들을 낳을 때까지 누이동생처럼 잘 돌보았고, 아들을 낳자 예수라 이름 지었습니다.

　요셉은 헤롯의 박해로 이집트로 피난을 갈 때나, 나사렛으로 돌아올 때에도 꿈에 나타난 천사의 경고를 겸손하게 받아 들여 아기 예수님을 위험에서 무사하도록 돌보았습니다. 요셉 성인은 예수님이 본격적인 활동을 시작하기 몇 년 전 마리아와 예수님의 보살핌 아래 평화롭게 세상을 떠났다고 전해집니다.

성 요셉은 편안한 죽음을 위한 수호성인이며 목수들과, 집을 구하는 사람들, 그리고 대학교 부속 교회를 비롯해서 캐나다, 오스트리아, 벨리체, 러시아 등 많은 나라들의 수호성인입니다.

성 토리비오

〈기념 축일: 3월 23일〉

토리비오 알폰소는 스페인의 레온 지방에서 1538년 태어났습니다. 그는 젊어서부터 법률과 신학에 대해 많은 것들을 이해하고 있었습니다. 그는 사제는 아니었지만 36세에 살라망카 대학의 법학 교수가 되었으며, 펠리페 2세 국왕으로부터 그라나다 지역의 종교 재판소 재판장으로 임명되었습니다.

토리비오는 종교 재판관으로 일하면서 종교적으로 이단으로 의심이 되는 사람들을 다루면서, 엄격하게 대하기보다는 자상함으로 감싸려는 생각으로 행동했습니다. 그의 태도는 이례적인 것이었는데, 당시 종교재판관은 종교의 순수성을 유지하기 위해 지나치게 엄격하고 준엄한 기준을 요구하곤 했기 때문입니다. 훌륭한 인품과 박식한 지식을 갖추고 있는 그는 이때까지도 성직자는 아니었습니다. 그러나 그는 페루의 수도인 리마 교구에서 일해 달라는 부탁을 기쁜 마음으로 받아들이고 열심히 선교와 봉사 활동을 하였습니다. 오랫동안의 기도와 명상을 통해서 신부가 되기로 결심한 토리비오는 1578년 마흔 살의 늦은 나이로 사제가 되었으며, 1580년 주교로 임명되었습니다. 리마에서의 그의 활동은 대단한 것이었습니다. 그는 도로가 잘 발달되지도 않은 리마에서 40,000킬로도 넘는 길을 말을 타거나 걸어서 다니면서 여러 곳에 흩어져 선교 활동을 하는 선교사들을 만나 그들을 격려하고 도와주었습니다. 그가 세례를 준 신자들의 숫자는 50만 명을 넘었으며, 견진을 준 신자들의 숫자만 해도 8만 명을 넘었습니다. 중요한 것은 그의 영향을 받은 사람들의 숫자가 아니라, 그의 행동과 태도를 통해 경험할 수 있는 감동에 있었다고 합니다.

토리비오 성인은 아메리카 원주민들의 보호자였습니다. 그는 원주민들을 보호하기 위한 여러 시설들을 만들었으며, 학교와 교회, 수도원과 신학원 등을 세웠습니다. 성인은 페루에서 활동을 시작한 그리스도 교회를 위한 새로운 활력을 불어넣어 주었으며, 원주민들의 행복한 삶을 보장하기 위해서 식민지 정부와 끊임없이 대화를 하였습니다.

성 토리비오는 25년 동안의 사목 활동을 마치고 1606년 68세의 나이로 세상을 떠났습니다.

토리비오 성인은 성 요셉(기념 축일: 3월 19일)과 리마의 성녀 로사(기념 축일: 8월 23일)와 함께 페루의 수호성인으로 기념되고 있습니다.

"저는 사람들이 '주님의 집으로 갑시다'라고 말할 때가 가장 행복합니다."

성 요셉 오리올

〈기념 축일: 3월 23일〉

요셉 오리올은 1650년 스페인에서 태어났습니다. 그는 바르셀로나의 평범한 집안 출신인 부모의 소망을 따라 사제가 되었습니다. 처음 몇 년 동안 요셉 오리올은 산타 마리아 델 마르 교회에서 보좌 신부로 열심히 활동을 하는 한편, 신학을 공부하여 1687년 박사 학위를 받게 되었습니다.

공부를 마친 요셉 오리올 신부는 특별히 군인들과 아이들을 위한 선교 활동에 깊은 관심을 갖게 되었습니다. 사람들은 그를 빵과 물의 박사라고 불렀는데, 그는 자신이 가지고 있던 것들은 모두 가난한 사람들에게 나누어 주고 자신은 겨우 빵과 물로만 끼니를 때우면서 26년 동안이나 생활을 했기 때문입니다.

그는 그리스도를 알지 못하는 더 많은 사람들에게 하느님의 복음을 전하는 일을 해야겠다는 결심을 하고는 먼저 예루살렘으로 성지 순례 여행을 떠나기로 하였습니다. 그는 예루살렘까지 가는 동안 로마에 들러서 자신을 일본의 선교사로 보내 달라는 부탁을 로마 교황청에 해야겠다는 생각을 했습니다. 그러나 순례 여행은 너무도 힘든 것이었습니다. 돈과 비상식량조차 챙기지도 않은 채, 기도와 묵상만을 하면서 걸어서 하는 여행은 아주 힘든 것이었습니다. 그는 먹을 것은 우연히 만나는 사람들이나 마을에서 얻어서 해결하였고 잠은 들판에서 자면서도 씩씩하게 여행을 계속했지만, 프랑스의 마르세유에 도착했을 때는 이미 큰 병에 걸려 있었습니다. 꿈에 성모님을 만난 요셉 오리올은 무리한 여행 계획을 포기한 채 배를 타고 고향 바르셀로나로 돌아왔습니다.

바르셀로나에 돌아온 그는 축성된 물과 십자가 성호만으로 아픈 사람들을 낫게 하는 은총을 받게 되었으며, 많은 병자들을 고쳐 주었습니다. 52세가 되는 해 요셉 성인은 철저한 극기와 고행으로 너무 쇠약해져서 몇 년 만에 처음으로 하루 종일 침대에 누워 지내야 하는 신세가 되었습니다. 다음 날 그는 자신을 사랑하는 많은 신자들과 동료들의 기도 속에서 십자가를 바라보고 미소 지은 채 세상을 떠났습니다. 그날은 1702년 3월 23일이었습니다.

"그토록 고통을 받는 그리스도를 쳐다보는 성모 마리아를 생각하고 울지 않을 사람이 어디 있겠습니까?"

복자 라이문도 룰리오

〈기념 축일: 3월 29일〉

라이문도 룰리오(라몬 룰)는 1232년 무렵에 태어나서 1315년 무렵에 세상을 떠났습니다. 그는 시를 읽고 쓰기를 좋아했으며, 화학 실험이나 연금술을 즐겼고 많은 여행을 했던 신비스러운 사람이었습니다. 그는 그리스도교를 모르는 아랍 사람들에게 선교를 하기 위해서 아랍어를 배우고 그들의 문화를 익혔으며, 그들을 설득하기 위해서 많은 책을 썼습니다.

복자 라이문도는 지중해에 있는 스페인의 섬인 마요르카에서 태어났습니다. 그는 젊어서 블랑카 피카니라는 여인과 결혼을 하였으며 나중에 마요르카의 왕이 된 하이메 2세의 집사를 지냈습니다. 당시 그는 시를 좋아했는데, 사랑하는 연인들에 대한 많은 시를 즐겨 읽곤 했었습니다. 그런데 이상하게 자꾸만 십자가에 못 박힌 예수님의 모습이 머릿속에 떠올라 사라지지 않는 것이었습니다. 그는 심각하게 자신의 미래에 대해서 생각을 했습니다. 자기가 해야 할 일이 하느님의 복음을 전하는 일이라는 확신을 갖게 된 라이문도 룰리오는 기도와 명상의 생활이 가져다주는 평화와 기쁨을 알기 시작하였습니다. 그러던 어느 날 아내가 죽자, 라이문도는 본격적으로 선교 활동을 시작하였습니다. 그는 유대인과 아랍인들이 그리스도교에 대해서 읽고 느낄 수 있도록 라틴어와 아랍어, 그리고 카탈루냐 지방어로 많은 글을 썼습니다.

적극적인 선교를 위해서 1292년 튀니지로 여행한 그는 사형 선고를 받고 추방을 당하게 되었습니다. 그러나 그는 몇 년 뒤 다시 튀니지에서 가까운 곳으로 가서 선교를 계속하였습니다. 그는 그리스도교를 모르는 낯선 아랍인들의 오해와 분노로 돌팔매질을 당한 끝에 감옥에 보내졌습니다. 감옥에서 온갖 고통을 당하던 복자 라이문도 룰리오는 고향인 마요르카로 보내졌으나 곧 세상을 떠나고 말았습니다. 그는 비록 이교도들의 감옥에서 죽지는 않았지만 그 감옥에서 당한 고통과 질병으로 죽었기 때문에 순교자로 존경을 받고 있습니다.

"그리스도를 모르는 사람들을 개종시키려면 믿음을 논리적으로 설명할 수 있어야 합니다."

성 베드로 레갈라도

〈기념 축일: 3월 30일〉

베드로 레갈라도는 1390년 스페인의 바야돌리드 지방에서 태어났습니다. 귀족이었던 그의 부모는 베드로 레갈라도가 수사가 되고 싶다고 하자 처음에는 반대하였습니다. 아직 어린 베드로가 자라면서 생각을 바꿀지도 모른다고 생각했기 때문이었습니다. 그러나 베드로의 끈질긴 설득으로 그의 부모는 결국 아들의 소원을 허락하게 되었습니다.

베드로 레갈라도는 14살이 되던 해에 프란치스코 수도회에 들어갈 수 있었습니다. 일찍부터 영성 생활과 수도 생활에 큰 관심이 있던 그는 나이가 들면서 더욱 성숙한 인품과 성덕을 쌓아갔습니다. 그는 사람들을 자상하게 대했으며, 자연과 동물을 사랑하는 마음씨 때문에 사람들로부터 스페인의 프란치스코라는 말을 들었습니다.

그는 주변 사람들에게 평화와 기쁨을 가져다주었습니다. 그가 원장으로 있던 아길라르 수도원의 분위기에 감동한 사람들은 "영광을 위해서라면 아길라르에 보내야 한다"는 말을 했으며, 그가 원장을 지냈던 아브로호 수도원에 대해서 국왕인 후안 2세는 "나는 내가 왕이 아니라면 아브로호 수도원의 수사가 되고 싶다"는 말을 할 정도였습니다.

베드로 성인에 대한 사람들의 이러한 증언들은 그의 인품이 얼마나 성스러웠는지 그리고 그의 영적 생활이 얼마나 다른 사람들의 모범이 되었는지를 알려주고 있습니다.

그는 예언의 능력과 기적의 은총을 받았습니다. 마을 축제가 벌어지고 있던 어느 날 베드로 레갈라도 성인이 있던 수도원에 투우장에서 도망쳐 온 투우 한 마리가 달려들었습니다. 사람들은 이리 저리 도망 다녔으며, 화가 난 소는 사람들을 향해 마구 달려들었습니다. 투우용 소는 보통 소와는 달리 사자 같은 맹수에게도 달려들어 이겨야만 하는 맹수이기 때문에 사람들은 무서움에 떨고만 있었습니다. 그때 베드로 레갈라도 성인은 맨손으로 마구 날뛰는 소에게 조용히 다가가서 등에 꽂혀 있던 투우용 창을 빼낸 다음 소의 상처를 치료해 주었습니다. 화가 나서 펄펄 날뛰던 소는 베드로 성인의 차분함과 부드러움에 자신의 거친 행동을 멈추고 그가 하는 대로 내버려두었습니다. 성 베드로 레갈라도는 치료를 끝낸 다음 투우에게 축복을 주었습니다. 사람들은 베드로 성인의 용감함과 자상함에 놀랐습니다. 이 일이 있은 다음 투우사들은 그를 존경했으며, 오늘날 세계의 모든 투우사들의 수호성인이 되었습니다.

베드로 레갈라도 성인은 1456년 많은 사람들의 눈물과 기도 속에 세상을 떠났습니다.

"성부와 성자와 성령의 이름으로…."

4월

파울라의 성 프란치스코

〈기념 축일: 4월 2일〉

프란치스코는 1416년 이탈리아의 파올라에서 태어났습니다. 그는 12살이 되던 해에 부모와 함께 로마와 아시시를 순례한 후 은수자가 되기 위해 고향 파올라 근처에 있는 칼라브리아로 내려갔습니다. 그는 14살이 되던 해에 자신을 찾아온 자기 또래의 청년을 첫 제자로 받아들였습니다. 그는 소문을 듣고 하나 둘씩 모여든 제자들의 수가 점점 많아지자 정식으로 공동체 모임을 만들었습니다. 그는 자신과 다른 동료들이 모든 수사들 가운데 가장 보잘것없다고 생각하면서 자신들의 모임을 '작은

자들의 모임'이라고 불렀습니다. 그 모임의 가장 근본적인 규칙은 가난과 정결, 순명을 지키는 것이었습니다.

'작은 자들의 모임'이 널리 퍼지면서 많은 사람들이 몰려들자, 파올라의 프란치스코는 정식 공동체를 위한 규칙을 정하고 교회의 허락을 신청했습니다. 교황 식스토 4세는 새로운 수도회를 인정했으며, 이것이 바로 '아시시의 프란치스코 은수회'의 설립이 되었습니다. 그러나 프란치스코는 자기 공동체의 이름을 '작은 형제회'로 바꾸었습니다. 처음에 생각했던 것처럼 작은 자로서 겸손하게 하느님을 따르는 생활을 하

고 싶었기 때문이었습니다.

파울라의 프란치스코 성인은 살아 있으면서 많은 기적을 보여준 성인 가운데 한 사람입니다. 자신은 사회 활동을 하기보다는 조용한 곳에 머무르면서 기도 생활을 하는 것을 좋아했지만, 하느님께서 자신을 쓰시고 싶은 곳이 있다면 어떠한 일이라도 하겠다는 마음으로 생활했습니다. 그래서 그는 하느님의 백성에게 봉사하기 위해서 은사로 받은 기적과 예언의 능력을 적극적으로 사용하며, 가난하고 억압받는 사람들을 위해 봉사하는 생활을 했습니다.

어느 날 교황 식스토 4세는 프란치스코에게 파리에 가서 병환 중에 있는 프랑스의 국왕이 죽음을 잘 준비할 수 있도록 도와주라는 부탁을 하였습니다. 그는 무조건적인 순명하는 자세로 파리로 가서 루이 11세 국왕을 살펴보았습니다. 왕을 만난 프란치스코는 아무런 숨김도 없이 "전하, 당신을 위해 우리 주님께 기도드리겠습니다. 제가 보기에 이미 어떠한 약이나 의사도 전하의 병을 고칠 수는 없을 것 같습니다. 지금 가장 소중한 것은 죽음 뒤에 시작될 진정한 삶에 대한 확신을 갖는 일입니다"라고 말했습니다. 루이 11세가 죽은 다음, 간곡한 왕실의 부탁을 받은 프란치스코는 프랑스 왕실의 정신적인 고문으로 활동하게 되었습니다.

파올라의 프란치스코 성인은 91세의 많은 나이가 될 때까지 하느님의 충실한 종으로서 열심히 생활하다 세상을 떠났습니다.

그는 성 프란치스코 하비에르(기념 축일: 12월 3일)와 성 에라스무스(기념 축일: 11월 25일) 등과 함께 선원과 바다 여행을 하는 사람들의 수호성인으로 기념됩니다.

"무엇보다 중요한 것은 영혼의 건강입니다."

성 이시도로

〈기념 축일: 4월 4일〉

이시도로 성인은 560년 스페인의 카르타헤나에서 태어났습니다. 그는 자신의 친형이었으며 세비야 교구의 주교를 지냈던 성 레안드로(기념 축일: 2월 27일)의 보살핌을 받으며 자라났습니다. 그의 형제들은 모두 성인으로 존경을 받고 있습니다. 성인 가족인 셈입니다. 성 풀헨시오(기념 축일: 1월 16일)와 성녀 플로렌티나(기념 축일: 6월 20일)를 포함한 사 남매는 모두 성인으로 존경을 받고 있을 만큼 이시도로 성인의 성스러운 가정의 분위기는 그리스도인 가정의 모범이 될 만한 것이었습니다.

성 이시도로는 형 성 레안드로와 함께 고트 족들을 그리스도인으로 개종시키는 선교를 아주 열심히 하였으며, 그의 선교 활동은 30살이 채 되기도 전부터 세상에 널리 알려지게 되었습니다. 고트 족들은 이시도로 성인이 태어나기 훨씬 전부터 스페인을 침략해 식민지 통치를 하고 있었습니다. 그들은 그리스도의 신성(그리스도가 곧 하느님이라는 믿음)을 부정하는 이단인 아리우스파였습니다. 따라서 스페인은 종교적으로 둘로 나뉘어 서로 상대방을 헐뜯는 상황에 놓이게 되었습니다. 이러한 혼란한 시기에 이시도로 성인과 레안드로 성인과 같은 사람들의 선교 활동은 매우 중요한 것이었습니다.

이시도로는 형 레안드로가 죽자 세비야의 주교로 임명되었는데, 40년 동안이나 이 직책을 맡게 되었습니다. 그는 2차 이스팔렌세 공의회와 4차 톨레도 공의회를 준비하였습니다. 그는 신학, 생물학, 역사, 지리학, 천문학을 비롯해 문법학에도 상당한 수준의 지식을 지니고 있었습니다. 이시도로 성인은 "영적 과정에서 독서는 우리를 이끌어 주며, 명상은 우리를 깨끗하게 해줍니다"라면서 독서와 명상의 소중함을 강조하였습니다.

이시도로 성인은 '중세 학문의 스승'이라는 말을 들을 정도로 뛰어난 학식을 8차 톨레도 공의회에서 마음껏 발휘하였습니다. 공의회에 참석했던 사람들은 "최근 수백 년 동안 가장 유식한 학자이며, 그의 이름은 존경을 받아야 한다"고 증언하고 있습니다.

636년 성 주간 행사가 거행되는 동안 이시도로 성인은 언제나 맡아서 하던 가난한 사람들의 발을 씻겨 주는 의식을 집전할 수 없을 정도로 쇠약해졌습니다. 그는 사람들에게 자신이 의식을 거행하지 못하게 되어 죄송하다며 자신을 위해 하느님께 기도해 달라고 했습니다. 그는 모여 있는 사람들에게 부탁했습니다. "서로 사랑하십시오. 나쁜 일에 빠져들지 마십시오. 늑대가 여러분들을 해치지 않도록 하십시오. 길 잃은 양이 착한 목자의 우리로 돌아올 수 있도록 하십시오." 그는 삼 일 후 세상을 떠났습니다.

"자주 읽어야 합니다. 그리고 더 많이 기도하십시오. 그래야 우리는 하느님과 하나가 될 수 있습니다."

성 빈첸시오 페레르

〈기념 축일: 4월 5일〉

지중해의 아름다운 도시 발렌시아가 빈첸시오 성인의 고향입니다. 그의 부모는 순교자 빈첸시오 성인의 기념 축일에 태어난 그에게 빈첸시오라는 이름을 붙여줬습니다. 그는 열여덟 살이 되던 해에 부모의 반대를 무릅쓰고 도미니코 수도회에 들어갔습니다. 훌륭한 성적으로 공부를 마친 다음 신부가 된 빈첸시오는 선교사 활동을 시작하였습니다. 그는 바르셀로나와 발렌시아에서 만 명에 가까운 유대인들을 그리스도인으로 개종시킬 수 있었습니다.

빈첸시오는 자신이 모시던 베드로 데 루나 주교가 교황으로 선출되어 베네딕토 13세가 되는 바람에 교황의 고해 신부로 일했지만, 교회의 분열에 대한 심한 회의를 느끼고 다시 선교 활동에만 전념하게 되었습니다.

그는 뛰어난 웅변가였으며 탁월한 설교가였습니다. 그는 선교를 위해 스페인과 프랑스, 스위스와 벨기에 등지를 샅샅이 돌아다녔습니다. 그는 영국으로 선교 여행을 하려는 소망을 꿈꾸다가 영국 해협 가까운 프랑스 땅에서 세상을 떠나고 말았습니다.

빈첸시오 페레르는 평생 이교도들의 개종과 교회의 일치를 위해 살았습니다. 또한 그의 꾸준한 노력으로 백년 전쟁이 끝을 맺을 수 있었습니다.

성 요한 드 라 살

〈기념 축일: 4월 7일〉

　요한 드 라 살은 1651년 프랑스의 부유한 법률가 집안에서 태어났습니다. 많은 재산과 권력을 물려받을 수 있는 위치에 있던 그는 11살이라는 어린 나이에 사제가 되기로 결심을 했습니다. 그는 오랫동안의 철저한 준비 끝에 27세의 나이로 사제가 되었습니다.

　요한 드 라 살은 사제로서의 사목 활동도 중요하게 생각했지만, 아이들과 청소년을 위해 좀 더 효과적인 교육이 급하게 필요하다는 생각을 하게 되었습니다. 그는 많은 아이들을 가르칠 수 있는 교육 기관과 쉽고 재미있는 책이 필요하다는 사실을 깨달았던 것입니다. 그는 자신의 목적을 위해서 모든 재산과 출세의 기회를 다 포기하고 아이들을 위한 교육 사업을 시작했습니다.

　요한 드 라 살 성인은 우선 라방 지방을 중심으로 가난한 아이들을 위한 학교를 세우는 데 많은 노력을 하였으며, 아무리 어렵고 힘든 일에 부딪히더라도 청소년들을 위한 봉사의 태도를 잃지 않았습니다. 그는 모든 청소년들은 자신들이 귀족이건 평민이건 어떤 신분에 속해 있더라도 교육을 받을 동등한 권리가 있다고 생각했으며, 이러한 교육을 통해 하느님을 바로 알 수 있는 기회도 갖게 될 것이라고 믿었습니다. 결국 그는 그리스도교 학교 수사회를 세웠으며, 그들이 세운 학교에서는 어려운 라틴어 대신 각 나라마다 사용하던 지방어를 사용할 수 있게 하였습니다. 또한 당시에는 자연스럽게 이루어지고 있던 체벌을 금지했습니다. 또한 그는 최초의 기술학교를 세웠으며, 교사를 위한 연구 과정을 준비하여 교사들이 서로 의견을 나누고 바람직한 교육 방법을 배울 수 있는 기회를 제공했습니다. 결국 그는 많은 어려움을 극복하면서 현대적 규모의 대단위 학교를 세울 수 있었습니다.

성 요한 드 라 살은 1719년 세상을 떠났지만, 청소년 학교 교육에 대한 그의 열정과 생각은 온 세상에 널리 퍼졌습니다. 성 요한 드 라 살은 모든 학교의 수호성인으로 기념됩니다.

"성인들의 지혜를 받아들일 줄 아는 사제는 훌륭한 교사가 될 수 있습니다."

성 스타니슬라오

〈기념 축일: 4월 11일〉

　1030년에 태어나서 1079년 암살되어 세상을 떠날 때까지, 성 스타니슬라오가 보여 준 용기는 사제로서 자신의 양 떼를 이끌어 갈 책임과 의무를 얼마나 모범적으로 잘 지켜 왔는가를 알려주고 있습니다. 그는 폴란드 사람이었습니다. 그는 코라코프 지방에서 태어났으며, 그니에즈노와 파리에서 공부한 뒤 사제가 되었습니다. 1072년 크라코프의 주교가 된 스타니슬라오 성인은 신분이 높은 사람이건 낮은 사람이건 올바른 생각과 행동을 해야 한다는 평소의 믿음에 따라, 폴란드의 국왕이었던 불레슬라우스 2세에게 포악한 성격과 행동을 고치도록 충고했습니다. 왕은 주변의 여러 나라와 전쟁을 일으켰으며, 잔인하게 사람들을 해쳤기 때문에 신하들도 그를 두려워하였습니다. 왕은 처음에는 반성하는 기색을 보였지만 얼마 시간이 지나지 않아 예전의 이기적이고 잔인한 행동을 하기 시작했습니다. 그러자 스타니슬라오는 누구나 겸손해야 한다면서 왕의 행동을 꾸짖었습니다. 불레슬라우 폴란드 왕은 그에게 화를 내며 오히려 더욱 잔인한 행동을 일삼았습니다. 그러자 성 스타니슬라오는 왕에게 그리스도인의 자격이 없다면서 그를 그리스도교에서 파문했습니다. 왕은 병사들에게 스타니슬라오 성인을 죽이라고 명령하였지만, 병사들은 왕의 말을 따르지 않았습니다. 그러자 왕은 직접 미사를 집전하고 있던 스타니슬라오에게 찾아가 들고 있던 칼로 그의 몸을 몇 조각으로 잘라 죽여 버렸습니다. 이때가 1079년 3월 11일 이었습니다.

　교황 그레고리오 7세는 스타니슬라오를 죽인 불레슬라우 왕에게 왕의 자격이 없다는 판결을 내렸습니다. 성 스타니슬라오가 죽은 다음 많은 사람들의 항의에 못 이겨 왕좌를 버리고 멀리 헝가리로 도망쳤던 불레슬라우 왕은 신분을 숨기고 어느 한적한 수도원에 숨어 평생 자신의 행동을 후회하면서 살았다고 전해집니다.

성 스타니슬라오는 성모 마리아와 성 아달베르토(기념 축일: 4월 23일)와 함께 폴란드의 수호성인으로 기념됩니다.

"하느님은 우리가 다른 사람들을 도와줄 수 있도록 우리 모두의 근심 걱정을 덜어 주십니다."

성녀 젬마 갈가니

〈기념 축일: 4월 11일〉

젬마는 1878년 이탈리아의 토스카 지방인 카밀리아노에서 태어났습니다. 결핵에 걸려서 조금씩 죽어 가던 그녀의 어머니는 세상을 떠나기 얼마 전 아직도 어린아이였던 젬마에게 작은 소리로 말했습니다. "예수님께서 나를 부르시는 그곳으로 너를 데려갈 수만 있다면 얼마나 좋을까? 너는 예수님과 함께 하늘나라에 가고 싶지 않니?" 젬마의 어머니는 앓고 있던 결핵이 심해지면서 아직도 일곱 살짜리 철부지 어린아이였던 젬마와 약사였던 남편을 남기고 세상을 떠나야만 했던 것입니다.

젬마는 첫 영성체를 위해서 어린이를 위한 8일 동안의 기도를 했습니다. 그녀는 기도를 하면서 하느님과 영적으로 하나가 되는 경험을 하였습니다. "그때부터 예수님은 제 영혼에 부드럽게 계셔 주었고, 저는 하느님과 영원히 하나가 되려는 소망으로 살아야겠다는 생각을 했습니다."

젬마 갈가니는 예수님을 생생하게 느끼고 하느님과의 일치를 경험하는 이러한 초자연적인 영적 체험을 했지만, 건강이 허락하는 동안은 학교에도 다니면서 보통 생활을 계속했습니다. 1894년 젬마 갈가니는 뛰어난 성적으로 금메달을 받았습니다.

18살이 되던 해 그녀는 아버지마저 잃었습니다. 그녀는 비록 혼자 남게 되었지만,

정결 서원을 하기 위해 결혼을 하지 않기로 결심하였습니다. 그녀는 예수 수난 수녀회의 수녀가 되고 싶어 했지만, 몸이 약해서 자신의 뜻을 이룰 수 없었습니다.

성녀 젬마는 어머니가 돌아가신 이후 줄곧 자신이 맡아 왔던 집안일을 계속하고 있었는데, 어느 날부터인가 육체적으로나 영적으로 견딜 수 없을 만큼 커다란 고통을 겪기 시작했습니다. 그러나 이상하게 마음만은 평화로웠습니다. 그녀의 깨질 듯한 약한 신체에는 예수님이 수난 당하실 때 입었던 양손과 양발, 그리고 옆구리의 상처가 정기적으로 나타났습니다. 이러한 현상은 1899년부터 1901년까지 계속되었습니다. 젬마는 예수님이 당하셨던 육체적이고 영적인 모든 고통을 받고 있었던 것입니다. 그러나 상처의 고통이 아무리 크고 견디기 힘들더라도 그녀의 마음에는 오히려 더욱 큰 평화가 가득했습니다.

젬마 성녀는 1903년 25살의 나이로 성 토요일에 세상을 떠났습니다. 그녀는 십자가에 매달린 예수님의 모습을 바라보며 잔잔한 평화의 미소를 짓고 있었습니다.

"언제나 오로지 예수님을 위하여"

성녀 베르나뎃타

〈기념 축일: 4월 16일〉

　2월 11일 루르드의 성모 마리아 기념 축일 편에는 피리네 산맥 작은 마을의 순진한 소녀에게 나타나신 성모 마리아의 이야기가 있습니다. 4월 16일은 성모님의 발현을 목격한 소녀 베르나뎃타의 기념 축일입니다.

　베르나뎃타의 집은 피리네 산맥 기슭에 있는 가난한 동네에서도 가난한 집이었습니다. 마을은 몇 년 전까지 감옥으로 사용되었을 만큼 작고 어두웠으며 습기도 높은 곳이었습니다.

　베르나뎃타의 부모는 무척 가난한 시골 농부였습니다. 베르나뎃타에게는 안토니아라는 여동생이 있었습니다. 베르나뎃타가 14살이 되던 해 겨울은 아주 추웠습니다. 그녀와 여동생은 또래의 여자 친구와 함께 땔나무를 구하기 위하여 숲으로 들어갔습니다. 그들은 개울 건너편에 부러진 나뭇가지들이 많이 널려 있는 것을 보고는 신발을 벗고 개울 건너편으로 건너갔습니다. 베르나뎃타는 몸이 아팠기 때문에 물을 건너지 않은 채 계속 주변을 살피며 나뭇가지를 줍고 있었습니다. 그러다 동굴 입구에 이르렀고, 거기에서 성모 마리아를 보게 되었습니다.

　성모 마리아가 사라진 다음 베르나뎃타는 친구와 동생이 있는 곳으로 돌아와 자기가 본 것을 이야기하고는 비밀로 해줄 것을 부탁했습니다. 그러나 친구는 말을 하고 싶은 유혹을 못 이겨 사람들에게 말을 하고 말았습니다. 그러자 이 소식은 온 마을에 퍼져 갔으며, 동네의 많은 사람들은 꾸며댄 이야기라며 믿지 않았습니다. 물론 베르나뎃타의 아버지도 딸의 말을 믿지 않고 오히려 혼을 냈습니다. 사람들은 그녀에게 나타난 모습은 변장한 마귀일지도 모르니까 성수를 뿌려 보라고 주의를 주었습니다. 베르나뎃타의 행동을 보신 성모 마리아는 빙그레 미소를 지으셨을 뿐입니다. 마을 사람들의 호기심은 날이 갈수록 커져만 갔으며, 정부에서도 사건을 조사하기 시작했습니다. 그들은 베르나뎃타에게 조금의 거짓말도 해서는 안 된다며 그녀에게 갖은 설득과 협박을 서슴지 않았습니다.

베르나뎃타의 말을 믿지 못하는 사람들이 믿을 수 있도록 성모 마리아는 소녀에게 바닥을 파라고 말했으며, 바닥에서는 샘물이 솟아 나왔습니다. 그 샘물은 많은 기적을 일으켰으며, 사람들이 몰려들기 시작했습니다. 정부와 교회는 아직 아무것도 밝혀지지 않았으므로 동굴에 모여 기도하는 것을 금지하려 했습니다. 그러나 시간이 지날수록 불가사의한 일이 많이 벌어지는 것이었습니다. 마침내 주교가 나서서 자세한 조사를 시작했으며, 마침내 "성모 마리아께서 루르드에 발현하셨다"는 발표를 하게 되었습니다.

이렇게 되자 사람들은 베르나뎃타를 조용히 놔두지 않았습니다. 자신을 위해서 기도를 해 달라고 부탁을 하는 사람, 소녀의 능력을 시험해 보려는 사람, 선물을 주면서 귀찮게 하는 사람 등등 베르나뎃타의 생활은 그녀가 평소에 하고 싶었던 조용한 기도 생활과는 너무나 다른 어수선한 생활이 되어 버렸습니다. 그래서 베르나뎃타는 성모님이 당부하신 것처럼 조용히 기도에 집중하기 위해서 자비의 수녀원에 들어가서 겸손하고 단순한 기도 생활만을 계속하였습니다. 몸이 약했던 베르나뎃타는 1879년 4월 11일 36살의 나이로 세상을 떠났습니다.

성 베니토 호세 라브레

〈기념 축일: 4월 16일〉

　　베니토 호세 라브레 성인은 하느님께서 이끌어 주신다면 어느 누구라도 어떠한 상황에 처해 있건 성인이 될 수 있다는 사실을 보여주고 있습니다. 베니토는 작은 규모의 사업을 하는 부모에게서 태어났으며, 사제였던 삼촌의 영향을 받으며 자라났습니다. 베니토는 어려서부터 수사가 되고 싶어 했습니다. 그러나 16살이 되던 해 큰 병에 걸렸다가 가까스로 살아났습니다. 비록 병에서 회복이 되긴 했지만, 그는 많은 것들을 기억할 수 없었으며 무엇을 새로 배울 수도 없었습니다. 고열에 노출되었던 뇌가 정상적인 기능을 할 수 없었던 것입니다. 그렇지만 베니토는 수사가 되어 하느님과 가까이하는 생활을 하고 싶다는 소망은 잊지 않았습니다.

　　베니토는 여러 수도원을 방문하여 자신의 소망을 고백했지만 어떠한 수도원에서도 그를 받아들이지 않았습니다. 너무나 나이가 어렸을 뿐 아니라 공부를 할 수 있는 지능이 모자랐기 때문이었습니다. 그는 성 알레조(기념 축일: 7월 17일)에 대한 이야기를 듣고는 성지에는 자신을 받아 줄 수 있는 수도원이 있을 것이라는 확신을 하고 이탈리아를 향해 여행을 하기로 결심했습니다. 알레조 성인은 수사가 되고 싶은 자신의 소원이 이루어지지 않게 되자, 자신의 결혼식이 진행되던 날 밤 몰래 집을 떠나 성지를 향했습니다. 그는 성지 순례를 다니다 오랜만에 고향에 돌아왔는데, 이제는 수사가 되려는 자신을 방해하던 사람들이 자신을 알아보지 못했다고 합니다. 어느 날은 자기의 집 계단에서 걸인처럼 잠을 자고 있었는데 집안 식구들 가운데 아무도 그를 알아보지 못했다고 합니다. 베니토는 비록 수사가 될 수는 없다 하여도, 알레조 성인처럼 성지 순례를 다닐 수만 있다면 하느님의 말씀을 생각하고 예수님의 수난을 생생하게 체험해 볼 수 있다고 생각했던 것입니다.

베니토 성인은 예수님의 사도들이 흔적을 남긴 유럽의 성지들을 두루 다녔습니다. 몽세라 수도원이나 야고보 사도의 시신이 있는 산티아고 데 콤포스텔라, 로레토를 비롯해서 수많은 성지를 돌아다녔습니다. 그는 우물이나 분수의 물을 마셨으며, 사람들이 먹다가 남긴 찌꺼기들을 먹으며 지냈습니다. 로마에 도착한 성 베니토 호세 라브레는 콜로세움 아래서 잠을 잤으며, 여러 교회를 돌아다니며 몇 시간씩이나 기도를 했습니다. 필요한 것이 있으면 구걸을 했고, 자신보다 더 힘들고 어려운 걸인에게 자신이 받은 돈을 나누어주곤 했습니다. 그의 행동을 이상하게 생각한 다른 걸인과 주변 사람들을 그가 돈 많은 귀족 출신인데 지은 죄가 하도 많아 이렇게 고행을 하고 있는 것이라고 생각하고는 그를 괴롭히기도 했습니다.

고생스럽고 힘든 매일을 기쁜 마음으로 살아가던 베니토 성인이었지만, 잘 먹지도 않고 잘 자지도 않는 걸인 생활은 그의 모든 기력을 빼앗아 가 버렸습니다. 그는 1783년 성주간 동안 몬티의 성모 마리아 교회의 계단에서 세상을 떠났습니다.

베니토 성인이 살아 있는 동안 아무도 그에게 주의를 기울이지 않았지만, 그가 죽은 다음 수많은 사람들이 그의 무덤을 찾아 겸손하고 욕심 없는 생활에 대한 존경을 표시하였습니다.

"저는 오직 '하느님의 자녀'가
되고 싶을 따름입니다."

성 안셀모

⟨기념 축일: 4월 21일⟩

안셀모는 1033년 이탈리아의 아모스타에서 태어났습니다. 그는 22살이 되던 해 어릴 때부터 소망하던 수사가 되기 위해서 집을 떠났습니다. 안셀모의 부모가 수사가 되겠다는 아들의 결심을 오랫동안 허락하지 않았기 때문이었습니다. 그는 알프스 산맥을 지나서 노르망디에 도착했습니다. 노르망디에서 베크 수도원에 들어간 그는 30년 동안이나 계속 그곳에 머물렀습니다. 그는 명예에는 관심이 없었지만, 만장일치의 투표로 원장으로 선출되었습니다. 또한 자신의 뜻과는 관계없이 캔터베리의 대주교가 되었습니다. 안셀모 성인은 왕을 비롯한 어떠한 권력 앞에서도 자유로운 교회의 영적 활동을 보장했습니다. 이러한 그의 행동은 영국의 왕 윌리엄 2세로부터 미움을 받는 원인이 되었습니다. 윌리엄 왕의 지나친 간섭과 분노를 피해 로마에서 생활을 하던 안셀모는 헨리 1세의 부름을 받고 다시 영국으로 돌아와 성실하게 대주교로서 할 일을 하였습니다. 그러나 왕이 주교들을 서품하려고 하자 헨리 왕과 다시 대립하여 또다시 로마에서 귀양살이를 하였습니다.

안셀모 성인은 변화가 많은 일생을 살았지만, 언제나 부드럽고 자상한 성품을 지니고 있었습니다. 그는 특히 가난하고 어려운 사람들의 편에서 그들을 돕는데 앞장섰습니다. 당시에는 노예제도가 있었기 때문에, 노예를 팔고 사는 일이 자연스럽게 이루어지고 있었습니다. 그러나 성 안셀모는 그들에게도 최소한의 자유를 인정해야 한다는 생각을 하면서, 노예를 팔고 사는 일을 반대하였습니다. 그는 마침내 국회에서 노예를 팔고 사는 일을 금지시키는 법안을 만드는 데 공헌을 하였습니다. 이러한 그의 업적은 훗날 바르똘로메 델 라스 까사스 신부가 아메리카 원주민들에 대해 보여준 사랑과 염려의 태도와 비교될 수 있습니다.

안셀모 성인은 이성으로 신앙을 증명하려는 노력을 하였기 때문에 많은 책을 썼습니다. 그는 교황의 부탁을 받고 바리 공의회(1098)에 참석하여 많은 주교들을 도와 신학적인 의문들을 해결하는 뛰어난 능력을 발휘하였습니다. 그는 1109년 4월 21일 세상을 떠났습니다.

성 안셀모는 언제나 주 예수 그리스도에게 기도를 하였습니다. "저는 당신의 뜻과 진리를 알고 싶습니다. 저는 믿기 위해서 이해하기보다는 이해하기 위해서 믿고 싶습니다."

성 제오르지오

〈기념 축일: 4월 21일〉

제오르지오(호르헤) 성인에 대해서는 많은 기록이 남아 있지 않습니다. 그러나 분명한 것은 그는 용감하고 당당하게 순교하여 세상을 떠났다는 사실입니다. 그는 디오클레치아노 황제 군대의 장교였지만, 그리스도교를 알게 되었고 자신도 그리스도인이 되었다고 합니다. 그리스도인을 박해하는 입장에서 박해받는 입장으로 위치가 바뀐 것입니다. 군인으로서 뛰어난 능력을 지니고 있었지만, 마음은 언제나 따뜻했으며 두려움을 모르던 그는 진정한 하느님의 기사였습니다. 그는 팔레스티나의 리다에서 303년 4월 23일 순교하였습니다.

성 제오르지오가 그리스도를 따르기 위해서 보여준 용기는 십자군 전쟁이 한창이던 12세기 이탈리아 군인들 사이에서 더욱 널리 퍼졌습니다. 어느 날 그는 말을 타고 산길을 가던 중 제물로 바쳐진 여인을 발견하였습니다. 그 여인은 마을에 자주 나타나 사람들을 괴롭히던 괴물에게 바쳐진 희생 제물이었습니다. 제오르지오는 용감하게 괴물과 싸워 이긴 다음 여인을 무사히 구출하였다고 합니다. 그러나 이 전설은 원래 제오르지오의 이야기와는 조금 다르게 과장되기도 하였습니다. 괴물이 용으로 둔갑하기도 하였을 정도입니다. 아마도 전쟁의 두려움에 떨던 군인들이 용감했던 제오르지오의 무훈을 이야기하면서 과장하였던 모양입니다.

제오르지오는 십자군들이 존경하던 수호성인이었습니다. 어떠한 위험에 빠지더라도 용감하게 자신의 뜻을 밝히고 하느님을 위해 목숨을 내놓을 수 있었던 그는 진정한 하느님의 기사였던 것입니다.

성 제오르지오는 영국, 포르투갈, 아라곤, 덴마크, 런던, 그리스, 카달루냐 등지의 수호성인으로 기념됩니다.

"하느님은 저를 보호하시어 제가 위험에 빠진 사람들을 구할 수 있도록 허락하십니다."

성 마르코 복음사가

〈기념 축일: 4월 25일〉

마르코는 그리스의 영향을 많이 받은 유대인의 자손으로서 예수살렘에서 태어나고 자랐습니다. 마르코의 원래 이름은 요한입니다. 그는 예수님이 돌아가시기 얼마 전 예수님을 만나 깊은 영향을 받았습니다. 성 바오로(기념 축일: 6월 29일)와 함께 선교 여행을 다닌 성 바르나바(기념 축일: 6월 11일)가 바로 마르코스의 사촌입니다.

베드로(기념 축일: 6월 29일)는 예수님이 돌아가신 다음 활발한 선교 활동을 하였는데, 42년경 그를 잡으려는 병사들을 피해서 어머니와 살고 있던 마르코의 집에 숨어 있었으며, 그때 마르코는 베드로로부터 세례를 받을 수 있었습니다.

마르코는 성 바오로와 성 바르나바의 첫 번째 선교 여행을 따라갔습니다. 그는 로마에서 성 베드로와 함께 선교 활동을 떠났습니다. 마르코는 베드로의 설교에 참석했으며, 제자로서 통역을 비롯한 많은 일을 하면서 스승 베드로를 도왔습니다. 베드로는 마르코를 '나의 아들 마르코'라고 불렀다고 합니다. 마르코는 61년경 베드로와 바오로가 감옥에 잡혀 있을 때 그들을 자주 면회하였으며 그들의 순교를 목격하였습니다.

성 마르코는 성 베드로와 성 바오로가 순교하여 세상을 떠난 다음 알렉산드리아로 가서 그곳에 그리스도 교회를 세웠습니다. 그는 그곳에서 성 베드로의 설교에 대한 생생한 기억을 되살리면서 복음을 기록했습니다. 그러나 마르코는 결국 이방인들의 땅인 그곳 알렉산드리아에서 순교하였습니다. 사람들은 그를 돌바닥에 끌고 시내를 돌아다녔으며 바다에 던졌다고 합니다.

9세기 무렵 마르코 성인의 유해는 베네치아로 옮겨져 대성당에 모셔졌습니다. 폭풍우를 만난 선원들은 마르코 성인에게 기도를 부탁합니다. 성 마르코 복음사가는 이집트의 수호성인으로 기념되기도 합니다.

마르코는 예수님의 열두 사도는 아니었지만, 가까이에서 예수님을 보고 제자들의 선교 활동을 경험했던 증인이었습니다. 그가 쓴 마르코 복음은 4복음서 가운데 가장 먼저 쓰였습니다. 마르코 복음의 상징은 날개 달린 사자입니다.

에제키엘은 날개 달린 네 마리의 생물을 환시로 보았으며, 그 생물들을 4복음에 대한 비유로 이해하였습니다. 그는 마르코에 대해서는 "사람의 얼굴과 사자의 얼굴을 하고 있다"고 증언합니다.

몽세라의 성모 마리아

〈기념 축일: 4월 27일〉

중세 유럽은 지금 우리가 알고 있는 유럽 국가들보다 훨씬 작은 왕국들로 이루어져 있었습니다. 따라서 이러한 왕국들은 서로 영토를 차지하려는 치열한 싸움을 벌였으며, 유럽은 전쟁으로 언제나 혼란스러웠습니다. 침략과 약탈이 끊이지 않았으며, 혼란을 틈탄 산적들이 많았습니다.

이러한 혼란스러운 분위기에서도 예외적인 곳이 있었습니다. 그곳은 마치 폭풍우 속의 등대처럼 조용하고 평화롭게 우뚝 서 있던 수도원들이었습니다. 이 수도원들은 그리스와 라틴의 높은 문화들이 고스란히 남아 있었으며, 세상의 전쟁과 분쟁을 벗어나 평화롭게 명상과 기도에 전념할 수 있는 곳이었습니다.

스페인 카탈루냐 지방에는 평지에 우뚝 솟아 있는 몽세라라는 산이 있습니다. 그곳은 바위들이 비바람에 깎이고 다듬어져 마치 일부러 조각을 해 놓은 듯한 모습을 하고 있습니다. 몽세라 산은 봉우리가 721미터이니까 그렇게 높은 산은 아니지만, 길이 험해서 쉽게 오를 수는 없는 산입니다. 사람들은 이곳에 1025년부터 10년에 걸쳐 베네딕토 수도원을 세웠습니다.

이 수도원에는 오래된 건물들과 다른 많은 보물들이 보관되어 있지만, 무엇보다도 성모님의 조각이 신자들의 사랑을 독차지하고 있습니다. 이 조각상은 아기 예수님을 안은 채 의자에 앉은 모습을 하고 있는 나무 조각상입니다.

수백 년 동안 많은 성인들과 임금들, 귀족들을 비롯해서 셀 수 없이 많은 신자들이

험한 몽세라 꼭대기까지 올라와 성모님 상 앞에 무릎을 꿇고 사랑과 존경의 마음을 표현하며 기도를 드렸습니다.

몽세라 성모님에 대한 존경과 애정은 많은 사람들 사이에 평화와 사랑의 마음을 불러 일으켰으며, 하느님의 뜻을 따라 사는 참다운 그리스도인의 자세를 깨닫게 해주었습니다.

몽세라 수도원에는 문화에 대한 귀중한 자료들이 보관되어 있는 중요한 도서관이 있습니다. 인쇄기가 발명된 지 얼마 되지 않았을 때 이미 이곳에는 인쇄기가 준비되어 예수님에 대한 믿음과 성모님에 대한 기원을 위한 책들이 인쇄되었던 것입니다.

몽세라의 성모 마리아는 위로와 도움을 받기 위해 수도원을 방문하는 모든 사람들과 카탈루냐 지방의 수호 성녀로 기념됩니다.

"산중의 여인은 4월의 장미꽃이니…"

시에나의 성녀 카타리나

〈기념 축일: 4월 29일〉

카타리나는 1347년 3월 25일 자녀가 많은 그리스도인 가정에서 태어났습니다. 그녀의 아버지는 천을 염색하는 기술자였습니다. 그녀는 어렸을 때부터 도미니코회에 들어가 평생을 기도하는 삶을 살고 싶어 했습니다. 그러나 그녀의 부모가 반대를 하였기 때문에 할 수 없이 자신의 방에서 기도와 단식, 그리고 희생의 생활을 꾸준히 하였습니다.

16살이 되면서 도미니코 제3회에 들어간 그녀는 3년 동안이나 엄격한 생활을 하였습니다. 그녀는 언제나 "그리스도를 사랑하고 그분을 위해 고행을 받아들인다"는 생각을 지키고 있었습니다. 그 시절부터 많은 사람들이 깊은 신앙심을 지니고 있는 카타리나에게 몰려들어 자신의 고민을 의논하거나 영적 대화를 나누고 싶어 했습니다.

1370년 당시 그리스도 교회는 둘로 분열되어 있었으며, 교황은 아비뇽으로 옮겼습니다. 그때 카타리나는 교황 우르바노 6세와 추기경들에게 교회의 일치를 위해서 로마로 돌아가도록 설득했습니다. 결국 모든 이탈리아의 교회는 하나로 일치되었으며, 성녀는 아직도 혼란스러운 교회의 일치를 위해 자신을 희생 제물로 봉헌했습니다. 카타리나 성녀는 교회의 일치를 위해 열심히 노력하다 1378년 33살의 나이로 세상을 떠났습니다.

교회의 일치를 위해 그녀가 보냈던 편지들이 많이 남아 있는데, 그것들은 문학적으로 높은 가치를 지니고 있기 때문에 이탈리아 르네상스를 예비했던 단테나 페트라르카 등과 같은 최고의 작가들과 감성적인 문체와 표현 등에 있어서 많은 점이 비교되기도 합니다. 특히 당시 영성은 엄격한 태도에서 벗어나 감성적이고 정서적인 영성의 중요성이 이제 막 형성되던 상황이었습니다. 따라서 카타리나의 신앙 행위와 태도가 감성적 영성에 많은 영향을 준 것도 매우 중요한 사실입니다.

1461년 성녀로 시성되었으며, 지금은 아시시의 성 프란치스코와 함께 이탈리아의 수호 성녀로 기념됩니다. 1970년 교황 바오로 6세는 그녀를 교회의 학자로 선포했습니다.

"사랑하는 당신은 어디에 계셨습니까? 왜 저를 홀로 놔두셨습니까? … 나는 네 마음 안에 있었다."

5월

성 아타나시오

〈기념 축일: 5월 2일〉

아타나시오 성인의 인생은 많은 사건과 사고로 가득합니다. 그는 295년 무렵 알렉산드리아에서 태어났습니다. 그는 아직 부제의 신분으로 성 알렉산드레(기념 축일: 2월 26일)를 도와 예수님의 신성을 부정하는 아리우스를 이단으로 고발했습니다. 또한 그는 알렉산드레 성인과 함께 니케아 공의회에 참석하여 자신의 뛰어난 웅변술과 판단력으로 아리우스파의 교리가 잘못되어 있다는 사실을 논리적으로 지적하였습니다. 공의회에서 돌아온 아타나시오는 죽은 알렉산드레 성인을 뒤이어 주교로 임명되었습니다.

성 아타나시오는 대표적 이단인 아리우스파의 잘못을 지적하고 그들의 거센 도전을 막아내는 데 힘겨운 노력을 했습니다. 그러나 왕을 비롯한 높은 정치인들과 협력을 시작한 아리우스파의 모함에 빠져 다섯 번씩이나 귀양살이를 하기도 했습니다. 그들은 아타나시오 성인을 살인자의 누명을 씌우거나 신앙심이 없는 마법사라는 엉터리 누명을 씌웠던 것입니다. 콘스탄티누스 황제는 아타나시오를 북부 프랑스 지방으로 귀양을 보냈습니다. 그러나 콘스탄티누스 황제가 죽고 그의 아들이 뒤를 이으면서 아타나시오는 결백이 드러나 다시 알렉산드리아의 주교에 복직되었습니다.

아타나시오 성인은 알렉산드리아에서 주교로 활동하면서 아리우스파를 신봉하는 사람들의 모함으로 몇 번씩이나 주교에서 물러났다가 다시 돌아오기를 반복해야만 했습니다. 다섯 번째의 귀양을 겪으면서 아타나시오 성인은 이번에는 사막으로 가서 누구의 방해도 받지 않으며 오직 기도 생활에만 몰두할 수 있었습니다. 그런데 356년 요비아노 황제가 즉위하면서 아타나시오를 다시 알렉산드리아의 주교로 복직시켰습니다.

아타나시오는 그곳에서 일생의 마지막 10여 년을 평화롭게 지내며 수도 생활의 이상에 맞추어 신앙생활을 하다가 373년 세상을 떠났습니다.

성인의 가장 큰 장점 가운데 하나는 어떠한 역경에 처하게 되더라도 유머 감각을 잃지 않는다는 점입니다. 그는 자신을 모함하는 아리우스파 추종자들의 거친 행동에도 웃음을 잃지 않았습니다.

"육체를 죽이는 사람들을 두려워하지 마시오. 오히려 당신의 영혼을 지옥의 불길에 던질 수 있는 사람을 두려워하십시오."

성 필립보와 성 야고보

〈기념 축일: 5월 3일〉

필립보는 안드레아나 베드로처럼 갈릴리의 베싸이다에서 태어났습니다. 예수님은 그를 직접 부르셨는데, 필립보는 나타나엘에게 찾아가서 "모세와 다른 예언자들이 말씀하신 분을 찾았습니다"라고 말했습니다. 그리고는 나타나엘을 데리고 예수님이 계신 곳으로 가서 소개를 시켜 주었습니다. 예수님은 빵의 기적을 일으키시기 전, 필립보에게 빵을 구해 올 수 있겠느냐고 물으셨습니다. 그 많은 사람들을 먹일 빵을 구할 방법을 몰라 우물쭈물하고 있는 필립보에게 예수님께서 주신 교훈은 하느님과 함께 하지 않는 인간의 능력과 하느님께서 함께 계셔 주시는 인간의 능력 사이에는 엄청난 차이가 있다는 진리를 깨우쳐 주시려는 데에 있었습니다.

한 번은 필립보가 예수님에게 "주여, 저희에게 아버지를 보여주십시오. 그러면 우리가 만족하겠습니다"하고 말하자, 예수님은 "필립보야, 내가 언제나 너희와 함께 있었는데 아직 나를 알지 못하느냐? 누구든지 나를 본 사람은 아버지를 본 것이다"라고 말씀하셨습니다.

필립보 성인은 부활하신 예수님께서 하늘로 올라가신 다음 프리지아 사람들에게 선교를 하기 위해 여행을 떠났습니다. 그는 80년 무렵 히에라폴리스에서 십자가형으로 순교하며 세상을 떠났습니다.

예수님께서 선택하신 제자들 가운데는 두 명의 야고보가 있습니다. 오늘 기념 축일을 맞으신 성인은 예수님의 사촌이었으며 유다 타대오의 형제였습니다. 그는 갈릴리

의 가나에서 태어났습니다. 그는 예수님이 부활하신 다음 최초의 교구인 예루살렘의
첫 번째 주교가 되었습니다. 그는 30년이 넘는 동안 주교로 활동을 했지만, 유대교의
대사제는 그에게 예수를 배신하는 증언을 하라고 강요하였으며, 말을 듣지 않는 그를
옥상에서 떨어뜨리라고 명령했습니다. 사람들은 옥상에서 떨어진 야고보 성인에게
돌팔매질을 하였습니다. 그러나 성 야고보는 망치에 머리가 부서져 죽는 순간까지도
자신을 학대하고 괴롭히는 사람들의 죄를 용서하는 기도를 드렸습니다. 야고보 성인
은 굳은 믿음을 증거하면서 62년 이렇게 세상을 떠났습니다.

"주님, 당신은 고통 받는 사람들이 당신을 부르는 소리를 들으셨습니다."

성 빅토르

〈기념 축일: 5월 8일〉

빅토르는 로마 장교였습니다. 막시미아노 로마 황제가 마르세유로 여행을 하는 동안 빅토르는 숨어 있던 그리스도인들을 몰래 만나며 그들을 도왔습니다. 결국 군인들은 그가 그리스도인들을 도왔으며 자신도 그리스도인이 되었다는 사실을 알게 되었습니다. 로마군은 그를 붙잡아 황제에게 데려갔습니다. 황제는 그리스도인들을 잡으러 다녀야 할 장교가 오히려 그리스도인들을 도왔다는 사실을 알고 당장 형벌을 내릴 것을 명령했습니다. 병사들은 그에게 그리스도교를 포기하라고 강요하면서 잔인하게 고문하였지만, 그는 당당하고 흔들리지 않는 자세로 끔찍한 고문을 견디어 냈습니다. 결국 황제는 그의 목을 자르라는 명령을 내렸습니다. 빅토르 성인은 303년 결국 참수형을 당하여 세상을 떠났습니다.

"마음이 곧은 사람들은 하느님의 축복을 받을 것입니다."

아빌라의 성 요한

〈기념 축일: 5월 10일〉

아빌라의 요한은 1500년 스페인의 알모도바르 델 캄포에서 태어났습니다. 그는 살라망카 대학에서 철학과 법학을 공부했으며 알칼라 대학에서 신학을 전공했습니다. 그는 25살이 되던 해 사제가 되었으며 아메리카 대륙에서 선교 활동을 하기로 결심했습니다.

그는 자신의 모든 재산과 물건들을 팔아 가난한 사람들에게 나누어 준 다음, 신대륙으로 가는 배를 타려는 생각으로 세비야를 향해 출발했습니다. 그러나 세비야의 주교는 여행을 떠나려고 찾아온 젊은 사제의 방문을 받은 다음 그를 붙들고 세비야 교구와 안달루시아 지방에는 선교 활동을 할 사제가 너무나 부족하다는 현실을 알려주었습니다. 그 당시 안달루시아는 마지막 남아 있던 아랍 왕국이 아프리카로 물러가고 난 다음이었기 때문에 사회적으로나 종교적으로 매우 혼란했습니다. 그리스도인으로 개종한 많은 아랍인들은 실제로 그리스도교에 대해서 너무나도 모르고 있었으며, 겉으로는 개종했지만 실제로는 유대교를 믿고 따르는 유대인 개종자들도 무척 많았기 때문이었습니다. 세비야 교구 주교의 말을 듣고 난 다음 아빌라의 요한은 자신의 개인적인 소망을 포기하고 새로운 생활을 하기로 결심했습니다. 안달루시아를 돌아다니면서 아직 그리스도교를 제대로 알지 못하고 있던 많은 스페인 사람들과 개종한 유대인과 아랍인들에게 복음의 말씀을 전하기로 마음먹었습니다. 그는 안달루시아에서만 40년이 넘는 동안 복음의 말씀을 전하면서 열심히 일했습니다.

그의 설교를 듣고 그리스도인이 된 사람 가운데 대표적인 사람이 천주의 성 요한
(기념 축일: 3월 8일)입니다. 그는 아빌라의 성녀 데레사(기념 축일: 10월 15일), 성 베
드로 데 알칸타라(기념 축일: 10월 19일), 성 프란치스코 데 보르하(기념 축일: 10월
3일), 루이스 데 그라나다 등과 자주 만나 영적 이야기를 나누곤 했습니다. 아빌라의
성 요한은 이냐시오 데 로욜라(기념 축일: 7월 31일) 성인과 함께 스페인에 예수회를
널리 알렸습니다.

요한 성인은 신학적 내용을 담고 있는 많은 글을 남기고 있습니다. 그는 1568년 5
월 10일 몬티야에서 세상을 떠났습니다. 그는 '안달루시아의 사도'로 불리고 있으며,
모든 스페인 신자들의 주보성인으로 기념됩니다.

"성모님에 대한 공경이 없다면 피부가 벗겨진 채 있는 편이 낫겠습니다."

성 도밍고

〈기념 축일: 5월 12일〉

도밍고는 스페인의 비토리아에서 태어났습니다. 사람들은 그의 성실성과 인품을 보면서 '리오하의 아브라함'이라고 불렀습니다.

어린 시절의 그에 대한 기록은 별로 남아 있지 않지만, 그가 어렸을 때부터 베네딕토 수도회에 들어가려고 많은 노력을 했다는 사실은 분명합니다. 그는 발바네라와 산 미얀에 있는 수도원을 찾아가 자신을 받아들여 달라고 애원을 했습니다. 그러나 베네딕토 수사가 되고 싶은 그의 소망이 받아들여지지 않자 고향 근처에 있는 부레다 숲에 들어가 혼자 살면서 기도와 명상 생활을 하였습니다.

그가 기도와 명상을 위해 만들어 놓은 작은 암자는 성지인 산티아고 데 콤포스텔라까지 가는 길인 '성 야고보의 길'을 지나다 도움을 필요로 하는 사람들을 위한 장소로 쓰였습니다. 몇 년 동안 암자에서 생활을 하던 도밍고는 오스티아의 성 그레고리오(기념 축일: 5월 9일)를 만나게 되었습니다. 그레고리오 성인은 이탈리아 출신이었는데 교황 사절로 임명되어 스페인에서 활동을 하게 되었던 것입니다. 서로의 생각이 비슷하다는 사실을 알게 된 두 사람은 로그로뇨에서 함께 살면서 선교를 위한 활동을 활발하게 시작하였습니다.

　도밍고는 동료였던 그레고리오 성인이 세상을 떠나자, 처음의 은둔 생활로 돌아왔습니다. 그는 이번에는 '성 야고보의 길'을 순례 다니는 사람들을 위해서 돌길을 만드는 힘든 일을 시작했습니다. 그의 훌륭한 뜻이 알려지자 사람들이 하나 둘 그의 곁에 모여들어 길이 만들어지고 병원이 세워졌으며 교회가 완성되었습니다. 이렇게 시작된 마을은 오늘날 성인의 이름을 따서 지어진 산토 도밍고 데 라 칼사다라는 도시가 되었습니다. 이 도시의 교회에는 도밍고 성인이 살던 때부터 지금까지 닭 한 마리를 키우고 있습니다. 도밍고 성인이 보여준 기적에 관한 이야기 때문입니다. 어느 날 도밍고 성인은 도무지 하느님의 말씀을 믿을 수 없다며 고집을 부리는 사람들에게 기적을 보여주었습니다. 이미 죽어 요리가 되어 있던 닭을 살아나게 하였던 것입니다. 물론 기적을 본 사람들은 깜짝 놀라 도밍고 성인의 이야기에 깊은 관심을 기울이게 되었습니다.

　80살을 넘기면서 도밍고 성인은 성 후안 데 오르테가(기념 축일: 6월 2일)라는 제자와 함께 순례자들이 '성 야고보의 길'을 잘 다닐 수 있도록 로그로뇨와 나헤라 강을 쉽게 건널 수 있는 다리와 길을 건설하였습니다. 그는 1109년 90이 넘은 나이가 될 때까지 그리스도인으로서 모범적인 생활을 하다가 세상을 떠났습니다.

"하느님께 감사하는 행동으로 자신들의 생활을 충실히 살아가는 사람들에게 천국의 문은 열릴 것입니다."

사도 성 마티아

〈기념 축일: 5월 14일〉

사도행전에는 예수님을 배신한 다음 자신의 행동에 절망하여 자살한 유다 대신 마티아를 사도로 선출하였다는 이야기가 기록되어 있습니다.

베드로(기념 축일: 6월 29일) 성인은 모여 있던 교우들에게 열두 사람의 사도들 가운데 한 사람이었던 유다가 예수님을 배신하고 자살한 이야기를 들려준 다음, 유다의 자리를 대신할 새로운 사도를 뽑아야 한다는 설명을 했습니다. "그러므로 우리는 우리 주 예수께서 우리와 함께 지내 오시는 동안, 곧 요한이 세례를 주던 때부터 예수께서 우리 곁을 떠나 승천하신 날까지 줄곧 우리와 같이 있던 사람 중에서 하나를 뽑아 우리와 더불어 주 예수의 부활의 증인이 되게 해야 하겠습니다." 그러자 사람들은 바르사빠라고도 하고 유스도라고도 하는 요셉과 마티아 두 사람을 추천한 다음 이렇게 기도하였습니다. "모든 사람의 마음을 다 아시는 주님, 주님께서 이 두 사람 중 누구를 뽑으셨는지 알려 주십시오. 유다는 사도직을 버리고 제 갈 곳으로 갔습니다. 그 직분을 누구에게 맡기시렵니까?" 그러고 나서 제비를 뽑았더니 마티아가 뽑혀서 열한 사도와 함께 사도직을 맡게 되었습니다.

마티아 성인은 주로 소아시아와 유대 지방을 돌아다니며 선교 활동을 하였습니다. 그는 아프리카에 있는 에티오피아에서 선교 활동을 하다 박해를 받았습니다. 그러나 그가 에티오피아에서 십자가형으로 순교를 하였는지 아니면 예루살렘으로 돌아온 다음 유대인들의 돌팔매질을 당하여 순교하였는지 정확하지는 않습니다. 분명한 것은 에티오피아에서 선교 활동을 하면서 많은 박해를 받았다는 것과 그의 유해가 예루살렘에 모셔져 있었다는 사실입니다.

콘스탄티노 성인의 어머니 헬레나 성녀는 예루살렘에 있던 사도 성 마티아의 유해를 독일로 가져와 그의 이름을 딴 성 마티아 수도원에 모셨습니다.

"주님, 당신은 저를 알고 계십니다. 당신은 제가 하는 모든 일을 다 알고 계십니다."

성 이시드로

〈기념 축일: 5월 15일〉

이시드로 성인은 7세기의 학자였던 이시도로(기념 축일: 4월 4일) 성인과는 다른 사람입니다.

이시드로는 스페인의 수도였던 마드리드에서 태어났습니다. 그는 일생을 마드리드 근교에 있는 농촌에서 농사를 지으면서 보냈습니다. 그는 자기처럼 소박하고 신앙심이 깊은 시골 처녀인 마리아 토리비아(그녀도 역시 성녀가 되었습니다. 성녀 토리비아 혹은 성녀 마리아 데 라 카베사라고 불리는 성녀의 기념 축일은 9월 9일입니다)와 결혼을 하였습니다.

성 이시드로는 어렸을 때부터 줄곧 농사일을 하였습니다. 그는 젊었을 때부터 오랫동안 후안 데 베르가의 농장에서 소작인으로 일을 하였습니다. 그는 자신도 가난하였지만, 자기보다 더 가난하고 힘든 사람들을 보살필 줄 아는 따스한 마음씨를 가지고 있었습니다. 그는 그들에게 자신의 월급을 나누어 주었으며, 자신의 보잘것없는 음식이라도 가난한 사람들과 함께 나누어 먹으려고 애썼습니다. 그는 농장으로 일을 하러 가기 전에 꼭 미사에 참석하였으며, 해가 뜨기도 전부터 일을 시작해야만 할 때라도 겨우 몇 분 동안만이라도 교회에 들러 기도를 하곤 하였습니다.

농장 주인은 미사에 꼭 참석하고 매일 교회를 드나드는 그의 행동을 못마땅하게 여겼습니다. 그가 기도와 미사에 많은 관심을 기울이면, 자신이 맡은 일을 게을리할 것이라고 생각했기 때문이었습니다. 농장 주인은 이시드로를 꾸짖기 위해 농장으로 갔습니다. 그런데 농장에서 이시드로를 발견한 농장 주인은 기적적인 환시를 보았습니다. 일을 하다 말고 무릎을 꿇은 채 기도를 드리고 있는 이시드로 옆에 한 천사가 소의 쟁기를 손에 쥐고 밭을 갈고 있는 것이 아니겠습니까? 농장 주인은 깜짝 놀라 자신의 행동이 너무 지나친 것은 아니었나 반성하였습니다.

이시드로는 언제나 가난한 사람들을 위해 사랑을 실천하였고 그들을 위해 기도하기를 게을리하지 않았습니다. 또한 그는 동물들을 보호하고 돌보는 일에 큰 관심을 가지고 있었습니다.

성 이시드로는 1170년 세상을 떠났으며, 그의 유해는 마드리드에 묻혔습니다. 그가 죽은 다음 사람들은 그의 성덕에 감동을 받아, 이시드로의 이름으로 교회를 세우고 그곳에 그의 유해를 옮겼습니다. 이시드로의 부인이었던 토리비아는 카라키스에서 은둔하며 기도 생활에만 전념했다고 합니다.

성 이시드로는 평범한 농부에서 존경받는 성인이 된 분입니다. 신분이 높지도 않았고, 학문적으로 뛰어나지도 않았지만, 자신에게 주어진 농사일을 열심히 하면서 이웃의 가난하고 힘든 사람들을 위해 보여주는 그의 사랑과 정성은 어떠한 업적보다 훌륭한 것이기 때문입니다. 이시드로 성인은 농부들과 시골 공동체의 수호성인으로 기념됩니다.

스페인에는 성인에 대한 속담이 있습니다. **"미사에 참석하고 농사일을 한다 해도 하루는 충분합니다."**

성 시몬 스톡

〈기념 축일: 5월 16일〉

시몬 스톡은 1165년 영국의 켄트 지방에서 태어났습니다. 그는 영국 사람으로는 가장 먼저 갈멜회에 들어간 사람 가운데 하나였습니다. 그는 유럽에서 중요한 대학 도시들인 캠브리지(1248년), 옥스퍼드(1253년), 파리와 볼로니아(1260년) 등지에 갈멜회 수도원을 세우는 데에 매우 중요한 공헌을 하였습니다.

그는 갈멜회를 은둔하여 기도를 하는 수도회보다는 세상을 돌아다니며 적극적으로 활동을 하는 수도회로 만들기 위해서 수도회의 규칙을 바꾸고 싶어 했습니다. 그는 깊은 산이나 외딴 곳에서 은둔하면서 기도 생활을 것도 중요하다고 인정했지만, 당장 어렵고 힘든 사람들을 만나 그들을 도우면서 활동을 하는 것도 중요하다고 생각했기 때문이었습니다.

1251년 그는 성모 마리아님을 만날 수 있었습니다. 마리아님은 그에게 나타나 갈멜회에 속해 있는 모든 수도자들은 영원한 구원을 받을 수 있을 것이라는 확신을 해주었습니다. 성모님은 그에게 갈멜 수사들 모두에게 스카폴라를 전해 주라는 말씀을 하셨다고 합니다. 성모님은 또한 스카폴라를 몸에 지니고 다니면 많은 은사를 베푸시겠다는 약속도 하셨습니다. 이러한 이유 때문에 갈멜회 수도자들은 스카폴라를 지니고 다녔습니다. 두 가지의 서로 다른 천을 한데 이어 붙여 만든 스카폴라의 크기는 작게 만들어져 많은 사람들에게 널리 보급되었습니다. 처음에는 갈멜회를 비롯한 몇몇 수도 회원들만 지니고 다녔지만 요즘은 모든 그리스도인들이 스카폴라를 몸에 지니고 다닐 수 있게 되었습니다.

시몬 스톡 성인은 1265년 프랑스의 보르도에서 세상을 떠났습니다. 그러나 그의 유해는 영국의 켄트 지방에 모셔졌으며, 그곳은 성지로 개발되었습니다.

갈멜회의 개혁은 시몬 스톡에 의해서 새로운 전기를 맞이하게 되며, 200여 년이 지난 후 아빌라의 데레사 성녀에 의해 혁신적인 변혁을 맞이하게 됩니다. 시대에 따라 수도원의 패러다임이 바뀔 수밖에 없다는 반증이기도 하고, 아무리 좋은 제도와 장치가 있다 하더라도 영성이란 쇄신을 통해 거듭 새로워지기 때문인 듯합니다.

"은총이 가득하신 마리아님…… 이제와 저희 죽을 때에 저희 죄인을 위하여 빌어 주소서."

성 파스쿠알 바일론

〈기념 축일: 5월 17일〉

파스쿠알 바일론은 1540년 대대로 농사를 지으며 살아온 평범한 집안에서 태어났습니다. 그의 부모는 스페인 사라고사 지방의 작은 고을인 토레 에르모사에서 살던 단순한 사람들이었습니다.

파스쿠알 바일론은 양 떼를 돌보는 목동 일을 하면서 조용한 어린 시절을 보냈습니다. 그는 양 떼를 풀밭에 풀어놓고 나면 오랫동안 평화롭게 혼자 있는 시간을 가질 수 있었는데, 이런 한가한 시간을 기도와 영적 독서를 하면서 보람 있게 보냈습니다. 어려서부터 혼자의 힘으로 책을 읽는 법을 배웠던 파스쿠알은 어떠한 학교에도 다니지는 않았습니다.

파스쿠알은 24살이 되던 해 평수도사가 되기 위해 몽포르테에 있던 프란치스코 수도원에 들어갔습니다. 그는 아시시의 프란치스코(기념 축일: 10월 4일) 성인의 가르침대로 절제하고 복종하며 열심히 일하는 태도를 배우고 싶어 했던 것입니다. 그는 스페인 전역을 돌아다니며 수도원의 문지기로 오랫동안 생활했습니다. 그러나 모처럼 한가한 시간이 생기면 파스쿠알은 '성체 조배'를 하면서 시간을 보냈습니다. 그는 성체 앞에서 몇 시간이고 시간을 보냈으며 자주 밤을 꼬박 새우곤 했습니다.

그는 성체의 모양으로 살아 계신 예수님에 대해서 오랫동안 명상과 기도를 했기 때문에, '성체의 신비'에 대해 자신이 느낀 확신을 다른 사람들에게 자신 있게 설명할 수 있었습니다. 당시 칼빈파 사람들은 예수님이 부활하신 것은 사실이지만, 어떻게 성체의 모양으로 나타날 수 있냐며 '성체의 신비'를 믿지 않고 있었습니다. 파스쿠알 성인은 교회의 높은 사람들에게 자신이 생각하는 성체의 신비에 대한 확신을 설명하였으며, 이들은 파스쿠알의 설명과 확신에 아주 만족하였습니다. 그들은 이번에는 파리로 파스쿠알을 보내서 의심이 많은 칼빈파 사람들을 설득하도록 부탁했습니다. 파스쿠알 바일론은 파리로 가서 많은 사람들이 보는 가운데 '성체의 신비'에 대해서 설명을 시작했습니다. 그곳에는 칼빈파를 대표해서 온 박식하고 말을 잘하는 칼빈파 사람들도 있었습니다. 그러나 아무런 공부도 하지 않았으며, 평생 수도원의 문지기만 지냈던 파스쿠알 성인은 '성체의 신비'에 대해서 훌륭하게 설명을 했고 칼빈파 사람들 스스로가 자신들의 생각이 부족하다고 인정하게 만들었습니다.

파스쿠알 바일론 성인은 1592년 스페인의 카스테욘 지방에서 세상을 떠났습니다. 그의 유해는 장례미사에 참석한 수많은 신자들의 요청에 따라 삼 일 동안 기도소에 모셔져 있다가 묻혔습니다.

성 파스쿠알은 성체에 관한 학회와 모임의 수호성인으로 기념됩니다.

"모든 사람들은 주님, 당신을 찾고 있으며 …… 당신은 그들에게 일용할 양식을 주십니다."

시에나의 성 베르나르디노

〈기념 축일: 5월 20일〉

　우리들은 성인들의 생활에서 많은 것들을 배울 수 있습니다. 성인들 각자가 가지고 있는 장점이 서로 다르기 때문입니다. 어떠한 분들은 박해를 받으면서 강한 용기를 보여주고, 또 다른 분들은 사막이나 깊은 산속에 살면서 온갖 불편함을 참고 견디며 기도와 묵상의 생활 태도를 보여주십니다. 물론 가난하고 불쌍한 이웃을 위해 자신을 희생하며 그들을 위해 평생을 살아가는 성인들도 많이 있습니다.

　시에나의 성 베르나르디노는 특별히 고행을 하거나 박해를 이겨내신 분이 아닙니다. 그는 일생의 대부분을 많은 사람들을 만나 그들을 위해 기쁜 마음으로 설교를 하면서 살아갔습니다.

　베르나르디노는 1380년 시에나 지방의 명문 귀족인 알비제치 가문에서 태어났습니다. 그가 20살이 되었을 때(1400) 시에나 지방에는 페스트라는 무서운 전염병이 번졌습니다. 그는 에스칼라의 성모 병원에서 전염병에 걸린 사람들을 돕기 위해 자원 봉사를 했습니다. 그는 2년 후 자신의 모든 재산을 포기하고 프란치스코 회에 들어갔습니다. 성모 마리아의 탄생일에 우연히 태어난 베르나르디노는 수도원에 들어가는 날을 비롯해서 수사로서 서원을 하는 날, 첫 미사를 드리는 날과 첫 강론을 하는 날 등 모든 중요한 날을 성모 마리아의 축복을 기원하면서 9월 8일 성모 탄생일에 맞추었습니다.

　그는 당시 혼란스럽던 교회를 일치시키려는 노력을 하면서 설교 여행을 자주 하였습니다. 그는 언제나 목이 쉬어 있었지만, 지칠 줄 모르고 열심히 활동했습니다. 그의 설교가 있는 곳에는 수많은 사람들이 모여들었으며, 3만 명이 훨씬 넘는 군중들이 모여들었다는 기록도 남아 있습니다. 교통이 불편하고 방송 시설이 오늘과 다른 그 옛날에 수만 명이 모인다는 것은 굉장한 일이었습니다. 그만큼 그의 설교가 인기가 있다는 증거입니다. 그는 이탈리아에서 가장 인기 있는 설교사가 되었습니다. 그의 설교는 주로 프란치스코 성인의 가르침에 따라 그리스도인 모두가 나쁜 생활 습관을 버리고 보다 엄격하고 모범적인 행동을 하라는 데에 목적이 있었습니다.

그는 예수님의 거룩한 이름에 대한 특별한 신심을 가지고 있었으며, 사람들에게 거룩한 예수님의 이름에 대해 공경하도록 설교했습니다. 1438년부터 4년 동안 프란치스코회의 총장을 지낸 그는 평생을 활발하게 활동을 하며 살았습니다. 그는 1444년 5월 20일 세상을 떠났습니다.

베르나르디노 성인은 광고와 회계를 하는 사람들의 수호성인이며, 목이 아프거나 쉰 사람들의 수호성인이기도 합니다.

"성모님의 은총을 받아 하느님의 나라에 들어가고 싶습니다."

성녀 박희순 루치아

〈기념 축일: 5월 24일〉

박희순 루치아는 1800년 서울의 부유한 평민 집안에서 태어났습니다. 어려서부터 예쁜 얼굴과 조용한 성격으로 주변 사람들의 사랑과 관심을 받아 왔던 루치아는 열다섯 살이 되던 해 순조의 왕비이던 김 비의 시녀로 뽑혔습니다. 박희순 루치아보다 두 살 가량 많던 순조가 예쁜 루치아의 모습에 반해서 그녀를 유인하려 많은 애를 썼지만, 루치아는 지혜롭게 순조의 청을 거절하며 자신의 정절을 지켰습니다. 박희순 루치아는 한문과 국문에도 능통했으며, 놀라운 서예 솜씨를 지니고 있어서 궁중의 시녀들에게 글과 서예를 가르치기도 했습니다.

30살이 되었을 때 처음으로 그리스도교에 대한 이야기를 듣게 된 루치아는 서둘러 세례를 받고 싶어 했습니다. 그러나 그녀는 김 대비의 총애를 받고 있었으며, 선왕의 위패를 지켜야 하는 중요한 일을 맡고 있었기 때문에 신앙생활을 하기 위해서는 궁궐을 나와야만 했습니다. 기회를 생각하던 루치아는 결국 병에 걸린 듯 행동을 하다가, 마침내 허락을 받고 궁궐에서 나올 수 있었습니다. 그러나 그녀는 그리스도교를 반대하는 아버지를 피해서 조카의 집에 머물러 있어야만 했습니다. 루치아는 궁궐에서의 호화스럽던 생활을 완전히 버리고 정결한 생활과 그리스도인으로서의 모범적인 생활 태도를 실천했으며, 조카 가족 모두를 그리스도인으로 입교시킨 다음, 전경협 아가다 (기념 축일: 9월 26일)를 비롯한 몇몇 신자들과 공동생활을 시작했습니다.

박희순 루치아는 1839년 4월 15일 기해년 박해 때 포졸들에게 붙잡혀 감옥에 갇혔

"

습니다. 당시 감옥 생활은 힘들고 비참했지만, 루치아는 기쁜 마음으로 모든 것을 받아들였습니다. 포도대장은 높은 신분에 뛰어난 재능과 미모를 갖추고 있던 루치아에게 "궁녀로서 어떻게 천한 사교를 믿느냐"고 물었습니다. 루치아는 "그리스도교는 절대로 천한 것이 아닙니다. 천주께서는 하늘과 땅과 그 안에 있는 모든 것을 창조하셨습니다. 사람은 누구나 천주로부터 생명을 받았으므로, 마땅히 천주님을 찬미해야 합니다"고 대답하였습니다. 천주교를 배반하고 동료 교인들의 이름을 밝히라는 포도대장의 엄포를 들은 루치아는 "천주는 저의 창조주이시며 아버지이십니다. 어떠한 일이 있더라도 그분을 버릴 수는 없습니다. 또한 다른 사람에게 해를 끼치지 말라고 훈계하시고 계시므로 그 이름을 댈 수도 없습니다"라고 침착하게 대답하였습니다. 그녀는 재판을 받을 때마다 30대씩의 곤장을 맞았는데 한쪽 다리뼈가 부러졌습니다. 그러나 그녀는 부러진 뼈에서 흘러나오는 골수를 자신의 머리카락으로 닦으며, "이제야 예수님과 성모님의 괴로움을 알게 되었다"라면서 오히려 즐거워했습니다. 성녀 박희순 루치아는 1839년 5월 12일 결국 사형 선고를 받았으며, 같은 해 5월 24일 39살의 나이로 날카로운 칼날 아래 목이 잘려 세상을 떠났습니다.

"당신에게 한 가지 부탁이 있소. 우리들의 머리를 벨 때에는 칼을 잘 갈아서 단번에 베도록 하여 주시오."

예수의 성녀 마리아나

〈기념 축일: 5월 26일〉

사람들은 마리아나 성녀를 '키토의 백합'이라고 부릅니다. 그녀의 이름은 마리아나 데 파레데스 이 플로레스입니다. 마리아나는 1618년 아메리카 신대륙에 있는 키토에서 태어났습니다. 키토는 원래 아메리카 원주민들의 찬란한 문화 유적이 많은 도시였는데, 1811년 스페인으로부터 독립한 에콰도르의 수도가 되었습니다.

마리아나의 아버지는 스페인에서 아메리카 대륙으로 이민을 온 사람이었습니다. 그녀는 어려서부터 수도회에 들어가고 싶어 했지만, 그녀의 소원은 이루어지지 않았습니다. 그러나 그녀는 실망하지

않고 자기 나름대로 수도 생활을 준비하였습니다. 마리아나는 친척의 집에 작은 기도실을 마련하고 그곳에 살면서 기도와 봉사의 생활에 몰두하였던 것입니다. 새로운 인생을 시작한다는 생각에서 그녀는 자신의 이름을 예수의 마리아나로 바꾸었습니다. 예수의 마리아나는 개인적이고 이기적인 생활은 철저하게 멀리하면서, 남들을 위해 희생하고 봉사하는 생활을 하였습니다.

키토는 6,000미터가 넘는 산봉우리들로 둘러싸여 있는 높은 화산 지형에 놓여 있습

니다. 당시 키토 주변에는 화산이 자주 폭발하여 많은 피해가 있었다고 합니다. 예수
의 마리아나는 도시와 사람들을 화산의 피해로부터 구원하기 위하여 자신을 하느님
께 봉헌하였습니다. 자신이 희생되는 일이 있더라도 죄 없는 사람들이 다치는 일이
없도록 해 달라는 기도와 함께 마리아나는 언제든 죽을 각오를 하고 생활했습니다.
다른 사람들의 안전을 위해 자신을 봉헌한 예수의 마리아나는 얼마 후 세상을 떠났습
니다. 그때부터 사람들은 예수의 마리아나 성녀에게 키토의 안전을 위해 하느님께 기
도드려 줄 것을 간청하게 되었습니다.

"주여, 저희를 보호해 주소서. 당신의 백성을 위로해 주소서."

성 필립보 네리

〈기념 축일: 5월 26일〉

필립보 네리는 농담을 자주 즐기던 부드러운 사람이었습니다. 필립보는 언제나 사람들과 만나 이야기를 나누는 것을 좋아했기 때문에 그의 주변에는 항상 사람들이 많이 모여들었습니다. 성인들 가운데 필립보 네리처럼 농담을 즐기고 사람들과 사귀는 것을 좋아하는 분들도 흔하지는 않을 것입니다.

필립보 네리는 1515년 이탈리아의 플로렌스에서 태어났습니다. 당시 플로렌스는 문예부흥의 중심지였습니다. 필립보의 아버지는 변호사였으며, 취미로 연금술을 연구하던 사람이었습니다. 필립보는 삼촌을 도와 사업에 뛰어들었지만, 곧 로마로 옮겨와 '하느님께 봉사하는' 삶을 시작했습니다. 그는 특별히 사제가 되겠다는 생각을 하지는 않았지만, 자신의 삶을 완전히 다른 사람들을 위해 살아가려는 결심을 했습니다. 당시에는 드물던 '평신도 사도직'을 희망했던 것입니다.

트렌트 공의회가 어지럽던 교회의 질서를 정리하며 교회를 개혁하는 동안, 필립보 네리는 거지부터 추기경에 이르기까지 다양한 사람들과 사귀면서 그들과 '하느님께 봉사하는 삶'에 대해 많은 이야기를 나누었습니다. 그러던 중 고해 신부의 적극적인 권유로 필립보 네리는 사제가 되기로 결심하였습니다. 36세의 나이로 사제가 된 그는 친절하고 온화하며 농담도 잘하는 성격 덕분에 아주 많은 동료들을 만날 수 있었습니다. 그러자 그는 1575년 오라토리오회를 만들었습니다. 그를 따르는 사람들 가운데는 사제들도 여럿 있었습니다. 모임의 특징은 라틴어가 아닌 모국어로 된 성가와 기도를 바치면서 자유로운 형식과 분위기에서 하느님을 경배하는 것이었습니다. 사람들은 서로 대화를 나누면서 서로에게 필요한 조언을 들려주고 서로의 힘든 점을 도와주거나 고쳐주려는 노력을 하며 공동체 생활의 역할을 넓혔습니다.

필립보 네리 성인은 인도에서 선교 활동을 하고 싶다는 소망을 가지고 있었지만, 이탈리아에도 선교 활동을 비롯한 많은 할 일이 있다는 사람들의 설득을 받아들이며 로마에 머물렀습니다.

그는 나이가 들어서도 어린이 노인 할 것 없이 많은 사람들과 스스럼없는 대화를 즐겼습니다. 물론 그의 유머 능력은 여러 사람들을 흐뭇하고 기분 좋게 만들어 주었습니다. 이러한 이유에서 그는 유머에 종사하는 사람들의 수호성인이 되었습니다. 그는 언제나 쾌활했으며, 겸손한 사람이었습니다.

그는 현재의 일만을 걱정하며 살아가는 사람들에게 질문을 던졌습니다. **"좋습니다. 그렇지만 그 다음엔?"**

캔터베리의 성 아우구스티누스

〈기념 축일: 5월 27일〉

캔터베리의 성 아우구스티누스는 대 그레고리오(기념 축일: 9월 3일) 교황과 함께 '교회의 사도'로 존경을 받고 있습니다.

그레고리오 성인은 어느 날 노예 시장에 나와 있는 사람들을 보았습니다. 노예로 팔려 다니는 사람들이 불쌍하다는 생각을 하며 바라보고 있던 그레고리오는 노예들 가운데는 피부도 하얗고 머리카락도 금발인 사람들이 여럿 섞여 있는 사실을 발견했습니다. 호기심이 생긴 그레고리오는 노예들이 있는 곳으로 다가가 금발을 한 사람들에게 어디에서 왔는지 물었습니다. 그들이 영국

이란 곳에서 왔으며, 아직 하느님을 모르는 사람들이라는 사실을 알게 된 그레고리오는 노예로 팔려 온 그들의 사정을 불쌍하게 여겼지만, 무엇보다도 하느님을 알 기회를 갖지 못했다는 사실을 더욱 안타깝게 생각했습니다. 그레고리오는 자신이 교황으로 선출이 되자, 평소에 꿈꾸어오던 영국에 예수님의 복음을 전하는 일을 적극적으로 시작했습니다.

교황 그레고리오는 몬테 첼리오에 있는 성 안드레아 수도원의 원장이던 아우구스

티누스를 중심으로 약 40명의 수사들을 복음 전파를 위해 영국으로 파견하였습니다. 때는 597년의 일이었습니다. 켄트 지방의 왕이었던 에텔버트와 많은 신하들은 아우구스티누스 일행을 반갑게 맞이했습니다. 영국으로 시집온 왕비 베르타가 이미 그리스도인이었기 때문에 선교 활동은 쉽게 진행되어 597년 한 해 동안 왕을 포함해서 만 명이 넘는 영국 사람들이 그리스도인으로 세례를 받았습니다.

아우구스티누스는 597년 프랑스의 아를르에서 주교로 임명을 받은 다음 다시 영국 캔터베리로 돌아가 국왕 에텔버트가 제공해 준 땅 위에 성당을 건설하였습니다. 그의 선교 사업은 언제나 쉬운 것은 결코 아니었습니다. 원주민인 브리튼 족과 앵글로 색슨 족, 그리고 북방 민족인 켈트 족들이 서로의 문화를 고집하며 싸웠기 때문에 영국에서의 선교 활동은 그렇게 쉬운 것은 아니었습니다. 그러나 아우구스티누스는 꾸준한 인내심으로 효과적인 설교 활동을 계속하였습니다.

아우구스티누스의 선교 활동이 효과적이었던 이유는 대 그레고리오 교황의 선교 원칙이 영국에서의 상황과 잘 어울렸기 때문이었습니다. 그레고리오 교황은 문화와 습관이 다른 이방인들에게 그리스도교와 문화를 무조건 강요하는 자세는 설득력이 없는 것이며, 오히려 이방인들의 예식과 축제 등 문화를 그리스도인들의 문화와 조화시키며 각 지방의 관습을 존중하는 태도가 바람직한 것이라는 확고한 생각을 갖고 있었습니다. 604년 캔터베리에서 세상을 떠날 때까지 7년이라는 결코 길지 않은 시간 동안 아우구스티누스 성인이 이룩한 선교 활동은 대단히 놀라운 것이었습니다. 캔터베리의 아우구스티누스 성인은 '영국의 사도'라는 이름에 어울리는 분입니다.

"우리는 복음 말씀을 전하기 위해 이곳에 왔습니다. …… 우리는 사람들의 비위를 맞추기 위해서가 아니라 하느님을 위해서 복음을 전합니다."

성 페르난도

〈기념 축일: 5월 30일〉

　페르난도는 1198년 스페인 레온 왕국의 국왕이었던 알폰소 9세의 아들로 태어났습니다. 그가 어렸을 때, 심각한 병에 걸려 목숨이 위험에 빠지자, 어머니인 도냐 베렌겔라는 그를 성모님께 봉헌하였습니다. 목숨을 건진 페르난도는 어렸을 때부터 성모님에 대한 존경과 사랑의 마음을 배울 수 있었습니다. 그는 어른이 되어서도 언제나 성모 마리아에 대한 존경을 잊지 않았습니다. 페르난도는 왕이 되어 아랍인들이 점령하고 있던 세비야 지방을 되찾으면서 세비야를 비롯한 안달루시아의 모든 영토를 성모 마리아님의 땅으로 봉헌했습니다.

　페르난도는 카스티야 왕국(1217년)과 레온 왕국(1230)을 모두 다스리게 되었습니다. 그는 독일 황제의 딸 베아트리스와 결혼하여 10명의 자녀를 두었는데, 알폰소가 성왕 알폰소 10세로 즉위하여 아버지를 뒤이어 카스티야와 레온 왕국을 훌륭한 나라로 잘 다스리게 됩니다.

　성 페르난도는 아랍인들에게 빼앗긴 땅을 되찾아 찬란한 그리스도교의 문화를 이룩하려는 소망을 위해 성모 마리아에게 특별한 은총을 기도하면서 수많은 전쟁에 참가했습니다. 그는 병사들에게도 언제나 기도하고 참회하는 생활을 하도록 권했습니다.

　어느 날 세비야를 되찾은 페르난도 왕이 무릎을 꿇고 기도를 드리고 있을 때, 성모 마리아가 나타나서 그에게 말씀하셨습니다. “오래된 내 모습을 찾아 기도하면 너희를 보호하리라.” 페르난도는 벌떡 일어나 도시를 향해 걷기 시작했으며, 곧 천사의 얼굴을 한 소년을 만날 수 있었습니다. 그 소년은 성모님의 모습이 새겨져 있는 오래된 회교 사원으로 그를 안내했습니다. 성모님의 그림을 발견한 페르난도는 감동에 젖어 기도를 드렸습니다.

페르난도 성인은 왕의 신분이었지만, 언제나 겸손하면서도 용감한 그리스도인이었습니다. 그는 1252년 아들 알폰소에게 유언을 남기며 세상을 떠났습니다. "착한 사람이 되도록 하여라. 그리고 좋은 일을 행하여라."

"주님, 당신이 제게 주신 왕국과 제 영혼을 당신께 바치오니, 부디 받아 주소서."

성녀 잔 다르크

〈기념 축일: 5월 30일〉

잔 다르크는 1412년 농부의 딸로 태어났습니다. 그녀는 다른 소녀들처럼 평범한 어린 시절을 보냈습니다. 13살이 되던 해 어느 날 그녀에게 성 미카엘(미쉘)과 성녀 카타리나(카트린느)의 목소리가 들려 왔습니다. 성인들은 샤를마뉴를 왕으로 앉히고 프랑스를 영국으로부터 해방시키라는 간청을 하였다고 합니다. 정치적인 이유가 아니라, 종교적인 자유를 위해 잔 다르크는 샤를마뉴에게 가서 자신이 들은 이야기를 전해 주었고, 샤를마뉴 일행은 그녀가 들은 계시를 몇 번씩이고 되풀이해서 조사를 하였습니다. 결국 그들은 그녀를 군대의 제일 앞에 내세우기로 했습니다. 종교적인 이유보다는 정치적인 이유 때문이었습니다. 남성 중심의 권력이 당연했던 당시로서, 어린 소녀의 의견이나 생각이 순수하게 받아들여진다는 것 자체가 쉽지 않은 일이었습니다.

잔 다르크는 백합이 그려져 있는 깃발을 무기 대신 손에 들고 갑옷을 입은 채 앞을 달렸습니다. 프랑스 군인들은 그녀의 용감한 모습에 기운을 낼 수 있었습니다. 잔 다르크 덕분에 오를레앙을 비롯한 많은 지역이 다시 프랑스의 영토가 되었습니다. 샤를

마뉴는 림에서 샤를마뉴 7세의 이름으로 프랑스 국왕이 되었습니다.

그러나 잔 다르크는 루앙의 종교 재판소에서 죄인으로 판결 받았습니다. 결국 그녀는 1431년 19살의 나이로 시장 광장의 모닥불에서 화형을 당하여 세상을 떠났습니다. 잔 다르크의 존재를 정치적으로 희생시켜야만 했던 까닭에 그녀의 행동과 생각이 정신착란이나 환영, 그리고 악마와의 계약에 의해 만들어졌다는 모략과 음모가 배경에 있었던 것입니다. 샤를마뉴 7세는 그녀가 살아 있는 동안 어떻게 그녀를 살릴 수 있을지, 그리고 어떻게 그녀의 용감함과 순수함을 사람들에게 이야기할 수 있을지 몰랐습니다. 정치적으로 민감한 상황에서 중심을 제대로 잡을 수 없었던 그는 종교적 열정과 순수함을 지니고 있을 뿐인 소녀를 무고한 죽음으로 몰고 가도록 방치했던 것입니다.

잔 다르크가 죽은 다음 샤를마뉴 7세는 그녀가 사실은 무죄였으며, 억울하게 죽임을 당했다고 선포했습니다. 1456년 잔 다르크는 복권되었으며, 곧 프랑스의 국가적인 영웅이 되었습니다. 그녀는 오를레앙의 수호성녀로 기념됩니다.

"저는 저에게 들려주는 성인들의 이야기에 귀 기울였을 뿐입니다."

성모 엘리사벳 방문

〈기념 축일: 5월 31일〉

　우리는 일 년 동안 성모 마리아를 기념하는 몇 번의 축일을 지냅니다. 오늘은 성모 마리아께서 사촌인 엘리사벳을 방문하신 날을 기념하는 축일입니다. 천사가 마리아에게 나타나 아기를 잉태할 것이라는 소식을 알려주며, 마리아의 사촌 엘리사벳도 아기를 낳을 것이라는 이야기를 들려주었습니다. "네 친척 엘리사벳을 보아라. 아기를 낳지 못하는 여자라고들 하였지만, 그 늙은 나이에도 아기를 가진 지가 벌써 여섯 달이나 되었다. 하느님께서 하시는 일은 안 되는 것이 없다" 천사의 말을 들은 마리아는 겸손하게 대답하였습니다. "이 몸은 주님의 종입니다. 지금 말씀대로 저에게 이루어지기를 바랍니다." 사촌 엘리사벳의 임신 소식을 들은 마리아는 며칠 뒤 서둘러 유다 산골에 있는 즈가리야의 집에 들어 가 엘리사벳에게 문안을 드렸습니다. 마리아를 보자 엘리사벳은 성령을 받아 큰 소리로 외쳤습니다. "모든 여자들 가운데 가장 복되시며 태중의 아드님 또한 복되십니다. 주님의 어머니께서 나를 찾아 주시다니 어찌된 일입니까?"

　마리아는 이 말을 듣고 노래를 불렀습니다.

　"내 영혼이 주님을 찬양하며

내 구세주 하느님을 생각하는 기쁨에
이 마음 설렙니다.
주께서 여종의 비천한 신세를 돌보셨습니다.
이제부터는 온 백성이 나를 복되다 하리니
전능하신 분께서 나에게 큰 일을 해 주신 덕분입니다.
주님은 거룩하신 분
주님을 두려워하는 이들에게는
대대로 자비를 베푸십니다.
주님은 전능하신 팔을 펼치시어
마음이 교만한 자들을 흩으셨습니다.
권세 있는 자들을 그 자리에서 내치시고
보잘것없는 이들을 높이셨으며
배고픈 사람은 좋은 것으로 배불리시고
부유한 사람은 빈손으로 돌려 보내셨습니다.
주님은 약속하신 자비를 기억하시어
당신의 종 이스라엘을 도우셨습니다.
우리 조상들에게 약속하신 대로
그 자비를 아브라함과 그 후손에게 영원토록 베푸실 것입니다.”

마리아는 엘리사벳을 도우면서 석 달 가량 함께 지내고 집으로 돌아갔습니다.

성모 마리아님의 엘리사벳 방문을 기념하는 오늘은 예수 그리스도님께서 당신의 어머니이신 마리아님을 모든 은총을 중재하시는 분으로 선택하셨음을 기억하는 날입니다.

“천주의 모후여, 우리의 생명이시며, 기쁨이시며, 자비의 어머니시여…”

6월

보니파시오는 673년 무렵 영국의 크레디튼에서 태어났습니다. 그는 앵글로색슨 족이었습니다. 그는 아주 어린 나이에 베네딕토회 수사가 되기 위해 엑세터 수도원에 들어가서 오랫동안의 준비 끝에 수사가 되었습니다. 그리고 710년에는 사제가 되었습니다.

그는 716년 독일 지방으로 전교 여행을 떠났습니다. 그러나 당시 독일에는 이교도의 생각과 습관이 널리 퍼져 있었으며, 그리스도교의 실정은 아주 형편없이 혼란스러웠습니다. 결국 전교 여행은 실패로 끝났으며, 보니파시오는 되돌아올 수밖에 없었습니다. 그러나 718년 그는 두 번째 전교 여행을 떠나기로 결정했습니다. 그는 출발에 앞서 먼저 로마에 들러 교황을 만났습니다. 당시 교황이었던 그레고리오 2세는 보니파시오에게 축복을 빌어 주면서 무사히 독일 전교 여행을 다녀올 것을 부탁하였습니다.

보니파시오는 칼 마르텔의 보호를 받으면서 전교 여행을 시작했습니다. 그러나 이교도의 습관이 깊이 박혀 있는 지방이어서 전교 여행은 쉽지가 않았습니다. 게다가 그 지방에서 그리스도교는 완전히 이교로 타락하여 있었으며, 많은 잘못된 습관으로 얼룩져 있었습니다. 722년 로마로 돌아온 보니파시오는 교황 그레고리오 2세에게 독일의 상황을 설명하였습니다. 교황은 그에게 독일 교회를 개혁하도록 특별한 임무를 맡겼습니다. 723년 독일의 주교가 된 보니파시오는 많은 어려움을 극복하면서 독일 교회를 타락에서 구원하여 올바른 길로 이끌어 내었습니다. 그는 수많은 학교와 수도원을 건설하여 독일에 정신적이고 문화적인 안정을 가져다주려고 노력했습니다.

보니파시오 성인은 독일을 비롯한 북부 유럽에서의 전교를 위해서 활발한 활동을 하였습니다. 독일에서 전교 활동이 많은 효과를 거두게 되자, 보니파시오는 늙은 몸을 이끌고 52명의 동료들과 함께 지금의 네덜란드인 프리지어 지방에서 이교도들을 개종시키는 데 큰 노력을 하였습니다. 그러나 그와 그의 동료들은 개종자들의 견진 예식을 준비하다가 순교하였습니다. 754년 6월 5일의 일이었습니다. 독일에서의 활발한 그의 전교 활동은 그를 '독일의 사도'라고 불리게 하였습니다.

"하느님이 선택하신 사람들은 행복하리라. …… 하느님의 정의는 영원하리라."

성 콜룸바

〈기념 축일: 6월 9일〉

콜룸바는 521년 무렵 아일랜드에서 태어났습니다. 당시 유럽은 매우 혼란스러웠습니다. 북쪽의 야만족과 유목민들은 문명이 발달하고 비교적 자원이 풍부한 남부 유럽으로 몰려들어 약탈과 전쟁을 일삼았으며, 문화의 중심지였던 비잔티움도 위협을 받고 있었습니다. 문화는 거의 황폐해져서 야만적이고 원시적인 상태에 빠진 도시와 지방들이 점점 늘어났습니다. 그러나 다행히 사람들의 발길이 닿지 않는 높은 산이나 골짜기 등에 있던 수도원들에서는 고전 문화와 학문에 대한 진지한 연구와 보존이 잘 이루어지고 있었습니다.

콜룸바는 어린 시절부터 수도원 생활을 동경하였는데, 나이가 들면서 여러 지방을 돌아다니며 사제가 되기 위한 공부를 마친 다음 사제로서 수도원 생활을 시작하였습니다. 수도원에서의 평화롭고 꿈과 같은 생활을 하던 콜룸바는 사회가 너무나 혼란하고 험악해지는 것을 느끼고, 많은 사람들이 하느님 안에서의 평화와 기쁨을 느낄 수 있도록 그들을 도와주는 선교가 얼마나 중요한가를 깨달았습니다. 처음에는 아일랜드에서 선교를 시작했으며, 563년부터는 스코틀랜드에서 활동을 하였습니다. 콜룸바는 그해 성령 강림 대 축일 전날 열두 명의 동료들과 함께 아일랜드로 갔습니다. 그는 그곳에서 수도원을 세우며 선교 활동을 하였는데, 서부 스코틀랜드와 북부 잉글랜드 사람들은 콜룸바 성인과 동료들의 행동에 깊은 감명을 받았다고 합니다.

콜룸바 성인과 함께 복음을 전하던 그의 후계자 아담난은 우리에게 성인에 대한 기록을 남겨 놓았습니다. "그의 얼굴은 천사와 같았습니다. 그는 아주 착한 마음씨를 지니고 있었는데, 교양이 넘치는 말투와 착한 그의 행동은 언제나 사람들에게 좋은 본보기가 되었습니다. 그는 어디에서나 사람들의 사랑과 존경을 받았습니다."

"유스티노의 입은 지혜를 쏟아 낼 것이며, 그의 혀는 분별 있는 말을 할 것입니다."

파도바의 성 안토니오

〈기념 축일: 6월 13일〉

성 안토니오는 1195년 포르투갈의 수도인 리스본에서 고도프레도 집안의 자손으로 태어났습니다. 15살이 되면서, 그는 기도에 전념하는 생활을 위해서 아우구스티누스 수도회에 들어가기로 결심하면서, 리스본과 코임브라에서 학업을 계속했습니다.

코임브라에 머무르는 동안 모로코로 선교 활동을 떠났던 다섯 명의 프란치스코 수사들이 순교를 했다는 소식을 들은 그는 당장 프란치스코회에 들어가기로 결심합니다. 보다 적극적인 삶이 자신에게 어울릴 것이라고 확신했기 때문이었습니다. 안토니오 수사는

먼저 북쪽을 돌아다니며 선교 활동을 시작하였습니다. 하지만 얼마 후 병에 걸려 어쩔 수 없이 포르투갈로 되돌아오는 배를 타게 되었습니다. 그런데 배는 태풍을 만나, 리스본이 아닌 이탈리아의 시칠리에 도착하게 되었습니다.

그의 인생은 그가 미리 준비했던 방향으로 이루어지지 않았습니다. 하지만 하느님을 위하는 길이라면 어떠한 일이라도 적극적으로 하겠다는 신념만은 늘 같은 방향을 이루고 있었습니다. 그는 시칠리아에 있던 아시시의 성 프란치스코(기념 축일: 10월 4일)의 협조자가 되었으며, 몬테 파울로 수도원에 머물면서 주로 기도와 거친 노동을

하였습니다.

파도아의 성 안토니오는 포를리에서 우연히 자신의 사명이 사제가 되어 사목 활동을 하는 것이라는 느낌을 받게 되었습니다. 그는 곧 사제로서의 새로운 역할을 시작했습니다. 아시시의 성 프란치스코는 그에게 사제로서의 운명을 결심하도록 충고를 하였습니다. "내 사랑하는 형제 안토니오에게 형제 프란치스코가 하느님 안에서 인사를 드립니다. 제가 보기에 당신은 신학에 재능을 가지고 있는 것 같습니다. 당신이 수사님들에게 신학을 지도한다고 해도 당신이나 수사님들 안에 있는 우리의 규칙인 성스러운 기도에 대한 열정과 정신을 줄인다고 생각하지는 않습니다." 안토니오 성인은 그때부터 신학교수로서 프랑스와 북부 이탈리아를 돌아다니며 도움을 필요로 하는 많은 사람들에게 신학과 복음에 대한 이야기를 쉽게 풀어 설명해 주었습니다. 자신을 필요로 하는 곳이면 언제라도 달려가는 안토니오 성인의 태도에 감동한 사람들은 안토니오 성인을 잃어버린 소중한 물건을 되찾아 주거나 혹은 사람들이 물건을 아끼고 잃어버리지 않도록 도와주는 성인으로 존중하게 했습니다. 그의 인생은 언제나 진지하고 엄격했으며 정열로 가득했습니다. 그는 프란치스코회의 엄격한 규칙을 좀 부드럽게 바꾸자는 엘리야 데 코르토나에게 단호하게 반대하기도 하였습니다.

그는 자신의 이름이 붙여진 파도바에서 1231년 36살의 나이로 세상을 떠났습니다. 그는 죽은 다음 해 교황 그레고리오 4세에 의해 성인품에 올랐습니다. 그는 성모 마리아와 함께 포르투갈의 수호성인으로 기념됩니다. 또한 그는 잃어버린 물건을 찾도록 중재하며 좋은 수확을 기원하는 수호성인이기도 합니다.

"만약 사람들이 제 말을 듣고 싶어 하지 않는다면 저는 물고기들에게라도 설교를 하겠습니다."

성 로무알도

〈기념 축일: 6월 19일〉

로무알도는 950년 무렵 라벤나의 공작인 오네스티 집안에서 태어났습니다. 그는 젊은 시절에 특별한 걱정거리도 없이 편안하고 안락한 생활을 하였는데, 이따금 방종하고 무질서한 생활 태도를 보이기도 했습니다. 그러던 어느 날 그는 자기 아버지가 재산 다툼 때문에 결투를 벌이다가 친척을 죽이는 것을 보게 되었습니다. 로무알도는 친척의 죽음을 경험하면서 죽음에 대한 공포와 허무함의 의미를 알게 되었으며, 자신의 지나간 생활에 대한 반성을 할 수 있게 되었습니다. 그는 자신의 도덕적인 괴로움 때문에 고향 근처에 있던 클라갸을 베네딕토 수도원으로 피난하여 자신의 죄를 씻으려 했습니다. 몇 년 동안의 방황을 정리한 로무알도는 수도원의 생활에 빠르게 적응하였습니다. 결국 그는 996년 수도원의 원장으로 임명되었지만, 삼 년 뒤인 999년 더욱 엄격한 기도 생활에 몰두하기 위해서 원장직을 사임하였습니다.

그는 그 후 30년 가까운 긴 세월을 이탈리아와 피리네 지방을 돌아다니면서 많은 수도원과 은수자의 집을 세웠습니다. 그가 세운 수도원 가운데 가장 널리 알려진 것은 아레조에 있는 카말돌리 수도원입니다. 이 수도원에서 그는 서쪽 유럽에서 주로 이루어지던 수도 공동체와 동쪽 유럽에서 주로 이루어지던 은수 생활을 하나로 묶어 카말돌리의 베네딕토 수도회를 세웠습니다.

그는 동료 수사들에게 도움이 될 수 있도록 몇 가지 충고를 들려줬습니다. "당신이 생활하고 있는 곳이 바로 천국이라고 생각하세요. 세상에서의 모든 기억들을 물리치도록 하세요. 미끼를 따라가는 물고기처럼 당신의 명상을 뒤쫓아 생각을 하세요. 당신 자신을 포기하십시오."

국왕 오토 3세와 엔리코 2세를 비롯해서 수많은 사람들이 로무알도 성인의 생활 태도에 깊은 존경을 표시했습니다. 그는 1027년 6월 19일, 이방인들의 나라에서 선교 활동을 하고 싶어 하던 자신의 꿈을 펼쳐 보지 못한 채 발 디 카스트로 은수자의 집에서 세상을 떠났습니다.

"어린 아이처럼 되십시오. 그리고 주님의 은총으로 기뻐하십시오."

성 알로이시오 곤자가

〈기념 축일: 6월 21일〉

알로이시오(루이스) 곤자가는 1568년 이탈리아의 롬바르디아 지방의 성에서 태어났습니다. 그는 왕족의 후손이었으며, 아주 어렸을 때부터 영적으로 성숙했습니다. 아홉 살이 되면서 그는 고향인 카스틸리오네를 떠나 플로렌스에 있는 메디치 가문에서 시동으로 지내면서 공부를 시작했습니다. 열세 살이 되었을 때, 그는 부모와 함께 스페인의 수도였던 마드리드로 여행을 하였습니다. 화려했던 펠리페 2세의 왕궁 생활에 별다른 매력을 느끼

지 못한 그는 오히려 타락하고 무질서한 세상을 외면하게 되었으며, 성인들의 삶을 본받아 고행과 회개의 생활을 하였습니다. 사람들은 그를 가리켜 카스틸리오네의 천사라고 불렀습니다.

왕족의 후손으로서 장남이었던 그는 만투바 영토와 신성 로마 제국의 계승자였지만, 화려한 왕족의 생활보다 성직자가 되고 싶은 간절한 마음을 지니고 있었습니다. 알로이시오 곤자가는 스페인에 있으면서 예수회의 활동에 대해 자세하게 알 수 있게 되었으며, 성직자가 되려는 자신의 소망을 확신하게 되었습니다. 결국 그는 부모의 거센 반대에도 불구하고 18살이 되는 해에 장남이었던 자신의 모든 사회적이고 경제

적인 권한을 형제들에게 양보하면서 예수회에 들어갔습니다.

그는 로마에서 다른 신학생들과 함께 열심히 공부를 하였습니다. 친구들은 곤자가의 착한 마음씨와 뛰어난 영성을 확인하고는 예수회에서 아주 중요한 역할을 하게 될 것이라는 뜻으로 그를 '작은 총장'이라고 불렀습니다.

1591년 그가 로마에서 신학을 공부하고 있을 때, 로마에는 전염병이 휩쓸고 있었습니다. 예수회는 병원을 열어서 아픈 사람들을 치료하는 데 헌신을 하였습니다. 곤자가도 환자들을 씻기고 입히고 먹이는 등 환자들을 열심히 간호했습니다. 그러나 그 자신도 페스트에 전염되고 말았습니다. 그는 치료를 받고 회복된 것 같았습니다. 그러나 떨어지지 않는 높은 열 때문에 몇 달씩이나 계속 침대에 누워 있어야만 했습니다. 그는 자신이 죽게 될 것을 미리 알고, 기도 생활의 규칙을 더욱 철저히 지켰습니다. 그는 동료들의 기도 속에 23살의 젊은 나이로 세상을 떠났습니다.

알로이시오 곤자가 성인은 모든 학생들과 젊은이들의 수호성인으로 기념됩니다.

그는 일을 준비하면서 언제나 이렇게 묻곤 했습니다. "이 일은 영원과 비교해서 어떠한 의미가 있을까?"

놀라의 성 파울리노

〈기념 축일: 6월 22일〉

파울리노는 353년 보르도에서 태어났습니다. 그의 부모는 귀족으로서 로마 정부의 높은 관리를 지냈습니다. 파울리노는 어렸을 때부터 시를 읽고 쓰기를 좋아했으며 시인 아우소니오의 제자가 되어 문화적인 여가 생활을 즐겼습니다. 그는 로마의 상원 위원과 영사라는 높은 지위에 올랐으며 캄파니아 지방의 총독을 지내기도 했습니다.

그는 스페인을 여행하던 중 귀족 집안의 여인인 테레사를 만나 결혼을 하였습니다. 테레사는 곧 아기를 낳았지만, 그 아기는 정상적으로 자라지 못하다 그만 죽고 말았습니다. 아기의 죽음은 파울리노 부부에게는 너무나 커다란 슬픔이고 시련이었습니다. 파울리노와 테레사는 엄격한 생활을 통하여 마음의 안정을 찾으려 노력하였습니다. 파울리노 부부는 갈리아 지방에서 투르의 성 마르틴(기념 축일: 11월 11일)을 만날 수 있었고, 밀라노에서는 성 암브로시오(기념 축일: 12월 7일)를 만날 수 있었습니다. 모범적인 그리스도인과의 만남은 그들의 생활에 많은 변화를 주었습니다. 파울리노 부부는 자신들이 가지고 있던 엄청난 재산을 가난한 사람들에게 나누어 주었으며, 자신들은 작은 골방에서 기도와 명상의 생활만을 하며 지냈습니다. 파울리노는 390년 그리스도인으로 세례를 받았으며, 테레사도 남편과 함께 하느님께 자신들을 바치기로 결심하였습니다.

파울리노는 성 예로니모(기념 축일: 9월 30일)의 충고에 따라 좀 더 적극적인 영적 생활에 전념하기로 결심하였습니다. 파울리노와 부인 테레사는 서로 의논을 하여, 각자 종교적인 삶을 선택하기로 결정하였습니다.

파울리노는 392년 크리스마스 날 바르셀로나에서 사제가 되었습니다. 그리고 놀라 지방으로 가서 그곳에서 순교한 성 펠릭스(기념 축일: 1월 14일)의 무덤 곁에 머물면서 고행 생활을 시작했습니다. 그는 주민들의 요청에 의해 400년 놀라의 주교가 되어 21년 동안이나 줄곧 놀라 지방의 주교로서 자신의 역할과 사명을 성실하게 실천했습니다.

그는 우리가 앞에서 확인한 성 마르틴, 성 암브로시오, 성 예로니모를 비롯해서 히포나의 성 아우구스티누스(기념 축일: 8월 28일), 르웬의 성 빅트리시오(기념 축일: 8월 7일)와 같이 당시의 훌륭한 그리스도인들과 가까운 우정을 나누고 있었습니다. 주교였던 그는 언제나 회개하는 자세로 다른 사람들을 보살폈으며, 열심히 공부하고 일하는 사람이었습니다. 그는 라틴어로 그리스도 성가를 만든 몇 명 되지 않는 시인이며 작가이기도 했습니다.

파울리노는 고트 족이 침입했을 때는 먹을 것과 입을 것이 모자라는 사람들에게 자신이 가지고 있던 얼마 되지 않던 것들마저 다 주었으며, 포로로 잡힌 과부의 아들을 대신해서 아프리카로 끌려가기도 했습니다. 파울리노 성인은 놀라로 돌아올 수 있었으며, 결국 431년 놀라에서 78세의 나이로 세상을 떠났습니다.

"여러분은 하늘에 재산을 쌓아 두십시오. 여러분이 하늘에 모아 놓은 재산은 결코 없어지지 않습니다."

성 토마스 모어

〈기념 축일: 6월 22일〉

토마스 모어는 1478년 런던에서 태어났습니다. 그는 모턴 추기경의 시동으로 일했습니다. 모턴 추기경은 토마스 모어가 대학 공부를 할 수 있을 나이가 되자, 옥스퍼드 대학에서 법률학과 인문학을 공부할 수 있도록 배려해 주었습니다. 그는 스무 살이 되기도 전에 이미 해박한 지식과 놀라운 지혜를 갖추고 있어 주변 사람들을 놀라게 했습니다. 그는 에라스무스와 오랫동안 편지를 주고받으며 우정을 나눴습니다. 1516년 토마스 모어는 『유토피아』라는 책을 썼는데, 그 책은 그를 유명하게 만들

었으며, 헨리 8세의 부탁을 받고 영국 왕실을 위해 일을 하게 되었습니다. 그는 헨리 8세와 월시 추기경의 신임을 받았으며, 수상의 지위를 지냈습니다. 그는 다정한 남편으로, 자상하고 재미있는 아버지였습니다.

그런데 영국의 국왕인 헨리 8세는 아내인 아라곤의 카타리나와 이혼을 하고 새로 결혼을 하고 싶어 했기 때문에 교황에게 자신의 결혼을 허락해 달라고 청원했습니다. 그러나 교황은 결혼이란 신성한 것이므로 정당한 이유도 없이 함부로 이혼하는 것은 허락할 수 없다는 대답을 했습니다. 일이 이렇게 되자, 헨리 8세는 교황청과의 교류를

끊고, 스스로가 영국 교회의 대표가 되기로 했습니다.

토마스 모어는 어떠한 일이 있어도 로마 교황청과 단절하면서까지 영국만의 종교를 만드는 일은 없어야 한다면서 스스로 수상직에서 물러났으며, 헨리 8세의 결정에 반대했습니다. 헨리 8세는 국가에 대한 반역 죄인이라는 죄목으로 그를 런던탑에 가두어 버렸습니다. 토마스 모어는 자신의 행동에 확신을 가지고 "나는 모든 그리스도교의 공의회를 알고 있지만 자기 양심의 판단에 따르지 않은 것은 오직 한 나라의 공의회뿐"이라며 헨리 8세의 어리석은 행동을 지적했습니다.

그는 미리 정해진 형식에 따라 재판을 받았으며, 런던 시내를 끌려다닌 다음 목을 매달아 죽이는 잔인한 형벌을 받기로 되었습니다. 그의 시체는 운하에 버려지게 될 것이고, 그의 팔과 다리는 도시의 사대문에 각각 걸리게 될 것이며, 목은 런던 다리에 매달리게 될 것이고, 그의 내장은 태워지게 될 그런 무서운 형벌이었습니다.

헨리 8세는 토마스 모어와의 평소의 우정을 생각해서 목을 잘라 죽이는 참수형으로 형벌을 줄여 주기로 했습니다. 토마스는 하느님의 은총으로 용기 있고 여유 있는 태도로 왕에게 그동안 보살펴 준 것을 감사드리며, 왕의 많은 친구들이 자신이 받았던 것과 같은 그러한 감사한 보살핌을 받지 않아도 되도록 자유롭게 놔주라고 경고했습니다.

성 토마스 모어는 감옥에서 15개월이나 갇혀 있다가 1535년 6월 6일 자신의 딸 마가렛과 작별을 한 뒤 참수형을 당하여 세상을 떠났습니다.

토마스 모어 성인은 성 힐라리오(기념 축일: 1월 13일)와 함께 변호사들의 수호성인으로 기념됩니다.

"나는 죽음에 대한 두려움이 있었지만, 하느님의 은총으로 받은 내 양심을 배반하는 생각을 결코 해본 적이 없습니다."

성 요한 세자

〈기념 축일: 6월 24일〉

가브리엘 대천사가 즈가리야에게 그에게 아들이 태어날 것을 예언하였습니다. "두려워하지 말라. 즈가리야, 하느님께서 네 간구를 들어주셨다. 네 아내 엘리사벳이 아들을 낳을 터이니 아기의 이름을 요한이라 하여라. 너도 기뻐하고 즐거워할 터이지만, 많은 사람이 또한 그의 탄생을 기뻐할 것이다." 그의 아내 엘리사벳은 자신을 도와주려고 찾아온 사촌 마리아의 방문을 기쁘게 받아들였습니다. 아이의 이름이 하느님께서 정해 주신대로 요한이라고 정해지자, 그동안 벙어리가 되어 있던 즈가리야의 입이 터져 하느님을 찬미하는 노래를 불렀습니다.

요한은 몇 달 뒤에 태어난 사촌 예수를 모르는 채 지냈습니다. 그는 아주 어렸을 때부터 고행자로서 광야에서 지냈습니다. 요한은 하느님의 나라가 가까이 왔음을 사람들에게 알리면서 모든 사람들이 회개하는 생활을 하라고 알렸습니다. 그의 목적은 예수님의 길을 미리 준비하는 것이었습니다. 그는 요르단 강가에 머물면서 설교를 하며 지냈습니다. 요한 세자는 자신은 물로 세례를 베풀지만, 성령과 불로 세례를 주실 분이 오신다고 말했습니다. 또한 그는 자신은 예수님의 신발 끈을 풀어 드릴 자격조

차 없다고 했습니다.

예수님께서 공생활을 시작하시기 전에 세례자 요한에게 가서 세례를 받으려고 하자, 요한은 예수님을 알아보고 "당신은 제가 마땅히 세례를 받아야 할 분입니다"라며 세례를 드릴 자격이 없다는 말을 했습니다. 그러나 예수님은 세례를 받으셨으며, 그때 홀연히 하늘이 열리며 성령이 비둘기 형상으로 예수님에게 내려 오셨습니다. 그리고 하늘에서는 "너는 내가 사랑하는 아들, 내 마음에 드는 아들"이라는 소리가 들려왔습니다. 요한은 성경에서 여러 번 예수님이 인류를 구원하기 위하여 예정되어 있던 메시아라는 사실을 증언하고 있습니다.

세자 요한은 갈릴래아의 영주 헤로데 왕이 자기 동생 필립보의 아내 헤로디아와 결혼하여 살고 있는 사실을 비난하며 회개하는 생활을 하라고 비난하였습니다. 헤로데는 요한을 죽이고 싶었지만, 사람들이 그를 예언자라고 굳게 믿고 있었기 때문에 감옥에 가두고 사람들의 눈치만 살피고 있었습니다. 그러나 헤로데의 생일 잔칫날 헤로디아의 딸이 축하의 춤을 추며 사람들의 흥을 돋우자, 마음이 들뜬 헤로데는 소녀에게 소원을 들어주겠다고 사람들 앞에서 큰소리 쳤습니다. 그때 소녀는 어머니인 헤로디아의 지시에 따라 요한의 목을 달라고 부탁하였고, 결국 요한은 목이 잘려 세상을 떠났습니다.

세자 요한의 회개하고 절제하는 엄격한 생활은 최초의 수사들과 은수자들의 생활을 위한 모범이 되었습니다. 그래서 대부분의 수도 공동체는 그를 중요한 수호성인으로 기념합니다.

"너희는 주의 길을 닦고, 그의 길을 고르게 하여라."

성 굴리엘모

〈기념 축일: 6월 27일〉

굴리엘모(기예르모)는 1085년 이탈리아 북쪽 지방인 피아몬테에서 태어났습니다. 그는 귀족 집안의 자손이었습니다. 그는 14살이 되던 해 야고보 성인의 무덤이 있는 스페인 갈리시아 지방의 산티아고 데 콤포스텔라로 순례를 떠났습니다. 허름한 옷을 입은 채 신발도 신지 않고 그 먼 길을 걸어서 다

녀온다는 것은 건장한 어른도 몇 달씩 걸리는 아주 힘든 여행이었습니다. 순례를 마치고 집으로 돌아온 그는 혼자 기도와 명상에 몰두할 수 있는 장소를 찾았습니다. 그는 자신이 가지고 있던 것들을 다른 사람들에게 모두 나누어 준 다음, 몬테 비르질리아노 산꼭대기에 움집을 만들고 그곳에서 은수자 생활을 시작하였습니다.

굴리엘모의 영성이 깊고 훌륭하다는 소문이 나자 여러 지방에서 사람들이 하나 둘씩 그를 찾아왔습니다. 그러자 그는 수도 생활을 할 수 있는 공동체를 만들기로 했으며, 베네딕토 수도회의 규칙을 따르기로 했습니다. 굴리엘모와 동료들은 기도에 가장 많은 시간을 보냈지만, 음식을 만들고 간단한 옷가지를 만드는 일 따위를 자신들의 손으로 직접 했습니다. 물론 최소한으로 필요한 물건들을 사기 위해서 동냥을 하였으며, 대부분의 거친 일도 모두 직접 하였습니다.

　공동체 생활이 엄격하고 힘든 것이었지만, 굴리엘모의 명랑한 성격은 여전했습니다. 시간이 지날수록 많은 사람들이 그에게 모여들었으며 그의 말을 듣는 것을 좋아했습니다. 어느 날 굴리엘모를 좋아하던 여자가 그에게 찾아와서 그를 유혹하려 했습니다. 그러자 그는 그 여자를 불꽃이 튀는 숯이 가득한 방으로 안내했습니다. 결국 그 여자는 자신의 잘못을 깨닫게 되었고, 회개하게 되었습니다.

　1142년 굴리엘모가 세상을 떠나자, 그의 제자들은 스승이 평소에 존경하던 자신들의 공동생활 규칙을 베네딕토 성인의 규칙에 완전히 맞추기로 결정했습니다.

“필요한 것이 있으면 우리가 직접 일을 해서 구하도록 합시다. 물론 기도를 잊어서는 안 됩니다.”

성 베드로 사도

〈기념 축일: 6월 29일〉

베드로 성인은 바오로 성인과 같은 날인 64년 6월 29일 네로 황제의 박해를 받아 순교하여 세상을 떠났습니다.

베드로는 예수님을 만나기 전에는 갈릴리 호숫가에서 고기를 잡던 시몬이라는 어부였습니다. 그는 예수님께서 시킨 대로 그물을 쳐서 엄청나게 많은 고기가 걸려들어 그물이 찢어질 지경이 되자, 예수님의 발 앞에 엎드려 "선생님, 저는 죄인입니다. 저에게서 떠나 주십시오" 하고 말했습니다. 베드로는 너무나 많은 고기가 잡힌 것을 보고 겁을 집어먹었던 것입니다. 그러나 예수님께서는 시몬에게 "두려워하지 말라. 너는 이제부터 사람들을 낚을 것이다"라며 그를 제자로 직접 선택하셨습니다. 그는 곧 배를 버리고 예수님을 따랐습니다.

예수님에 의해 제자로 직접 선택된 베드로에 대한 예수님의 배려는 신약 성서를 통해서 여러 번 드러나고 있습니다. 예수님은 베드로의 장모를 치유해 주시고, 중요한 기적과 교훈을 베드로가 항상 곁에서 지켜볼 수 있도록 배려해 주심으로서 그에게 사도들의 지도자가 될 수 있도록 그를 이끌어 주셨습니다.

예수님이 제자들에게 당신이 누구라고 생각하느냐는 물음에 베드로는 "선생님은 살아 계신 하느님의 아들 그리스도이십니다"고 대답합니다. 그러자 예수님은 "시몬 바르요나, 너에게 그것을 알려 주신 분은 사람이 아니라 하늘에 계신 내 아버지이니 너는 복이 있다. 잘 들어라. 너는 베드로이다. 내가 이 반석 위에 내 교회를 세울 터인즉 죽음의 힘도 감히 그것을 누르지 못할 것이다. 또 나는 너에게 하늘나라의 열쇠를 주겠다. 네가 무엇이든지 땅에서 매면 하늘에도 매여 있을 것이며 땅에서 풀면 하늘에도 풀려 있을 것이다"라고 말씀하셨습니다.

부활하신 예수님이 하늘로 올라가신 후 베드로를 비롯한 제자들이 성모 마리아와 함께 한곳에 모였습니다. 갑자기 성령이 혀의 모양으로 나타나 불길처럼 갈라지며 각 사람 위에 내려와 그들에게 박해를 두려워하지 않고 용감하게 그리스도를 증거할 수 있는 용기와 지혜를 주었습니다. 베드로는 다른 제자들과 주변에 모여든 사람들에게 하느님의 구원에 대해 설교를 하였습니다. 이렇게 시작된 베드로의 전도는 많은 사람들을 그리스도인으로 개종하게 만들었으며, 다른 제자들에게도 힘이 되었습니다.

헤로데 왕은 예수님의 제자들이 시작한 교회의 활동에 대해 박해의 손길을 뻗치기 시작했습니다. 먼저 요한의 형 야고보를 잘라 죽인 다음, 베드로를 잡아 감옥에 가두고 사형을 준비시켰습니다. 감옥에 갇혀 있는 그를 위해 모든 신자들이 열심히 기도를 드렸습니다. 어느 날 천사가 그에게 나타나 옆구리를 찔러 그를 깨우며 "빨리 일어나라"고 재촉하였습니다. 그러자 곧 쇠사슬이 그의 두 손목에서 벗겨졌습니다. 그는 천사를 따라 아무도 눈치 채지 못하게 감옥에서 빠져나올 수 있었습니다.

교회 공동체에서 활동을 하고 있던 베드로는 얼마 후 로마로 가서 설교를 하며 모든 그리스도 교회를 인도했습니다. 그러다 네로 황제의 박해가 심해지자, 신자들은 베드로에게 로마를 벗어나 안전한 곳으로 피하라고 하였습니다. 로마를 벗어나서 길을 걷고 있던 베드로에게 십자가를 맨 예수님의 영상이 나타나셨습니다. "쿼바디스 도미네?"(주여, 어디로 가시나이까?) 하고 베드로가 묻자, 예수님은 "십자가에 처형당하기 위해 로마로 간다"는 말을 하시고는 사라지셨습니다. 베드로는 로마를 향해 걷기 시작했고, 결국 로마에서 잡혀 십자가형으로 순교하였습니다. 그러나 그는 구세주인 예수님과 같은 모습으로 죽는 것은 감히 바랄 수 없다면서, 십자가를 거꾸로 세워 줄 것을 부탁하였습니다.

사도 성 베드로는 성 안드레아(기념 축일: 11월 30일)와 성 제논(기념 축일: 2월 14

일) 및 성 니콜라스(기념 축일: 12월 6일)와 함께 모든 죄인들의 수호성인으로 기념됩
니다.

"주님, 당신은 제가 당신을 사랑한다는 것을 아십니다."

성 바오로 사도

〈기념 축일: 6월 29일〉

바오로 성인은 베드로 성인과 같은 날인 64년 6월 29일 네로 황제의 박해를 받아 순교하여 세상을 떠났습니다.

바오로는 원래 사울이라 불리는 바리사이파 사람이었습니다. 그는 예수님의 가르침을 전혀 믿지도 않았으며, 모든 그리스도인을 잡아 없애려는 생각만 하였습니다. 그는 교회를 쓸어버리려고 집집마다 돌아다니며 남녀를 가리지 않고 끌어내어 모두 감옥에 처넣었습니다. 그는 스스로 대사제에게 가서 다마스쿠스에 있는 모든 그리스도인을 잡아 올 수 있는 허락을 받아 냈습니다. 그가 길을 떠나 다마스쿠스 가까이에 이르렀을 때 갑자기 하늘에서 빛이 번쩍이며 그의 둘레를 환히 비추었습니다. 그가 땅에 엎드리자 "사울아, 사울아, 네가 왜 나를 박해하느냐?"하는 음성이 들려 왔습니다. 사울이 "당신은 누구십니까?" 하고 물으니 "나는 네가 박해하는 예수다. 일어나서 시내로 들어가거라. 그러면 네가 해야 할 일을 일러 줄 사람이 있을 것이다" 하는 대답이 들려 왔습니다. 사울은 다마스쿠스에서 아나니아라는 사람의 도움으로 성령을 받아 그리스도교를 알게 되었습니다.

사울은 자신의 행동이 어리석었다는 사실을 깨닫고, 바오로라는 이름으로 세례를 받았습니다. 바오로는 그때부터 예수님이 바로 하느님의 아들이심을 전파하기 시작했습니다. 그리스도인들을 잡아서 대사제들에게 끌어가려던 사람이 오히려 예수님이 그리스도라는 것을 증언하며 복음을 전하는 일을 하자, 다마스쿠스에 있는 이교도들은 물론 유대인들까지도 모두 당황하게 되었습니다.

바오로는 지칠 줄 모르는 열정으로 그리스도교를 전파하는 데 자신의 모든 힘을 다 바쳤습니다. 다마스쿠스에서는 성문을 지키고 있던 병사들을 피해 광주리에 담겨 들창문으로 줄을 타고 성벽을 내려가 도망을 친 일도 있습니다. 그는 여러 번 감옥에 갇혔지만, 오히려 간수들을 개종시키는 지혜와 열정을 지니고 있었습니다. 바오로는 아주 여러 나라를 돌아다니면서 전교를 하였습니다. 자신을 돌보지 않고 성실하고 정열적으로 전교를 다닌 그는 온갖 위험을 다 겪었습니다. 그러나 그는 그리스도를 위해서 모든 모욕과 박해를 받아들였습니다.

그리스도교인들을 박해하던 사울은 바오로라는 이름으로 다시 태어나서 그리스도교의 전교를 위해 여생을 누구보다도 열심히 살았던 사람입니다.

"나는 모든 고난을 달게 받습니다. …… 하느님께서 저에게 주실 왕관만이 저를 기쁘게 하기 때문입니다."

7월

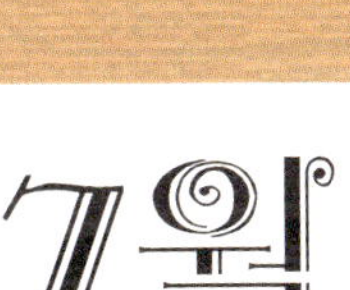

성 토마스 사도

〈기념 축일: 7월 3일〉

　토마스(도마)는 예수님께서 직접 선택하신 제자 가운데 하나입니다. 예수님은 토마스를 비롯한 제자들에게 당신이 돌아가신 다음 세상에 복음의 말씀을 전하는 사명을 맡기셨던 것이었습니다. 그는 디디모라고도 불렸는데 그리스어로 '마른 사람'이라는 뜻입니다. 그는 예수님께서 위험이 도사리고 있던 예루살렘 가까이에 있는 베다니아로 가자고 하실 때, 다른 사도들에게 "주님을 따르자. 그리고 그와 함께 죽자"라고 말했습니다. 그는 그만큼 용기 있는 사람이었던 것입니다.

　그러나 토마스는 다른 사도들이 예수님께서 부활하셨다는 말을 들려주자 그들에게 "나는 내 눈으로 그분의 손에 있는 못 자국을 보고 내 손가락을 그 못 자국에 넣어 보고 또 내 손을 그분의 옆구리에 넣어 보지 않고는 결코 믿지 못하겠소" 하고 말하였습니다. 확실한 증거가 있어야 믿을 수 있다고 생각했기 때문이었습니다.

　일주일이 지난 뒤에 제자들이 집에 모여 있었는데 그 자리에는 토마스도 같이 있었습니다. 문이 다 잠겨 있었는데도 예수께서는 안으로 들어 오셔서 그들 한가운데 서시며 "너희에게 평화가 있기를!" 하고 제자들에게 인사를 하셨습니다. 그리고 토마스에게 "네 손가락으로 내 손을 만져 보아라. 또 네 손을 내 옆구리에 넣어 보아라. 그리고 의심을 버리고 믿어라!" 하고 말씀하셨습니다. 토마스는 예수님께 "나의 주님, 나의 하느님!" 하고 대답하자 예수님께서는 "너는 나를 보고야 믿느냐? 나를 보지 않고도 믿는 사람은 행복하다" 하고 말씀하셨습니다.

오래된 전설에 의하면 성 토마스 사도는 복음을 전하기 위해서 멀리 인도의 남쪽
끝까지 돌아다니며 적극적으로 설교를 했다고 합니다. 그는 결국 인도에서 순교하여
세상을 떠났습니다. 그가 활동했던 인도와 페르시아에는 작은 그리스도인 공동체가
여럿 있는데, 그곳에서는 적극적이고 영성이 뛰어났던 토마스 사도에 대한 존경심이
높아서, 그리스도인이라면 "성 토마스의 그리스도인"이라고 불리는 것을 대단한 명예
로 생각한다고 합니다.

포르투갈의 성녀 엘리사벳

〈기념 축일: 7월 4일〉

엘리사벳은 1271년 아라곤에서 태어났습니다. 그녀는 아라곤 왕국의 베드로 3세의 딸이며, 하이메 1세의 손녀이고, 헝가리의 성녀 엘리사벳(기념 축일: 11월 17일)의 질녀입니다.

그녀는 12살이 되면서 포르투갈의 국왕 디오니스와 결혼을 했습니다. 디오니스는 정치는 잘했지만, 도덕적으로는 깨끗하지 못한 사람이었습니다. 엘리사벳은 남편이 조금씩 나쁜 습관을 버리고 보다 나은 사람이 될 수 있도록 꾸준히 노력하였습니다. 그녀는 평생 가난한 사람들에게 도움을 주면서 살았으며, 돈을 나누어주거나 필요한 것들을 주는 사랑을 실천하였습니다. 특히 그녀는 왕가 식구들 사이에 평화를 유지하기 위해 큰 노력을 했습니다. 그녀는 포르투갈이 이웃 나라였던 아라곤과 카스티야와 평화롭게 지낼 수 있도록 온갖 노력을 다했습니다. 이러한 이유 때문에 사람들은 엘리사벳을 평화의 여왕이라고 불렀습니다.

남편인 국왕 디오니스가 죽자, 엘리사벳은 코임브라에 있는 클라리사 수도원에 들어가 프란치스코 제3회원으로 지내면서 기도와 봉사의 생활에 전념하면서 살았습니다. 그녀는 1336년 7월 7일 세상을 떠났습니다.

포르투갈의 성녀 엘리사벳은 왕비라는 높은 자리에 있으면서도 자신을 위해 살지 않고, 오히려 가난하고 어려운 사람들을 생각하고 그들을 위해 기도하고 봉사하는 삶을 살았습니다.

엘리사벳 성녀의 시신은 아직도 썩지 않고 그대로 보존되어 있는데, 그녀를 존경하는 많은 사람들의 방문을 받고 있습니다. 왕족이었으면서도 지금까지 많은 존경과 사랑을 받고 있는 대표적인 성녀가 바로 포르투갈의 성녀 엘리사벳입니다. 지금도 기념일이면, 많은 신자들이 성녀의 시신에 경의를 표하고, 기념 행렬을 합니다.

"가난한 사람들을 돕기 위해 당신의 팔을 벌리세요. 그리고 도움을 필요로 하는 사람들에게 팔을 펼치세요."

성 김대건 안드레아

〈기념 축일: 7월 5일〉

김대건 안드레아는 최초의 한국인 신부입니다. 그는 1821년 8월 21일 충청남도 당진군의 솔뫼 마을에서 아버지 김제준 이냐시오(기념 축일: 9월 26일)와 어머니 고 우르술라의 둘째 아들로 태어났습니다. 김대건 안드레아의 할아버지인 김진후는 한국에 그리스도교가 전해지기 시작한 지 얼마 되지 않았을 때부터 세례를 받아 그리스도인이 되었으며, 그리스도인이라는 사실 때문에 감옥에 갇혀 있던 중 세상을 떠났습니다. 안드레아의 아버지인 김제준 역시 그리스도인으로서의 신앙을 굳게 지켜 왔습니다. 김제준은 힘든 고문을 견디지 못해 잠시 그리스도를 부정했지만, 결국 1839년 9월 26일 순교를 하였습니다. 안드레아 김대건은 이렇게 튼튼한 신앙으로 이뤄진 집안에서 태어나고 자랐기 때문에 어려서부터 뛰어난 재능과 그리스도인으로서의 대범한 성격을 드러냈습니다.

당시 우리나라에는 프랑스인 신부 모방(기념 축일: 9월 21일)이 정부의 감시를 피해 몰래 들어와 전교를 하고 있었습니다. 모방 신부는 가장 급하고 중요한 일은 한국인 신부를 만드는 것이라는 사실을 깨닫고, 최방제와 최양업을 뽑아 교육을 시키고 있었습니다. 1836년 6월 우연히 김대건을 알게 된 모방 신부는 김대건 소년의 영특함과 곧은 성격을 알아차리고, 그를 서울로 데려가 다른 두 소년과 함께 사제 교육을 시켰습니다. 김대건과 다른 두 소년은 모방 신부 앞에서 성경에 손을 얹고 앞으로 조선 포교지의 장상과 신학교 교장에게 순명할 것을 엄숙히 선서한 다음, 12월 3일 마카오로 유학을 떠났습니다. 당시 조선 교구의 전교를 맡고 있던 프랑스 외방전교회 마카오 지부에서는 조국을 떠나 6개월이 넘는 긴 시간 동안 수많은 고생을 겪으면서 도착한 소년들의 의지와 성실함에 크게 감동을 받아 이들 소년들에게 신학과 라틴어, 세계 지리와 역사, 불어 등 고전과 근대 학문들을 직접 가르쳤습니다. 그러나 함께 공부하던 최방제는 병으로 그만 세상을 떠나고 말았습니다. 게다가 1839년에는 고국에서 그리스도인들에 대한 큰 박해가 일어나 김대건과 최양업의 아버지를 비롯하여 2백여 명이 순교하였다는 소식이 들려 왔습니다. 김대건과 최양업은 서로를 위로하며 더욱 열심히 공부해서 사제가 된 다음, 한시바삐 조국 한국으로 돌아가 하느님의 말씀을 전하며 고통 가운에 방황하고 있을 신자들을 지켜야겠다고 결심했습니다.

김대건 안드레아는 1844년 12월 15일 아직 만 25살이 되지 않아 사제품을 받지는 못한 채 부제품만을 받고 귀국했습니다. 힘겹게 조국에 도착한 그는 신학생을 뽑아 교육을 하고, 박해에 대한 자료를 수집했으며, 전교를 위해 조선 지도를 작성한 다음, 1845년 4월 30일 제물포를 떠나 상해를 향했습니다. 그는 1845년 8월 17일 상해에서 사제 서품을 받았습니다. 이렇게 해서 김대건은 한국 최초의 신부가 되었습니다. 상해를 떠난 김대건 안드레아 신부는 고 페레올 주교와 함께 10월 12일 충청도 강경 땅에 도착하였습니다. 그는 페레올 주교를 도와 흩어진 교세를 가다듬고, 용인 지방을 중심으로 교우들을 방문하고 성사를 집행하면서 적극적인 활동을 하였습니다.

1846년 최양업과 다른 외국 신부를 맞아들이기 위한 준비를 하던 김대건 안드레아는 매년 봄이 되면 많은 중국 어선들이 황해도 연안까지 와서 고기잡이를 한다는 사실을 이용해서 군인들의 감시를 뚫고 믿을 만한 중국 어선과 연락을 취하려다 중국 어선들을 쫓아 보내려던 군인들에게 신분이 드러나 붙잡히고 말았습니다. 국왕이 그리스도교를 금지하고 있었기 때문에 김대건 안드레아는 감옥에서 수십 차례씩이나 고문을 당하였습니다. 당시 외국에 문호를 개방하지 않은 채 서양 학문이나 서양 종교를 의심의 눈초리로만 바라보던 정부의 관리들에게 외국에서 공부를 하고 서양 종교를 전교하는 김대건 안드레아 신부의 행동은 못마땅한 것이었습니다. 결국 영의정 권돈인은 "포청 죄수 김대건을 군문(軍門)에 목 베어 매달아 모든 이를 경계함이 어떠하겠사옵니까"라며 국왕의 의견을 물었으며, 국왕은 "그대로 하라"고 최후의 사형 선

고를 내렸습니다. 마침내 김대건 안드레아 신부는 1846년 9월 16일 26세의 젊은 나이
로 새남터에서 세상을 떠났습니다. 그의 시체는 40일 후 미리내에 모셔졌으며, 미리
내는 성지로 개발되었습니다.

성 김대건 안드레아는 한국 교회의 모든 성직자의 수호성인입니다.

"자, 나는 준비가 되었으니 어서 때리시오. 나는 당신들 형벌이 무섭지 않소."

성녀 마리아 고레티

〈기념 축일: 7월 6일〉

마리아 고레티는 1890년 이탈리아의 안코나 지방에서 가난한 농부의 딸로 태어났습니다. 그녀는 학교 공부를 받지 못했기 때문에 읽거나 쓰지는 못했지만, 영적으로 무척 성숙했습니다.

마리아가 살고 있던 마을에는 불량한 청년이 살고 있었습니다. 어느 날 마리아가 혼자 들에서 일을 하고 있을 때, 청년이 그녀에게 다가와 그녀를 성폭행하려고 했습니다. 청년은 강제로 어린 마리아를 겁탈하려 했습니다. 그러나 마리아는 청년에게 하느님께서 용서하지 않으실 나쁜 죄를 짓지 말라며 용감하게 청년을 비난했습니다. 어떤 일도 보시는 하느님께서 청년의 죄를 용서하지 않을 것이라는 마리아의 말을 들은 불량 청년은 마리아를 성폭행하지는 못했습니다. 그러나 화가 난 청년은 마리아를 성폭행하는 대신 잔인하게 칼로 찌르고 때려 결국 죽게 만들었습니다. 날카로운 칼에 참혹하게 찔린 마리아는 사람들에게 발견되어 네투노로 옮겨져 간호를 받았지만, 상처가 너무 심해 숨을 거두고 있었습니다. 마리아 고레티는 가족들을 염려하고 자기를 죽이려던 청년을 진심으로 용서하는 너그러운 태도를 보여 주위에 있던 사람들을 감동시켰습니다. 그녀는 결국 큰 상처 때문에 하루만인 1902년 7월 6일 세상을 떠났습니다.

살인범은 30년형을 선고받아 감옥에서 생활을 하게 되었습니다. 그런데 어느 날 밤 그는 마리아 고레티가 꽃다발을 자신에게 주는 꿈을 꾸었습니다. 그는 자신의 죄를 깨닫게 되었으며, 회개하는 생활을 시작했습니다. 감옥에서 나오게 된 그는 은수 생활을 하면서 평생을 회개하며 살았습니다.

죽음의 위협 앞에서도 순결을 굳게 지키며 하느님을 완전히 신뢰했던 마리아에 대한 애정과 관심이 커지면서, 많은 기적이 일어났습니다. 그녀의 시성식에는 이미 노인이 된 청년이 나타나 무릎을 꿇고 눈물을 흘리며 회개와 축하의 기도를 드렸습니다. 시성식이 있던 그곳에서는 수십 가지의 기적이 일어나 어린 마리아 고레티의 순수한 영혼과 용기를 축하했습니다.

"제가 그 사람을 용서하듯, 하느님께서 그 사람을 용서해 주시기를 기도드립니다."

예언자 성 이사야

〈기념 축일: 7월 6일〉

구약 성경에는 이사야, 예레미아, 에제키엘과 다니엘 등 네 명의 예언자들이 등장합니다. 네 명의 위대한 예언자들 가운데에서도 이사야는 가장 오래 전부터 예수님의 탄생과 그 밖의 중요한 사건들을 예언하였습니다.

이사야 예언자는 예수님이 태어나시기 700여 년 전에 태어났습니다. 그는 유다 왕 우찌야, 요담, 아하즈, 히즈키아의 시대에 유다와 예루살렘이 어떠했는지 그리고 앞으로 어떻게 될 것인지를 예언하였습니다. 그는 다가올 구세주를 맞이할 수 있도록 하나뿐인 하느님을 두려워하며 착한 생활을 하는 것이 가장 중요하다는 사실을 깨달을 수 있게 해주었던 것입니다. 그는 사람들에게 억울하게 묶인 사람들을 풀어 주고, 자신들이 먹을 것을 굶주린 사람들에게 나눠줄 수 있는 그러한 사랑을 실천하는 사람이 되라는 말을 들려주곤 했습니다. 그러나 정치인들, 특히 유다 왕은 그의 예언이 사람들을 혼란에 빠트리는 잘못된 것이라면서 오히려 그를 죄인으로 처벌하려 했습니다.

이사야의 예언은 성경 예언서 편에 '이사야'라는 이름으로 기록되어 있습니다. '이사야'는 66장으로 되어 있습니다. 하느님의 나라가 메시아를 통해서 이루어질 것이고, 구세주의 영광을 찬미하고 있으며, 메시아를 기다리고 있던 이스라엘 사람들에게 아무리 힘들고 어렵더라고 꿋꿋하게 참고 견디면 하느님께서 이루어 주신다는 예언을 들려주었습니다. 구약 성경에서 들려주는 이스라엘 민족의 힘들고 고통스러운 역사는 하느님께서 진정한 "하늘의 백성"으로 만들어 주시기 위해서 이스라엘 민족을 어려움에 놓아두시지만, 곧 그들을 구원해 주실 것을 믿는 내용입니다. 이사야는 이러한 이스라엘 민족의 희망을 굳게 믿으며 앞으로 오실 구세주에 대해 예언하였습니다. 진정한 왕이 오시어 오늘의 어려움을 극복할 수 있게 도와줄 것이라는 예언은 우상을 숭배하고 바알 신을 위해 제단을 세우고, 헛된 신들을 위해 숲을 건설하여 왔던 왕을 당황하게 만들었습니다. 마나세 왕은 결국 이사야 예언자의 몸을 톱으로 잘라 둘로 잘라 나누는 잔인한 형벌을 명령했습니다. 이사야 예언자의 시체는 떡갈나무 아래에 아무렇게나 묻혔습니다. 왕은 바빌로니아에 자신의 모든 백성이 포로로 잡히자, 그제 야 자신의 잘못을 반성하고 회개하였습니다.

"한 여인이 아이를 낳을 것이니 …… 주님의 길을 준비하십시오."

성 페르민

〈기념 축일: 7월 7일〉

  프랑스의 아미엥 시에는 성 페르민의 이름을 갖고 있는 두 분의 성인을 공경하고 있습니다. 한 분은 아미엥 교구의 세 번째 주교를 지내셨던 분이며, 그분의 기념 축일은 9월 1일입니다. 다른 분은 이 교구의 첫 번째 주교를 지내셨던 분으로서 스페인의 팜플로나에서 태어났습니다. 그래서 스페인에서는 7월 7일을 성 페르민의 기념 축일로 정하고 있습니다. 그러나 아미엥의 성 페르민의 기념 축일은 교회의 달력에 따르면 9월 25일이 됩니다.

  페르민(피르미노)의 아버지는 이교도였으며, 어머니는 어른이 된 다음 그리스도인으로 개종을 한 사람이었기 때문에 페르민이 어려서부터 그리스도인이 되었던 것은 아닙니다. 그는 성 사투르니노(기념 축일: 11월 29일)의 영향을 받아 그리스도인이 되었습니다. 하느님을 마음속에 받아들인 페르민은 그리스도를 모르는 사람들에게 적극적으로 선교를 시작했습니다. 그는 고향인 스페인의 나바라 지방을 떠나 프랑스를 돌아다니면서 하느님의 말씀을 전하였습니다. 페르민 성인은 아미엥에 정착하여 주교로 활동하면서 선교 활동과 사목 활동을 열심히 실천하고 있었습니다. 그런데 당시는 그리스도교에 대한 박해가 심하던 때였기 때문에, 두려움을 모르고 용감하게 선교 활동을 펼치던 페르민 성인은 결국 순교를 하였습니다.

  성 페르민은 아미엥의 주교로서 그곳에서 활동을 하다가 순교를 하였기 때문에 아미엥 사람들의 깊은 존경을 받고 있지만, 고향인 나바라 지방에서도 특별한 존경을

받고 있습니다. 나바라 지방 사람들은 1717년부터 7월 7일이 되면 성 페르민의 이름
을 붙인 축제를 열어 성인을 기념하고 있습니다. 왜냐하면 바로 이 날이 성 페르민의
유해를 고향 나바라로 옮겨온 날이기 때문입니다. 우리에게는 소몰이 축제로 더 잘
알려져 있는 산 페르민 축제이지만, 스페인에서는 소몰이 축제보다 먼저 성 페르민에
대한 경의와 사랑을 표현하는 종교행렬이 웅대하게 펼쳐집니다.

　페르민 성인은 하느님의 종으로서 충실하게 선교 활동을 하였기 때문에, 사람들은
그를 기념하면서 즐겁게 노래를 부릅니다. "페르민, 하느님을 소개하는 자. 그는 국경
을 넘어 갈리아의 도시와 들판을 돌고 돌아, 수천 명의 이교도들을 그리스도인으로
바꾸어 놓았다네."

"나를 따르는 사람들은 어둠 속을 걷지 않고, 영원한 생명의 빛을 보게 될 것이다."

성 크리스토발

〈기념 축일: 7월 10일〉

크리스토발(그리스도폴)은 시리아에서 태어나서 안티오키아의 주교였던 성 바빌라스(기념 축일: 1월 24일)로부터 세례를 받았습니다. 그는 데치오의 박해 시절 우르바노, 프리실리아노, 에폴로니오 등의 청년들과 바빌라스 주교와 함께 안티오키아의 차가운 감옥에서 258년 세상을 떠났습니다.

전설에 의하면 크리스토발은 헤라클레스처럼 건장한 사람이었다고 합니다. 건장했던 사람들을 업고 강을 건네주는 일을 하고 있었습니다. 어느 날 한 어린이를 등에 업었는데, 어찌나 무겁던지 세상을 전부 짊어맨 것 같았다고 합니다. 그 아이가 세상을 창조하신 예수 그리스도였던 것입니다. 크리스토발은 그리스어로는 "그리스도를 업은 사람"이라는 뜻입니다.

크리스토발 성인은 여행자들이나 위험에 빠진 사람들의 수호성인으로 기념됩니다. 그리스도인들, 특히 중세의 신자들은 그를 홍수, 불, 지진, 폭풍, 페스트와 같이 아주 위험한 사태를 잘 준비할 수 있도록 하느님께 기도드려 주는 중개자로 선택하였습니다.

"주께서 올바로 인도하시고, 천국도 보여주셨다."

성 베네딕토 아빠스

〈기념 축일: 7월 11일〉

베네딕토는 이탈리아의 중부 지방에서 480년 태어났습니다. 그는 돈이 많고 존경받는 집안에서 태어났는데, 그의 부모는 그를 로마로 보내 공부를 시켰습니다. 그러나 그는 어렸을 때부터 세상 사람들이 중요하다고 생각하는 것들에 별다른 매력을 느끼지 못하였습니다. 친구들은 어른이 되면 높은 사람이 되고 싶다거나 돈을 많이 벌어야겠다는 등의 희망을 갖고 있었지만, 베네딕토는 수사가 되어 깊은 영성 생활을 하고 싶다는 남다른 관심을 가지고 있었습니다. 그는 대도시를 벗어나 수비아코 근처에 있는 동굴에서 은수자 생활을 시작하였고, 그의 생활에 감동을 받은 사람들과 모여 기도를 위한 공동생활을 하게 되었습니다. 그는 사람들이 함께 지낼 수 있는 기도의 집을 세웠으며, 올바른 생활을 이끌기 위해 수도원의 규칙을 만들었습니다.

530년 그리스도인들에 대한 박해가 심해지자, 베네딕토와 그의 동료들은 수비아코를 떠나 아폴로 신전의 폐허가 남아 있던 몬테카시노 언덕으로 피했습니다. 그들은 폐허를 말끔히 치운 다음, 남아 있던 돌을 이용해 커다란 수도원을 세웠습니다. 베네딕토는 엄격하며 정확한 수도원 규칙을 만들었습니다. 이 규칙은 서유럽 문화 가운데 가장 중요한 가치를 지니고 있습니다. 베네딕토는 쌍둥이 여동생 성녀 스콜라스티카를 도와 그녀가 베네딕토 수녀원을 세울 수 있도록 해 주었습니다. 성 그레고리오(기념 축일: 5월 9일)는 베네딕토의 엄격하면서도 자상한 성격과 이곳에서의 생활을 기록하였습니다.

베네딕토 성인은 543년 미사 시간에 성체를 영하고 기도를 하면서 세상을 떠났습니다. 죽은 쌍둥이 여동생인 성녀 스콜라스티카(기념 축일: 2월 10일)와 함께 묻혔습니다.

베네딕토 성인은 부제였습니다. 그는 서유럽의 수사들의 수호성인이며 1964년 교황 바오로 6세에 의해 유럽의 수호성인으로 선포되었습니다.

"내 이름을 따르기 위해 집과 형제를 버린 사람들은 영원한 생명을 받게 될 것이다."

성 요한 구알베르토

〈기념 축일: 7월 12일〉

　요한 구알베르토가 회개한 이야기는 아주 재미있고 감동적입니다. 그는 이탈리아의 플로렌스에서 유명한 귀족 집안인 비스도니니 가문에서 태어났습니다. 그는 어려서부터 명랑했으며 놀이를 무척 좋아했기 때문에, 주위 사람들과 잘 어울렸습니다.

　어느 날 성 금요일, 그는 좁은 골목에서 자기 형을 죽인 원수를 만났습니다. 그는 복수를 할 좋은 기회라고 생각하고 길가에 세워져 있던 창을 들어 형의 원수를 찔러 죽이려 하였습니다. 그러자 그 사나이는 무릎을 꿇고 손을 십자가처럼 양쪽으로 벌린 채 십자가에 매달린 예수님의 사랑을 생각해서라도 자기를 제발 살려 달라는 것이었습니다.

　원수를 죽이려던 그의 가슴 속에는 알 수 없는 뜨거운 감정이 갑자기 솟구쳐 올라왔고, 결국 그는 형의 원수를 불쌍하게 생각하게 되어 용서해 주고 말았습니다. 마음을 가라앉히며 길을 돌아서던 그는 가까운 곳에서 교회를 발견하고 이상한 힘에 이끌리듯 안으로 들어갔습니다. 그는 그곳에서 십자가에 매달려 계신 예수님을 생생하게 느낄 수 있었습니다. 그는 〈주님의 기도〉에서 "저희에게 잘못한 이를 저희가 용서하오니 저희 죄를 용서하시고"의 내용을 일깨워 주시는 예수님을 아주 가깝게 느낄 수 있었습니다. 예수님의 조각상이 천천히 고개를 아래로 돌려 자신을 바라보며 마음의 평화를 느끼고 있던 요한 구알베르토를 바라보고는 조금 전 구알베르토의 행동을 칭찬하는 것이었습니다.

기적을 경험한 요한 구알베르토는 플로렌스에 있는 성 미나아토 델 몬테의 베네딕토회 수도원에 들어가 수사가 되었습니다. 사람들을 불쌍히 여기고 사랑을 나누어주는 그의 행동과 경건한 신앙생활은 다른 사람의 모범이 되었습니다. 그는 은둔 생활을 하려고 피에솔레 근처에 있는 인적이 드문 곳에 베네딕토회 수도원을 세웠습니다.

성 요한 구알베르토는 그리스도인들의 삶을 종교적으로 보다 값진 것으로 만들 수 있도록 기도와 희생 봉사를 많이 하였습니다. 그는 자신이 세운 수도원에서 1073년 세상을 떠났습니다.

"원수들을 사랑하라 …… 그러면 너희는 하늘에 계신 아버지의 자녀가 될 것이다."

성 카밀로 데 렐리스

〈기념 축일: 7월 14일〉

카밀로 데 렐리스는 이탈리아의 아브루소라는 귀족 집안에서 태어났습니다. 그가 어렸을 때 어머니가 돌아가셨기 때문에, 그는 터키와의 전쟁에 군인으로 참전했던 아버지를 따라다녔습니다. 그가 아직 글을 읽지도 쓰지도 못할 만큼 어릴 때의 일이었습니다. 그는 전쟁이 끝나자 아버지를 따라 나폴리로 돌아와 그곳에서 청소년 시절을 보냈습니다. 나폴리에서의 카밀로 데 렐리스의 생활은 별로 모범적이지 못했습니다. 오히려 그는 도박을 좋아했으며, 정서적으로 불안정한 생활을 거의 매일 계속 되풀이했습니다.

어느 날 그는 교회에서 설교를 듣게 되었는데, 크게 감동을 받아 자신의 생활을 반성하게 되었으며, 앞으로는 하느님의 말씀을 따라 생활하겠다는 굳은 결심을 하게 되었습니다. 그는 카푸치노회에 들어가고 싶었지만, 다리에 종양이 생겨 뜻을 이루지 못했습니다. 그는 병을 치료하기 위해 로마에 있는 산 지아코모 병원에 들어갔다가 환자들을 도와주는 간호사가 되었습니다. 카밀로는 필립보 넬리(기념 축일: 5월 26일)의 충고를 받아들여, 병원에서 4년간을 봉사하였습니다. 그는 32살이라는 나이에 사제가 되기 위한 공부를 시작하여 34살에 사제가 되었습니다. 그는 병원에서 봉사할 수 있는 사람들을 모아 환자들을 돌보는 단체를 만들었습니다.

카밀로 성인은 환자들에 대한 특별한 사랑을 지니고 있었기 때문에 그들이 정신적으로 마음의 평화를 얻을 수 있도록, 그리고 빨리 육체의 건강을 회복할 수 있도록 정성을 다하여 돌보았습니다. 그는 젊었을 때부터 종양을 앓고 있던 두 발의 병이 심해져서 걷기도 힘들게 되었지만, 자신의 병을 치료하기보다 다른 환자들을 돌보기 위해 열심히 돌아다녔습니다.

하얀 바탕에 붉은 십자가 무늬로 장식된 간호사의 옷은 전쟁을 비롯한 온갖 재난에서 사람들을 돌보는 일을 하는 카밀로회원들의 제복이 되었습니다. 카밀로 데 렐리스 성인은 헝가리의 성녀 엘리사벳(기념 축일: 11월 17일)과 천주의 성 요한(기념 축일: 3월 8일)과 함께 환자와 간호사들의 수호성인으로 선포되었습니다.

카밀로 성인은 자신이 환자들을 위해 아무런 도움을 줄 수 없을 만큼 늙고 병에 지쳐 있을 때에도 환자들에게 정신적인 위로를 주기 위해서 노력하였습니다.

우리는 카밀로 성인을 "평안한 죽음의 아버지이며 안내자"라고 부릅니다.

성 보나벤투라

〈기념 축일: 7월 15일〉

보나벤투라는 1221년 이탈리아의 토스카나 지방에서 태어나서 요한이라는 이름으로 세례를 받았습니다. 그는 어렸을 때 목숨이 위독할 정도의 아주 큰 병에 걸려 고생을 했습니다. 그런데 아시시의 프란치스코가 그를 방문해 치료를 위한 기도를 하였으며, 그는 기적적으로 빨리 회복되었습니다. 회복된 요한을 보고 프란치스코는 "오 행운이여"라고 외쳤으며, 그 외침에서 보나벤투라라는 이름이 나왔던 것입니다.

보나벤투라는 20살이 되었을 때 파리에서 공부를 마치고 프란치스코회에 들어가 수사가 되었습니다. 그는 도미니코회의 수사였던 친구 성 토마스 아퀴나스와 함께 박사 학위를 받았습니다. 그는 파리 대학의 교수가 되었으며 36살에는 프란치스코회 수도원의 원장을 지냈습니다. 보나벤투라는 요크 지방의 주교로 임명되었지만, 자신에게는 지나친 자리라고 거절하였습니다. 그러나 그는 1273년 또다시 알바노의 주교겸 추기경에 임명되었습니다. 성 보나벤투라는 리옹 공의회에 참석해서 그리스 정교와 라틴 그리스도교의 일치를 위해 많은 노력을 기울였습니다. 그러나 그는 공의회가 열리고 있던 1274년 세상을 떠났습니다.

보나벤투라 성인은 신학 연구와 노력으로 교회의 학자로 선포되었습니다. 그는 아시시의 프란치스코의 놀라운 삶과 고행 주의에 대한 글을 남기고 있습니다.

"예수님의 사랑으로 세상 모든 사람들을 사랑하세요."

갈멜 산의 동정 성모 마리아

〈기념 축일: 7월 16일〉

갈멜 산은 예언자 성 엘리야의 활약을 기록한 열왕기에 그 중요한 역할이 나와 있습니다. 엘리야 성인은 바알을 숭배하는 사람들에게 진정한 하느님은 야훼라는 사실을 갈멜 산에서 증명하였습니다.

십자군 전쟁이 한창 벌어지고 있을 때, 그리스도교에 대한 사라센 제국의 박해를 피해 갈멜 산에 은둔하며 기도와 고행 생활을 하던 사람들은 성모 마리아에 대한 존경을 표시하고 하느님의 은총을 빌기 위해서 수도원을 세우고 그곳에서 생활을 시작했습니다.

1171년 예루살렘의 대사제인 알베르토는 성 바실리오(기념 축일: 1월 2일)의 규칙과 닮은 수도원 규칙을 정하였습니다. 은둔 생활을 하던 이곳의 은둔 수사들은 성 시몬 스톡(기념 축일: 5월 16일)에게 성모님이 나타나서 이곳 갈멜회의 수사들이 스카폴라를 지니고 다니도록 말씀하신 다음부터 보다 분명한 성격을 띤 수도회가 되었습니다.

그러나 엄격했던 갈멜 수도회의 분위기는 시간이 지나면서 조금씩 무뎌지게 되었습니다. 16세기 스페인에서는 아빌라의 성녀 데레사(기념 축일: 10월 15일)가 십자가의 성 요한(기념 축일: 12월 14일)과 함께 갈멜회를 더욱 엄격하고 겸손한 정신을 위해 생활하는 수도회로 바꾸는 데 앞장을 섰습니다.

갈멜의 정신은 묵상 생활과 선교, 그리고 성모 마리아에 대한 사랑으로 표현됩니다. 갈멜의 성모 마리아는 특히 해안 지방에 사는 사람들로부터 존경과 사랑을 받고 있습니다.

"나는 사랑의 어머니이며, …… 희망과 지혜의 어머니이다. 내 안에 하늘의 모든 은총
이 있다."

예언자 성 엘리야

〈기념 축일: 7월 20일〉

엘리야는 구약 성경에 등장하는 중요한 예언자 가운데 한 사람입니다. 그는 예수님이 태어나시기 훨씬 전인 약 900년 전에 티스베에서 태어났습니다. 구약 성경의 열왕기 상편에 보면 엘리야 성인의 활약에 대한 기록이 나와 있습니다. 당시 이스라엘의 왕은 아합이었는데, 대부분의 이스라엘 사람들은 하느님 야훼를 믿는 것이 아니라, 바알을 숭배하고 있었습니다. 엘리야는 이스라엘 사람들에게 그들의 잘못된 생활과 우상 숭배를 비난하였으며, 아합 왕에게도 경고를 하였습니다. 그는 요르단 강 동편에 있는 그릿 개울에서 지내면서 까마귀들이 날아다 주는 떡과 고기를 먹고 지냈습니다.

삼 년이 지난 다음, 야훼의 말씀에 따라 엘리야는 아합을 만나 바알과 야훼 가운데 누가 진정한 하느님인지를 갈멜 산에서 증명해 보였습니다.

얼마 후 아합은 나봇이라는 사람의 포도밭을 탐내 자기 것으로 만들려고 했습니다. 왕비 이세벨은 거짓 소문을 퍼뜨려 나봇이 돌에 맞아 죽도록 만들었습니다. 그러자 마침내 엘리야가 그에게 나타나서 "나봇의 피를 핥던 개들이 같은 자리에서 네 피도

핥으리라” 하고 말하며 야훼도 섬기지 않고 백성들도 함부로 대하는 왕을 비난했습니다. 결국 아합 왕은 자신의 죄를 뉘우치게 되었습니다.

어느 날 이미 노인이 된 예언자 엘리야는 후계자인 엘리사와 함께 산책을 하다 불수레를 타고 하늘로 올라갔습니다.

갈멜 산에서 야훼 하느님의 위대하심을 증명해 보였던 예언자 엘리야는 갈멜회의 수호성인으로 기념됩니다.

“당신, 야훼께서는 사람들의 마음을 바꿔 주시는 하느님이십니다.”

성녀 마리아 막달레나

〈기념 축일: 7월 22일〉

마리아 막달레나는 신약 성경의 네 가지 복음에 모두 등장하는데 예수님을 가장 가까이에서 따라 다녔던 여인입니다.

그녀는 갈릴리 지방의 막달라에서 태어났습니다. 그녀는 자신의 방탕했던 생활을 반성하며 예수님의 발아래 무릎을 꿇고 울면서 회개하였습니다. 마리아는 값진 순 나르드 향유 한 근을 가지고 와서 예수님의 발에 붓고 자기 머리털로 그 발을 닦아 드렸습니다. 사람들은 함부로 생활을 해 왔던 마리아가 예수님의 곁에 있는 것과 값비싼 향유를 마구 낭비하는 것을 불만스럽게 생각했습니다. 그러나 예수님은 "이 여자는 이토록 극진히 사랑을 보였으니 그만큼 많은 죄를 용서받았다"고 말씀하십니다. 마리아의 반성과 회개는 그만큼 진지했고 예수님에 대한 사랑도 그만큼 컸던 것입니다.

예수님은 부활하신 다음 제일 먼저 마리아 막달레나에게 나타나셨습니다. 그녀는 예수님의 부활하심을 제일 먼저 알렸습니다.

성 그레고리오(기념 축일: 5월 9일)의 영향으로 교회에서는 오랫동안 향유를 부은 마리아 막달레나를 마르타의 자매와 혼동을 해 왔습니다. 그러나 오늘날 대부분의 성서 학자들과 로마 교황청에서는 마르타의 자매 마리아와 향유를 붓고 회개를 한 마리아와 같은 사람은 아닐 것이라고 생각하기도 합니다.

"예수께서는 그 여자에게 '네 믿음이 너를 구원하였다. 평안히 가라' 하고 말씀하셨다."

성녀 브리지타

<기념 축일: 7월 23일>

브리지타는 1303년 스웨덴의 귀족 집안에서 태어났으며, 열다섯 살이 되자 스웨덴의 울프 왕자와 결혼했습니다. 그녀는 28년간을 평화롭게 생활했습니다. 브리지타는 여덟 명의 자녀를 낳았는데, 그들은 모두 훌륭한 그리스도인으로 잘 자라났습니다. 스웨덴의 성녀 카타리나(기념 축일: 3월 24일)는 브리지타의 네 번째 자녀입니다.

브리지타는 남편과 함께 야고보 성인의 성지인 스페인의 산티아고 데 콤포스텔라에 다녀온 다음 각자 수녀와 수사가 되기로 결심했습니다. 울프는 먼저 시토회 수사가 되었으며, 브리지타는 자녀들을 모두 키운 다음 스웨덴에서는 가장 규모가 큰 수도원을 세웠습니다. 그녀는 가난하고 병든 사람들을 돌보았으며, 그들의 시중을 들거나 옷을 세탁하고 수선하는 일도 도맡아 했습니다. 수도원은 1366년 정식으로 인정을 받았으며, 지금은 브리지타회 수도원으로 발전했습니다. 브리지타 성녀는 특별히 고통 받는 사람들을 위한 기도와 예수님에 대한 사랑을 위해 글을 남기고 있습니다.

브리지타는 교회가 혼란스러웠던 당시 고향을 떠나 로마에서 살면서 순례와 기도에 전념했습니다. 그녀는 평생의 소원이었던 팔레스티나 성지 순례를 마치지 못하고

1373년 7월 23일 세상을 떠났습니다.

성녀 브리지타는 성 에릭(기념 축일: 5월 18일)과 함께 스웨덴의 수호 성녀로 기념됩니다.

자녀들은 그녀를 훌륭한 어머니로 생각했으며, 남편은 그녀를 존경했습니다.

성 야고보 사도

〈기념 축일: 7월 25일〉

야고보는 그의 동생인 성 요한과 함께 예수님의 제자가 되었습니다. 예수님이 갈릴래아 호숫가를 지나시다가 배 옆에서 그물을 손질하고 있던 제베대오의 아들 야고보와 요한 형제를 보시고는 그들을 부르자, 이들은 곧 배를 버리고 예수님을 따랐습니다. 그때부터 야고보와 요한은 예수님의 수난과 죽음, 부활 등 모든 사건을 옆에서 지켜보았습니다. 예수님은 두 형제의 용기와 정열을 보시고 이들을 "천둥의 아들들"이라고 부르셨습니다.

예수님이 승천하신 다음 야고보는 설교를 하기 위해서 스페인으로 갔습니다. 그는 반석 위에 나타나신 성모 마리아의 꿈을 꾸었는데, 천사들의 안내를 받아 성모님이 꿈에 나타나셨던 장소인 사라고사에 도착해 그곳에 교회를 세웠습니다. 지금도 사라고사 대성당에는 성모 마리아의 기둥이 모셔져 있습니다. 스페인에서의 선교를 마치고 예루살렘으로 돌아온 야고보 성인은 44년 목이 잘리는 형벌을 받고 세상을 떠났습니다. 스페인에서부터 야고보를 따라온 그의 제자 아타나시오와 테오도로는 야고보의 시체를 모셔다가 스페인의 갈리시아 지방에 묻어 주었습니다.

많은 시간이 흘러 알폰소 왕이 스페인을 다스리고 있을 때, 이리아 플라비아(현재

파드론)의 주교는 밤하늘에 신비하게 빛나는 별이 이끄는 길을 쫓아가서 야고보 성인의 시체가 묻혀 있는 곳을 찾을 수 있었습니다. 야고보 성인의 무덤이 있던 곳은 별의 들판이라는 뜻을 지닌 콤포스텔라라고 불리게 되었습니다. 이리아 플라비아의 주교는 812년 그곳에 대성당을 세웠으며, 그때부터 수많은 사람들이 순례를 하는 중요한 성지가 되었습니다.

야고보 성인은 원죄 없는 잉태의 성모 마리아님과 함께 스페인의 수호성인이며, 구아테말라와 니카라구아의 수호성인으로 기념됩니다.

예수님께서 물으셨다. "너희는 내가 마시고자 하는 잔을 마실 수 있겠느냐?"

성 요아킴과 성녀 안나

〈기념 축일: 7월 26일〉

성모 마리아님의 부모에 대해서는 자세한 기록이 남아 있지는 않습니다. 어머니인 성녀 안나는 모든 성덕과 인품, 그리고 성령의 은총을 지니고 있는 가장 강한 여인 가운데 한 사람입니다. 안나 성녀는 두 팔에 아기 예수를 안고 있는 다정한 할머니의 모습으로 기억되고 있습니다. 성 요아킴에 대한 야고보의 기록은 성모 마리아님의 아버지로 기록되었습니다.

두 사람의 영적 지혜와 평화는 마리아를 곱고 훌륭하게 잘 교육시킬 수 있었으며, 화목하고 진실한 분위기의 생활 태도가 우리의 가정에서 얼마나 소중한지 그 의미를 일깨워 줍니다.

요아킴과 안나는 마리아님의 부모가 되고, 예수님의 조부모가 되는 기쁨과 영광을 받았습니다. 그들에게는 손자에 대한 각별한 애정과 상냥함을 보여주는 할아버지 할머니의 모습이 담겨 있습니다.

성녀 안나는 아기를 낳는 여인들을 중재하고 돕는 수호 성녀로 기념됩니다.

주님께서는 당신들을 영원히 축복하셨습니다.

성녀 마르타

〈기념 축일: 7월 29일〉

마르타와 라자로, 그리고 베타니아의 마리아는 남매입니다. 그들은 모두 예수님과 친척이고 친구였으며, 예수님과 제자들을 가까이에서 지켜보았고 그들을 적극적으로 도와주었습니다.

마르타는 언제나 부지런하고 성실했으며 집을 잘 정돈하였습니다. 어느 날 예수님께서 제자들과 함께 그녀의 집에 들렀을 때의 일입니다. 예수님과 제자들의 시중드는 일에 바빠 정신이 없던 마르타는 동생 마리아가 예수님의 주위를 맴돌며 예수님의 말씀을 듣고 있느라고 자신을 거의 돕지 않고 있다는 사실에 그만 화가 나고 말았습니다. 마르타는 예수님께 다가와서 "주님, 제 동생이 저에게만 일을 떠맡기는데 이것을 보시고도 가만 두십니까? 마리아더러 저를 좀 거들어 주라고 일러주십시오" 하고 말했습니다. 그러자 예수님께서는 말씀하셨습니다. "마르타, 너는 많은 일에 다 마음을 쓰며 걱정하지만, 필요한 것은 한 가지뿐이다. 마리아는 참 좋은 몫을 택했다. 그것을 빼앗아서는 안 된다."

라사로가 죽은 지 나흘이나 지난 뒤, 예수님께서 라사로 남매의 집에 도착하셨습니다. 동생 마르타는 예수님을 마중 나가 "주님, 주님께서 여기에 계셨더라면 제 오빠는 죽지 않았을 것입니다. 그러나 지금이라도 주님께서 구하시기만 하면 무엇이든지 하느님께서 다 이루어 주실 줄 압니다." 예수님께서는 대답하셨습니다. "네 오빠는 다시 살아날 것이다." 마르타는 언제나 현실적이었기 때문에 "마지막 날 부활 때에 다시 살아나리라는 것은 저도 알고 있습니다" 하고 대답했습니다.

예수님께서는 이 말을 듣고 "나는 부활이요 생명이니 나를 믿는 사람은 죽더라도 살겠고 또 살아서 믿는 사람은 영원히 죽지 않을 것이다. 너는 이것을 믿느냐?" 하고 물으셨습니다. 그러자 마르타는 "예, 주님, 주님께서는 이 세상에 오시기로 약속된 그리스도이시며 하느님의 아드님이신 것을 믿습니다" 하고 대답하였습니다. 마르타의 믿음과 소망대로 라사로는 다시 살아났습니다.

성녀 마르타는 가정주부와 숙박업소를 운영하는 사람들의 수호성인으로 기념됩니다.

"주님, 주님께서는 이 세상에 오시기로 약속된 구세주이시라는 것을 믿습니다."

성 이냐시오 로욜라

〈기념 축일: 7월 31일〉

이냐시오는 1491년 스페인 바스크 지방의 귀족 집안에서 태어났습니다. 그는 아레발로에서 군사 교육을 받은 다음 나헤라 공작의 기사가 되어 팜플로나 성을 지켰습니다. 그는 1521년 5월 20일 총알이 종아리를 뚫고 지나가는 상처를 입어, 상처가 나을 때까지 쉬어야만 하게 되었습니다. 이냐시오는 상처가 낫는 동안 그리스도의 삶과 성인들의 삶에 대한 책을 읽으면서 시간을 보냈습니다. 이러한 영적 독서는 그의 삶에 커다란 감동으로 나타났으며, 이냐시오는 인간의 영광을 위한 전쟁을 위해서가  아니라, 하느님의 영광을 위해 일하는 하느님의 기사가 되고 싶다는 생각을 하기에 이르렀습니다.

1522년 아직 상처가 제대로 아물지는 않았지만, 이냐시오는 몽세라 성지로 순례를 가서 그곳에서 새로운 삶을 위한 기도와 명상을 시작했습니다. 그는 환상 속에서 성모님을 뵐 수 있었으며, 이제까지와는 완전히 다른 새로운 삶을 살기로 결심했습니다. 이냐시오 로욜라는 중세의 기사들이 자신들이 신봉하는 무기를 놓고 밤을 새우며 기사로서 자신의 마음을 집중하였던 것처럼, 매일 밤을 가난한 생활과 회개의 삶을 생각하며 '하느님의 더 큰 영광을 위해' 싸우는 영적 기사로서 밤을 밝히곤 했습니다.

이냐시오는 만례사 동굴에서 1년가량을 머물면서 『영신 수련』을 썼습니다. 이 책은 스페인을 비롯한 세계 곳곳으로 퍼져 나가 수많은 그리스도인들의 신앙생활에 큰 도움이 되었습니다. 이냐시오는 1523년 먼저 팔레스티나 성지를 순례하려고 하였지만 이슬람교도들의 횡포 때문에 성지 순례를 마치지 못했습니다.

그는 바르셀로나에서 라틴어를 공부했고 알칼라 대학과 살라망카 대학에서 철학을 공부했습니다. 그는 1528년부터 1535년까지 파리에 머물면서 여섯 명의 동료를 만나게 되었습니다. 이냐시오는 그들과 함께 순종, 청빈, 정결의 서약과 교황의 선교 활동을 위해 봉사하는 서약을 하는 새로운 단체를 만들었습니다. 여섯 명 가운데 한 사람은 프란치스코 사베리오였습니다. 그들은 이냐시오 데 로욜라를 초대 원장으로 정했으며, 새로운 단체의 이름을 예수회로 이름 짓고 세계 각지에서 선교를 위한 활동을 시작하였습니다.

"세상을 모두 얻는다 해도 자신의 영혼을 잃는다면 무슨 소용이 있을까요?"

8월

성 알폰소 마리아 리구오리

〈기념 축일: 8월 1일〉

알폰소 마리아는 1696년 이탈리아의 귀족 집안에서 태어났습니다. 어릴 때부터 지적으로 뛰어났던 알폰소는 13살에는 하프시코드를 연주했고, 그림을 그렸으며, 시를 짓는 등 많은 능력을 보여주었습니다. 그는 16살이 되면서 법률 공부를 이미 마쳤습니다. 어린 나이에 변호사로 명성을 떨쳤지만, 곧 법이라는 인간의 규칙이 얼마나 허무한 것인가를 깨달았습니다. 알폰소 마리아는 26살이 되던 해 장남으로서 물려받은 막대한 재산을 모두 포기하고 사

제가 되기 위한 공부를 시작했습니다. 사제가 된 알폰소는 다른 동료 사제들과 함께 가장 가난한 농촌 지역에서 선교와 봉사 생활을 하였습니다. 그는 1732년 레뎀토리스트 수도회를 세웠습니다. 그러나 병에 걸려 더 이상 적극적인 활동을 할 수 없게 되자, 이번에는 윤리 신학에 대한 연구와 저술에 많은 시간을 보냈습니다. 모든 사람들에게 사랑을 실천하면서 그리스도교적 사명을 완수하자는 그의 윤리 신학에 대한 태도는 현대 그리스도교에 많은 훌륭한 영향을 미쳤습니다.

1762년 교황은 알폰소 마리아 리구오리를 팔레르모의 주교로 임명했습니다. 그는 목이 앞으로 구부러지는 류머티즘에 걸려 앉아서 미사를 집전해야 할 정도로 건강이

안 좋았지만 설교를 계속하였습니다. 더 이상 거의 보지도 듣지도 못하며, 몸을 움직일 수도 없을 만큼 건강이 악화되자 성 알폰소 마리아는 자신이 세운 수도원에 살면서 기도와 명상에만 전념하였습니다.

그는 엄격한 신앙생활만을 강조하는 이단 얀센파에 대항해서 신앙이란 자비와 사랑의 윤리적 실천이 중요하다는 점을 강조하였습니다. 성 알폰소 마리아는 1787년 세상을 떠났습니다.

"하늘에 계신 우리 아버지……."

성 요한 마리아 비안네

〈기념 축일: 8월 4일〉

요한 마리아는 1786년 프랑스의 농촌에서 태어났습니다. 그가 아주 어렸을 때 프랑스 혁명이 일어났는데, 혁명은 시골의 가난한 농부들에게도 많은 어려움을 가져왔습니다. 그리스도교를 나쁜 시선으로 보는 사람들이 첫 영성체 예식을 눈치 채지 못하도록 창문을 건초로 덮어 가려야만 했을 정도였습니다.

19살이 될 때까지 아버지를 도와서 농사일만을 계속했던 요한 마리아는 늦은 나이에 공부를 시작하고 싶어 했습니다. 사제가 되고 싶었기 때문이었습니다. 불가능한 것으로 보이던 힘든 공부를 무사히 끝낸 요한은 결국 사제가 될 수 있었습니다. 그는 종교에는 아무런 관심도 없는 사람들로 가득한 아르스란 작은 고장의 주임 사제로 발령을 받았습니다. 그러나 요한 마리아 비안네는 감사한 마음으로 자신의 본당 신자들을 위해 평생을 바쳤습니다. 종교에 아무런 관심도 없던 주민들은 요한 신부의 진실하고 성실한 생활 태도에 감동을 받았습니다. 시간이 지나면 수많은 사람들이 기적처럼 본당 교회에 몰려들어 요한 마리아의 설교를 듣거나 충고를 듣고 싶어 했습니다. 요한 마리아는 보통 사람으로서는 상상하기도 힘들 정도로 헌신적으로 본당 신자들을 위해 매일 매일을 바쳤습니다. 그는 특히 고해 신부로서 자신의 역할에 최선을 다했는데, 뜨거운 여름이건 추운 겨울이건 하루에 16시간 이상 고해 성사를 주었습니다. 요한 마리아 신부의 이러한 헌신적인 태도가 주민들에게 알려지자 교회로부터 멀어졌던 사람들이 이곳저곳에서 몰려들어 교회는 언제나 사람들로 붐볐습니다.

요한 마리아 데 비안네 성인은 모든 본당 신부의 모범이며 수호성인으로 기념됩니다.

혁명이 일어났던 격동의 어려운 시절에도 그는 평정심을 잃지 않는 **"하느님의 증거자"**였습니다.

성 도미니코

〈기념 축일: 8월 8일〉

도미니코(도밍고)는 1170년 스페인 카스티야의 부르고스 지방에서 유명한 가문인 구스만 집안에서 태어났습니다. 그는 어렸을 때부터 예술과 문학, 신학 등을 공부했습니다. 그는 사제가 된 다음 오스마 대성당의 주임 신부가 되어 평범한 사도적 생활을 시작했습니다. 그러나 1203년 복자 디에고 아세베도(기념 축일: 2월 6일) 주교를 따라 알폰소 8세 국왕을 대신해서 덴마크 왕실의 결혼식에 참석하는 여행을 하면서 새로운 경험을 하게 되었습니다. 프랑스 남부를 지나고 있을 때 그는 이단인 알비파를 만났습니다. 그들은 놀라울 정도로 금욕과 절제의 생활을 하고 있었지만, 지나치게 고행만을 강조하는 생활을 따르면서, 예수님의 강생과 부활, 성사 등 거의 모든 그리스도교의 믿음과 의식을 무시하거나 부정하였습니다.

도미니코는 이단과 싸워야 하는 교회의 힘겨운 처지를 느끼고, 이단과 대항하여 진리를 선교해야 하겠다는 필요성을 깨닫게 되었습니다. 그는 1206년 툴르즈에 그리스도교로 개종한 사람들을 위한 수도원을 세웠습니다. 도미니코는 이곳에서 이방인이나 이단자들에게 그리스도교에 대한 교육과 설교를 할 수 있는 전문가들을 교육시켰습니다. 툴르즈에서 시작된 수도원은 파리, 볼로냐, 로마, 마드리드, 세고비아 등으로 넓게 퍼져 나갔습니다.

도미니코는 예수님의 일생을 열다섯 가지의 일화로 알기 쉽게 줄여서 설교를 했으며, 이러한 과정을 성모 마리아의 입장에서 묵상하며 기도하는 방법을 알려주었습니다. 이것이 바로 유명한 로사리오기도(묵주기도)의 기원입니다.

전해져 오는 전설에 의하면 어느 날 그는 꿈을 꾸었는데, 타락한 세상이 성모님의 중재 때문에 구원받는 장면이었다고 합니다. 그때 성모님이 함께 일을 할 두 아들을 선택하였는데, 한 사람은 자신이었고, 다른 사람은 누더기를 걸치고 있던 아시시의 프란치스코였다고 합니다. 이러한 이유 때문에 도미니코회와 프란치스코회는 두 성인의 축일을 축하하는 미사를 각각의 수도회에서 모두 바칩니다.

성 도미니코 1221년 볼로냐에서 세상을 떠났습니다. 그의 무덤에는 아름다운 교회가 들어서 있습니다.

"신자들의 영혼은 성모 마리아의 보호를 필요로 합니다."

성 후스토와 성 파스토르

〈기념 축일: 8월 9일〉

후스토와 파스토르는 형제였습니다. 그들은 스페인의 알칼라 데 에나레스에서 태어났습니다. 304년 그리스도교에 대한 박해가 무척 거세던 때, 디오클레치아노와 막시미아노 로마 황제으로부터 박해 명령을 받은 스페인의 다치아노 총독은 남자, 여자, 노인, 어린이 구분 없이 모든 그리스도인들을 닥치는 대로 잡아들여 잔인한 고문을 했습니다. 후스토는 13살이었으며 파스토르는 이제 겨우 9살이었습니다. 두 소년은 다치아노 총독이 알칼라 데 에나레스 시내를 지나가는 순간 용감하게 앞으로 뛰어나가  "우리는 예수 그리스도를 위해 죽을 준비가 되어 있습니다"라고 외쳤습니다. 다치아노의 병사들은 아이들을 채찍으로 때렸습니다. 그러나 어린 소년들은 자신들의 잘못을 빌기는커녕 서로 용기를 잃지 말라고 격려하면서 채찍의 아픔을 참아 내는 것이었습니다. 화가 난 병사들은 때리기에도 지쳐서 사람들이 보지 않는 곳으로 데리고 가 커다란 바위 위에서 목을 구부리게 한 다음 목을 잘라 죽였습니다. 이 무자비한 일은 304년 8월 8일에 벌어졌습니다.

프루덴시오는 후스토와 파스토르의 순교 이야기를 기록에 남겨 스페인의 영광스러운 순교자 가운데 올렸습니다.

성 후스토와 성 파스토르는 스페인 마드리드와 알칼라 교구의 수호성인으로 기념됩니다.

"후스토 형제의 영혼은 하느님의 품에 안겨 있습니다. 영원한 죽음의 공포도 그들의 영혼을 망설이게 만들지 못했습니다."

성 라우렌시오

〈기념 축일: 8월 10일〉

라우렌시오(로렌소)는 스페인 우에스카에서 태어났지만 자세한 기록은 남아 있지 않습니다. 분명한 사실은 그가 교황 성 식스토 2세(기념 축일: 8월 7일) 때 로마 교회의 부제였다는 것과 교회의 재산 관리를 담당하고 있었다는 사실입니다. 258년 8월 6일 발레리아노 황제의 박해 동안 성 식스토 2세 교황은 로마의 지하 성당에서 신자들과 함께 미사를 드리다가 황제의 병사들에 의해 죽임을 당하였습니다. 그러나 병사들은 함께 있던 라우렌시오를 죽이지 않고 황제에게 끌고 갔습니다.

황제는 살려줄 테니 제발 그리스도교를 포기하고 교회가 가지고 있는 모든 재산을 성큼 내놓으라고 라우렌시오를 설득하였습니다. 황제는 가난한 사람들에게 재산을 아낌없이 나누어주는 그리스도인들의 행동을 보고 이들이 틀림없이 많은 재산을 가지고 있을 것이라고 생각했던 것입니다. 라우렌시오는 황제에게 교회는 어렵고 가난한 사람들을 도우면서 그들과 함께 살아가기 때문에, 세속적인 재산이란 없다고 대답했습니다. 계속 황제가 교회의 재산을 내놓으라고 협박하자, 라우렌시오는 교회의 가장 큰 재산은 교회를 이루고 있는 수많은 신자들이라고 대답했습니다. 화가 난 로마 황제는 그를 천천히 불에 태워 죽이라는 화형 명령을 내렸습니다. 병사들은 라우렌시오 성인을 불타오르는 장작더미 위의 석쇠에 눕혔습니다. 죽기 전 라우렌시오는 사형 집행인들에게 "자 이제 잘 구워졌을 테니, 반대쪽을 구워 내 살을 잡수시오"라고 여유 있게 말했다고 합니다.

라우렌시오 성인은 성녀 아게다(기념 축일: 2월 5일)와 성 플로리안(기념 축일: 5월 4일)과 함께 소방관들의 수호성인으로 기념됩니다.

"가난한 사람들이 바로 저희들의 재산입니다."

성녀 클라라

〈기념 축일: 8월 11일〉

클라라는 1194년 이탈리아의 아시시에서 태어났습니다. 그녀는 18살이 되던 해, 성 프란치스코의 복음적 가난의 사상에 감동을 받아, 예수 그리스도를 섬기며 일생을 보내겠다는 결심을 하였습니다. 그녀는 집을 떠나 포르지웅쿨라에서 수녀가 되기로 하고 성 파울로의 베네딕토 수녀원에 들어갔습니다. 클라라의 가족은 화가 나서 수도원으로 달려갔지만, 제대에 매달려 완강하게 버티는 그녀의 생각을 꺾을 수는 없었습니다. 클라라는 얼마 후 성 다미안 교회 옆에 있는 작은 집에서 수도 생활을 계속하였습니다.

처음에는 클라라의 여동생인 야네스가 수도 생활을 위해 그녀를 찾아왔고, 얼마 지나지 않아 그녀의 어머니와 다른 사람들이 성 다미안 수도원으로 모여들었습니다. 이렇게 해서 클라라 수녀회가 시작되었습니다. 성녀 클라라는 아직 수녀원에서는 시작되지 않고 있던 회개와 엄격한 생활을 실천하였습니다.

성녀 클라라는 원장으로서 40년이 넘는 긴 세월을 수도원 생활을 하였습니다. 그동안 수많은 교황과 추기경을 비롯한 주교들이 그녀와 상담을 하기 위해 수도원을 찾아오곤 하였습니다.

클라라와 그녀의 추종자들은 프란치스코가 정해 준 규칙에 맞추어 세상과는 동떨어진 채 청빈과 엄격함, 그리고 단순한 생활을 지켜 나갔습니다. 그녀는 수녀들이 너무 엄격하고 힘든 고행 생활을 하지는 않도록 설득하였지만, 가난한 마음과 복음을 위한 정신만은 매우 중요하게 강조하였습니다.

어느 날 사라센 제국의 군인들 10,000여 명이 아시시를 침략해서 성 다미안 수도원 앞에까지 나타났을 때, 클라라는 성체함을 들어 기도를 드리며 군인들이 물러나도록 기도했습니다. "주님, 당신을 찬미하는 영혼들을 이들 이교도들의 손에 넘겨주지 마시옵소서. 당신의 고귀한 피로 구원해 주신 저희 여종들을 보호해 주소서." 또한 수녀들에게는 "두려워하지 말고, 예수 그리스도께 의지하십시오" 하고 말했습니다. 결국 사라센 제국의 군인들은 수도원을 침입하지 않고 다른 곳으로 물러나고 말았습니다.

성녀 클라라는 성 프란치스코의 수도원 정신을 본받아 동료이자 정신적 동반자로서 수도원 운동에 중요한 역할을 했습니다.

"모든 죄에서 벗어나야 합니다. 그리고 언제나 우리 주 예수 그리스도를 본받으려 노력합시다."

성 막시밀리아노 콜베

〈기념 축일: 8월 14일〉

현대 사회에서 다른 사람들을 위한 진정한 용기를 보여주고 자신의 목숨을 희생하는 위대한 사랑을 보여주는 대표적인 인물이 바로 막시밀리아노 콜베 성인입니다.

막시밀리아노는 1894년 폴란드에서 태어났습니다. 그는 젊어서 프란치스코회 수사가 되었습니다. 그는 건강이 좋지 않았지만 폴란드와 일본 등지에서 성모 마리아님을 통해 그리스도교의 신앙을 새롭게 하기 위해 열심히 일했습니다.

나치 독일이 폴란드를 점령하고 있었을 때, 그는 약 2천 명가량의 유태인들과 피난민들을 돕기 위한 구출 작전을 비밀리에 진행하고 있었습니다. 그는 많은 사람들을 구할 수 있었지만, 결국 나치 병사들에게 발각되어 아우스비치에 있는 강제 수용소에 잡혀갔습니다.

강제 수용소에서의 거칠고 두려운 생활 속에서도 막시밀리아노는 잡혀 있는 사람들의 정신적이고 신체적인 건강을 염려하고 그들에게 마음의 평화를 주기 위해 많은 노력을 하였습니다. 그는 어느 날 사형 선고를 받은 포로를 대신해서 자신이 죽을 수 없겠느냐면서 간수들에게 애원을 하였습니다. 간수들은 모여서 의논을 했고, 결국 그의 소원대로 사형수 대신 죽게 해주겠다는 결정을 내렸습니다.

막시밀리아노 콜베 성인은 1941년 8월 14일 동료 포로들의 기도와 노래 속에 세상을 떠났습니다.

"나의 주님, 저의 기도를 들어주십시오. 제 영혼이 두려움으로부터 자유롭게 해주십시오."

성모 승천

〈기념 축일: 8월 15일〉

성모 승천 대 축일은 6세기부터 기념되었으며, 성모님의 육체와 영혼이 함께 하늘로 모셔진 것을 기념하는 날입니다. 성모님은 예수 그리스도를 순결을 잃지 않고 동정으로 잉태하였기 때문에 성모님의 육체는 영혼과 마찬가지로 깨끗한 상태로 하늘로 모셔질 수 있었습니다. 원죄없는 잉태인 것입니다.

이 믿음은 교의로서 정의되고 있는 것은 아니지만, 신자들과 신학자들에 의해서 굳은 믿음으로 정착되었으며, 하느님의 섭리로서 받아들여지고 있습니다.

성모 마리아님은 평생을 예수님을 보살피고 돌보며 일생을 보냈으며, 예수님이 승천한 다음에는 제자들과 함께 복음을 전하는 역할을 하였습니다. 성모 마리아는 죽은 다음에 부활하여 인간으로서는 처음으로 육체와 영혼 모두 승천하는 영광을 받았습니다.

"마리아는 천사들의 환호 가운데 천상으로 불러올려 지셨습니다. 알렐루야!"

성 타르시치오

〈기념 축일: 8월 15일〉

타르시치오는 교황 칼릭스토 1세(기념 축일: 10월 14일)의 복사였습니다. 어느 날 교황은 지하 동굴에서 미사를 드리던 중, 사람들에게 말했습니다. "마메르티나 감옥에 갇혀 있는 그리스도인들은 곧 서커스단의 맹수들에게 잡아먹히게 될 것입니다. 그러니 그들에게 성체를 가져다주고 싶은데 누가 성체를 전해 줄 수 있을까요?"

그것은 정말 어렵고 위험한 일이었습니다. 발레리아노 황제의 박해가 너무나 심해서 사람들의 행동이 조금만 의심스러워도 병사들에게 잡혀서 감옥에 갇히는 무서운 시절이었기 때문이었습니다. 그때 어린 타르시치오가 위험한 일을 하기로 나섰습니다. 타르시치오는 자신이 어린아이이기 때문에 황제의 병사들이 자기를 발견해도 아무런 의심도 하지 않을 것이라고 생각했던 것입니다. 칼릭스토 교황은 잡혀 있는 그리스도인들에게 성체를 가져다 줄 위험한 일을 타르시치에게 맡길 수밖에 없었습니다.

타르시치오는 가슴에 성체함을 넣고는 조심스럽게 길을 떠났습니다. 그는 맡은 일을 무사히 마치기 위해서 앞만 보면서 걸었습니다. 그러자 그의 행동을 이상하게 생각한 동네 불량스런 소년들이, 그에게 무엇을 숨기고 있느냐면서 시비를 걸었습니다. 타르시치오는 그리스도를 모르는 이교도 아이들이 성체함을 발견하면 어떤 거친 행동을 할지 알 수 없었기 때문에, 절대로 가슴에 품고 있던 성체함에 대해서는 입을 열지 않았습니다. 이교도 아이들은 힘으로 성체함을 뺏으려다 어려워지자, 타르시치오를 마구 때리고 그에게 돌멩이를 던져 댔습니다. 타르시치오는 이교도 아이들이 성체를 함부로 만지고 부술지도 모른다고 생각하고 죽어 가면서도 성체함을 놓치지 않았습니다. 타르시치오는 의식을 잃은 채 땅바닥에 쓰러져 있으면서도 가슴에서 손을 떼지는 않았습니다. 결국 그는 성체를 지키려다 목숨을 잃었습니다.

타르시치오는 성 칼릭스토의 지하 동굴에 묻혔으며, 나중에 다마소 교황은 그의 용기와 희생을 기억할 수 있도록 그의 무덤 위에 비석을 새기도록 하였습니다.

성 타르시치오는 첫 영성체를 하는 모든 소년 소녀들의 수호성인으로 기념됩니다.

"소년은 예수님의 성체가 더럽혀지는 것보다는 자신의 죽음을 택했습니다."

성 베르나르도 아빠스

〈기념 축일: 8월 20일〉

베르나르도는 프랑스의 디종 지방에서 1090년 태어났습니다. 귀족 집안의 귀한 아들로 곱게 자란 베르나르도는 멋지고 잘생긴 청년으로 성장했습니다. 그는 22살이 되던 해, 이제 막 창설된 시토 수도원에 들어갔습니다. 몇몇 친구들은 그에게 "미친 짓"이라면서 놀려대기도 했지만, 곧 많은 친구들이 그의 행동과 생각을 따르기 시작했습니다. 얼마 시간이 지나지 않아 30명이나 되는 친구들이 그를 따라 시토 수도원에 들어갔습니다.

베르나르도는 25살이라는 젊은 나이에 벌써 새로운 수도원을 세우는 일을 맡게 되었습니다. 그는 또한 새로운 수도원의 원장으로 다른 사람들에게 모범이 되는 바람직한 생활 태도를 보여주었습니다.

그는 시토회를 개혁하였으며, 68개의 수도원을 세워 "베르나르도 수도원"이라고 이름 붙였습니다. 또한 그는 교황과 여러 왕들의 조언자였으며, 제2십자군의 설교자였습니다. "베르나르도는 등에 12세기를 짊어지고 있었다"는 말은 그의 역할이 역사적으로 얼마나 중요했는가를 보여주고 있습니다.

베르나르도 성인은 성모 마리아님의 위대함에 대한 놀랄 만큼 부드러운 글들을 남기고 있으며, "예수 그리스도님의 성혈을 수정 항아리에 담아 옮기듯" 기도하고 있습니다.

베르나르도 성인의 설교는 매우 효과적이어서 제2십자군을 위해 수많은 사람들이 모여들었습니다. 비록 그가 처음 생각했던 순수한 십자군 운동이 제대로 이루어지지는 못했지만, 그의 웅변과 설교는 그만큼 대단했던 것입니다. 그는 340편이 넘는 설교문을 남기고 있으며, 400편 가량의 편지와 12편의 신학적 내용의 글을 남기고 있습니다.

성 베르나르도는 지브롤터 해협과 농부들의 수호성인으로 기념됩니다. 그는 그리스도 신앙을 지키며 일을 해 왔기 때문에 흰색의 개로 표현되곤 합니다.

"오, 자비하시고 사랑이 많으신 성모 마리아여!"

리마의 성녀 로사

〈기념 축일: 8월 23일〉

로사의 원래 이름은 이사벨 플로레스였습니다. 그녀는 1586년 현재 페루의 수도 리마에서 태어나서 1617년 세상을 떠날 때까지 같은 집에서 계속 살았습니다. 그녀는 아메리카 대륙에서 최초로 성인품에 올랐습니다.

스페인 출신인 로사의 부모님은 아름답게 성장한 그녀를 또래의 다른 처녀들처럼 서둘러 결혼시키려고 했습니다. 수녀원에 가고 싶어 하는 로사의 뜻을 꺾기 위해서였습니다. 결국 로사는 성 도미니코 수도회의 제3회원으로 자기 집에서 동정으로 살면서 수도 생활을 시작했습니다.

로사는 특별히 기도와 고행을 많이 하였지만, 자신의 노력이 너무나 보잘것없어서 하느님께서 실망하실까 봐 언제나 부끄러운 마음으로 열심히 노력하였습니다. 로사에게 기도하는 일은 정말 아무런 힘도 들지 않는 편하고 좋은 것이었습니다.

집에서 나갈 수가 없었던 로사는 자유롭게 밖을 돌아다니면서 하느님의 복음을 전하는 생활을 하는 꿈을 꾸었습니다. "고행복을 입고 십자가를 손에 든 채 맨발로 모든 도시를 돌아다니면서 죄의 회개와 고행을 위해 설교를 하고 싶어요. 밤이 되면, 사람

"

들에게 죄악에서 벗어나 영원한 형벌을 피할 수 있도록 회개하고 고행하는 생활을 하라고 외치며 거리를 다니렵니다." 그녀는 예수님의 고통을 생각하면서 어렵고 힘든 일과 기도를 너무나 즐거운 마음으로 받아들였습니다.

로사 성녀는 자신의 집에 방을 하나 새로 마련해서 무의탁 어린이와 노인들을 돌보았습니다. 그러나 몸이 약했던 로사는 31살의 젊은 나이로 세상을 떠났습니다.

성녀 로사는 중앙아메리카의 수호 성녀이며, 꽃을 가꾸는 사람들의 수호 성녀로 기념됩니다.

"제게 더욱 큰 고통을 주세요. 그러나 주님, 인내도 주시옵소서."

성 바르톨로메

〈기념 축일: 8월 24일〉

바르톨로메는 가나 지방에서 태어났습니다. 그의 본명은 나타나엘 바르 톨마이로서 '톨로메오의 아들'이란 뜻입니다. 그의 부모는 평범한 일꾼이었습니다.

어느 날 성 필립보 사도(기념 축일: 5월 3일)는 예수님의 부탁을 받고 나타나엘 바르톨로메를 예수님께 데려가려고 바르톨로메를 설득했습니다. "우리는 모세의 율법서와 예언자들의 글에 기록되어 있는 분을 만났소. 그분은 요셉의 아들 예수인데 나자렛 사람이오" 하고 필립보는 말하였습니다. 그러나 나타나엘은 "나자렛에서 그토록 좋은 일이 일어날 수 있단 말입니까?" 하고 물었습니다. 그래서 필립보는 "자, 이리 와서 그분을 뵙도록 하시오"라고 권하였습니다.

예수님께서는 나타나엘이 다가오는 것을 보시고 "이 사람이야말로 정말 이스라엘 사람이다. 그에게는 거짓이 조금도 없다" 하고 말씀하셨습니다. 나타나엘이 "어떻게 저를 아십니까?" 하고 물었고, 예수님은 "필립보가 너를 찾아가기 전에 무화과나무 아래 있는 것을 보았다"고 말씀하셨습니다. 그러자 감동을 받은 나타나엘 바르톨로메는 "선생님, 선생님은 하느님의 아들이시며 이스라엘의 왕이십니다" 하고 외쳤습니다. 그러나 예수님께서는 "네가 무화과나무 아래 있는 것을 보았다고 해서 나를 믿느냐? 앞으로는 그보다 더 큰 일을 보게 될 것이다" 하시고 "정말 잘 들어 두어라. 너희는 하늘이 열려 있는 것과 하느님의 천사들이 하늘과 사람의 아들 사이를 오르내리는 것을 보게 될 것이다" 하고 말씀하셨습니다.

바르톨로메는 예수님이 하늘에 오르신 다음 소아시아를 시작으로 인도와 아르메니아를 거치는 설교 여행을 하였습니다. 그는 71년 산 채로 살 껍질을 벗기우는 잔인한 형벌을 받으며 목숨을 잃었습니다. 성 바르톨로메의 유해는 티베 강의 작은 섬에 세워진 교회에 모셔져 있습니다.

"언젠가 당신들은 하늘이 열려 있는 것을 보게 될 것이며, 천사들이 사람의 아들을 시중드는 것을 보게 될 것입니다."

성녀 마리아 미카엘라

〈기념 축일: 8월 24일〉

마리아 미카엘라는 1809년 스페인의 수도 마드리드에서 태어났습니다. 그녀는 우르술라회 수녀원에서 교육을 받았습니다. 기본적인 학교 교육을 마친 다음 미카엘라는 스페인 대사였던 오빠 베가 델 포소 백작을 따라 프랑스로 갔습니다. 그녀는 고향인 마드리드에서나 파리 혹은 벨기에 어느 곳에서나 아픈 사람들, 특히 아픈 어린이들을 돌보는 봉사 활동을 주로 했습니다. 1850년 마리아 미카엘라는 도움을 필요로 하는 어린이들을 돌보고 그들과 함께 지낼 수 있는 집을 마련하고  그곳에서 살면서 어린이들에게 학교와 집에서는 받을 수 없었던 그리스도 교리에 대해 자세하게 공부를 가르쳐 주었습니다.

성녀 마리아 미카엘라는 성체 조배에 대한 큰 애정을 갖고 있었기 때문에 자신의 이름을 성체의 마리아 미카엘라로 바꾸었습니다.

1865년 마드리드에서 아이들을 보살피고 있던 미카엘라 성녀는 발렌시아에 콜레라에 전염된 아이늘이 있다는 소식을 듣고 그곳으로 달려갔습니다. 그러나 마리아 미카엘라 성녀는 병에 걸린 아이들을 돌보기 시작한 지 얼마 지나지 않아 자신도 콜레라에 전염되고 말았습니다. 결국 그녀는 콜레라로 목숨을 잃었습니다.

"하느님의 일을 할 수 있다면, 죽음도 두렵지 않습니다."

성녀 모니카

〈기념 축일: 8월 27일〉

모니카는 332년 북아프리카의 타가스테에서 태어났습니다. 그녀는 그리스도인 집안에서 자랐기 때문에 그리스도 신앙을 가질 수 있었지만, 그녀의 남편은 이교도였습니다. 그녀는 남편과의 사이에 세 명의 자녀를 두었습니다. 그러나 남편 파트리시오는 성격이 거칠었으며, 여자관계도 복잡했습니다. 게다가 심술궂은 시어머니의 간섭도 견디기가 쉽지 않았습니다. 그러한 아버지의 영향을 받은 아들 아우구스티누스는 비도덕적이고 방탕한 생활에 조금씩 빠져들고 있었습니다.

그러나 모니카는 가족들의 비도덕적이고 불성실한 생활 태도를 비난하지 않았습니다. 그녀는 오히려 "주님, 저는 당신의 자비로 제 남편이 당신을 믿고, 순수한 사람으로 돌아올 수 있을 것이라는 사실을 소망해 왔습니다"라고 겸손하게 고백할 뿐입니다. 모니카는 가족들을 이렇듯 굳게 믿어 주었던 것입니다. 결국 모니카의 기도와 모범적인 생활 태도에 감명을 받은 시어머니와 남편은 그리스도인으로 영세를 받았습니다.

마니교인이 되어 비도덕적인 생활을 하던 아들 아우구스티누스도 어머니의 성실한 그리스도인의 생활 태도에 깊은 감동을 받아 자기 자신의 오만했던 생활을 반성하고 진정한 그리스도인으로 돌아왔습니다. 386년 모니카가 56살이 되었을 때, 33살이 된 아우구스티누스는 그리스도인으로서 교회의 품으로 돌아왔습니다. 결국 회개하고 돌아온 아우구스티누스는 그리스도 교회를 위한 위대한 업적을 이룩하였습니다.

387년 로마 근처 오스티아에서 아들과 함께 아프리카로 돌아가는 여행을 떠나려던 성녀 모니카는 세상을 떠나고 말았습니다. 아우구스티누스 성인의 『고백록』에는 어머니인 성녀 모니카의 모범적인 생활에 대한 여러 기록이 남겨져 있습니다.

성녀 모니카는 착하고 현명한 부인과 존경받는 어머니로서 그리스도인들의 모범이 됩니다.

"그날 밤 저는 어둠을 틈타 몰래 도망을 쳤고 어머니는 우시면서 기도를 하고 계셨습니다."

성 아우구스티누스

〈기념 축일: 8월 28일〉

아우구스티누스는 354년 북아프리카 타가스테에서 태어났습니다. 그의 어머니는 성녀 모니카로 그리스도교의 모범적인 어머니였습니다. 방탕했던 아버지의 영향을 받아 아우구스티누스는 야심만만하고 거만한 젊은이로 성장하였습니다. 그는 문법과 수사학을 공부했으며, 젊은 나이에 교수가 되어 고향인 카르타고와 로마, 밀라노 등지를 돌아다니면서 비도덕적인 생활을 하였습니다. 모니카는 그러한 아들이 겸손한 자세를 배우지 못하고 오만하고 비도덕적인 생활을 계속할 것을 염려하였습니다. 그녀는 아들의 정신적인 타락을 걱정하며 그가 진정으로 자신의 삶의 태도를 반성하고 올바른 그리스도인으로서 도덕적이고 종교적인 생활을 하도록 언제나 기도하기를 게을리 하지 않았습니다. 어느 날 밀라노에 머물던 그는 우연히 성 암브로시오의 설교를 듣고 감동을 느꼈습니다.

아우구스티누스는 아들 성 아데오다토와 함께 영세를 받았습니다. 그의 영세는 어머니 성녀 모니카를 크게 감동시켰습니다.

그리스도인으로 영세를 받은 아들 아우구스티누스는 36살에 사제가 되었으며, 41살에는 주교가 되었습니다. 그는 『고백록』에서 자신의 회개와 어머니의 기도를 비롯한 많은 일을 기록하여 남기고 있습니다. 아우구스티누스는 41살에 히포나의 주교로 임명되어 그곳에서 오랫동안 활동을 하였는데, 특히 아프리카 교회의 발전에 많은 영향을 끼쳤습니다.

그는 430년 8월 28일 반달족이 히포나를 침략하고 있는 동안 세상을 떠났습니다.

"저희의 마음은 저희가 마침내 당신 안에 쉴 수 있을 때까지 불안하게 떠돌 뿐입니다."

성 도밍고 델 발

〈기념 축일: 8월 31일〉

도밍고는 1243년 스페인 사라고사에서 태어났습니다. 그는 어린 나이에 세상을 떠났기 때문에 애칭형인 도밍기토라고도 불립니다. 도밍고는 사라고사 대성당의 복사였습니다.

어린 도밍고는 신부님을 도와 몇 시간씩 미사 준비를 하거나 혼자 기도를 드리면서 교회에서 행복한 시간을 보내곤 했습니다. 그는 미사 도구를 제자리에 챙겨 놓고 미사 시간을 알리는 종을 울리며 촛불을 켜고 끄는 일을 맡았습니다. 아직 어린 도밍고에게 미사 시간을 알리기 위해 종탑

의 종을 시간에 맞춰 울리는 일은 쉬운 일이 아니었지만, 그는 기쁜 마음으로 자신의 일을 했습니다.

어느 날 미사가 끝나고 혼자 텅 빈 교회에 남아 있게 되었을 때, 도밍고는 과격한 유대인 신자들에 의해 납치되었습니다. 그들은 그리스도교를 무조건 싫어하는 광신적인 사람들이었는데, 아무런 죄도 없는 일곱 살짜리 어린 도밍고를 예수님의 고난과 십자가형을 재현한다면서 벽에 못 박았습니다. 어린 도밍고는 벽에 십자가형으로 못 박혀 목숨을 잃고 말았습니다. 1250년 8월 31일의 일이었습니다. 광신자들은 어린 도

밍고의 연약한 손과 발에 커다란 못을 박아 벽에 세워 죽였던 것입니다. 티 없이 맑고
깨끗한 영혼으로 즐겁고 행복하게 교회의 일을 돕던 복사 도밍고는 천사가 되어 하늘
나라에서 미사를 돕고 있을 것입니다.

    "하늘의 새도 보살피시는 주님께서는 당신을 위해 고통을 당하는 사람들을 보상해 주
실 것입니다."

9 월

성 대 그레고리오

〈기념 축일: 9월 3일〉

그레고리오는 540년 로마에서 태어났습니다. 그의 아버지는 로마 원로원 의원이었으며, 자신도 30살이라는 젊은 나이에 로마의 총독이 되었습니다. 35살이 되었을 때 그의 인생은 커다란 변화를 맞이하였습니다. 그는 인간의 영광이란 허무한 것이라는 사실을 깨닫게 되었으며, 베네딕토회 수사가 되기로 결심하였습니다. 그는 자신의 저택을 수도원으로 바꾸고 수도 생활을 시작했습니다.

579년 교황 페라지오 2세는 그를 콘스탄티노플의 교황청 대사로 보냈습니다. 그는 로마로 돌아와 성 안드레아 수도원의 원장으로 일했습니다. 그러던 어느 날 그는 우연히 시장에서 노예 판매가 이루어지는 광경을 목격하였습니다. 금발에 창백한 흰 피부를 하고 있던 노예들에게 다가가서 어디에서 온 사람들인지를 라틴어로 물었더니, 그들은 "앙글리 순트"라고 대답하는 것이었습니다. 물론 "영국"에서 왔다는 의미였지만, 그러나 그레고리오의 귀에는 마치 "안젤리 피안트"라는 말처럼 들렸습니다. "앙글리"를 "안젤리"로 "순트"를 "피안트"로 연상을 한 것이었습니다. 그레고리오는 이렇게 노예들의 말을 "우리는 영국에서 왔습니다. 그리고 천사가 될 것입니다"는 말로 재미있는 상상을 했던 것입니다. 그는 영국이라는 곳에 하느님의 복음을 전하겠다는 결심을 하게 되었습니다. 590년 그레고리오는 교황으로 선출이 되었는데, 지금까지 마음속에 품고 있던 일들을 시작하게 되었습니다. 복음을 전할 수 있을 선교사들을 파견하는 일이 가장 먼저 계획한 일이었습니다. 그는 당시 몬테 첼리오의 성 안드레아 수도원의 원장으로 있던 아우구스티누스와 40명의 수사들을 영국으로 보냈습니다. 아우구스티누스는 캔터베리에 주교좌를 마련할 만큼 대단한 전교 활동을 하였습니다. 그는 캔터베리의 성 아우구스티누스(기념 축일: 5월 27일)로 불리는데 성 대 그레고리오와 함께 영국의 사도로 불립니다. 그리스도교는 영국에서 이렇게 전해지기 시작했으며, 베네딕토 수도회도 폭 넓게 전교 활동할 수 있게 되었습니다.

그레고리오 교황은 외세의 침략으로 먹을 것이 모자라 기아에 허덕이고 페스트에 시달리는 이탈리아를 위해 몸을 돌보지 않는 봉사와 희생을 하였으며, 야만인들을 설득하여 그들이 그리스도교로 개종을 할 수 있는 기회를 마련하였습니다. 또한 그레고리오 성인은 스페인을 다스리고 있던 고트 족인 레카레도 왕이 나라의 화합을 위해 자신의 아리안교를 포기하도록 설득하기도 하였습니다. 그는 음악에도 관심이 많아서 미사 시간과 기도 시간에 부를 수 있는 노래를 만들 수 있도록 하였습니다. 그 노래들은 그레고리안 성가라고 불리며 지금도 많은 사람들의 사랑을 받고 있습니다. 학문에도 많은 관심을 가지고 있던 그는 서방 교회의 훌륭한 학자로도 기억되고 있습니다.

성 대 그레고리오는 604년 세상을 떠났습니다.

"주님, 저는 당신의 정의를 숨기지 않았습니다. 저는 당신의 진리와 당신에게서 나오는 구원을 사람들에게 알렸습니다."

성녀 김효주 아녜스

〈기념 축일: 9월 3일〉

　김효주 아녜스는 1816년 서울 근교 밤섬에서 태어났습니다. 그녀가 어렸을 때 아버지가 세상을 떠났기 때문에, 아녜스는 어머니와 언니, 오빠들의 영향을 크게 받으며 자라났습니다. 그리스도교 신앙에 관심을 갖게 된 어머니는 여섯 명의 남매들을 모두 그리스도인으로 세례를 받게 해주었습니다. 김효주 아녜스는 특히 언니 김효임 콜룸바(기념 축일: 9월 26일)의 영향을 많이 받았는데, 김효임 콜룸바는 김효주 아녜스, 김 글라라와 어떻게 하면 정결한 생활을 하면서 그리스도 신앙을 지킬 수 있을지 의논을 한 다음, 모두 결혼을 하지 않고 동정을 지키면서 살아가기로 결정했습니다. 그녀들은 하느님께 동정을 허원하고 맑고 깨끗한 영혼을 가꾸려는 생각만으로 살아갔습니다. 그러나 당시에 나이가 찬 여자가 결혼을 하지 않고 살아간다는 것은 비난의 대상이 되는 행동이었기 때문에 집에서 살지 못하고 오빠 김 안토니오의 집에서 살고 있었습니다.

　그리스도인에 대한 심한 박해가 계속되던 1839년 5월 3일 김효주 아녜스는 언니 효임 콜룸바와 함께 포도청에 붙잡혀 감옥에 갇혔습니다. 맑고 정결한 성품을 지니고 있던 아녜스는 겸손한 성격 때문에 자신을 밖으로 드러내는 일이 거의 없었으며, 언제나 조용하고 침착했습니다. 꽃처럼 깨끗한 영혼을 가꾸며 살아왔던 두 처녀는 포도청에서 온갖 고문을 겪어야만 했습니다. 포졸들은 특히 이들이 결혼하지 않고 있는 것을 큰 잘못이라고 지적하면서 그리스도교를 버리고 잘못을 인정하라고 강요했습니다. 언니 콜롬바는 붉게 달구어진 인두로 열두 번이나 고문을 당하는 형벌을 당했지만, 당당하게 고통을 이겨냈습니다. 그러나 함께 잡혀 온 여러 신자들 가운데 가장 가혹한 형벌을 받은 것은 김효주 아녜스였습니다. 아녜스는 수십 차례의 곤장을 맞고 배고픔과 갈증을 견뎌야만 했으며, 무릎뼈를 어긋나게 만드는 주뢰형을 받아 옆으로 불거져 튀어나온 뼈를 형리들이 뾰족한 나무 막대로 계속 찔러 대는 고통을 참아 내야만 했습니다. 그것도 모자라 형리들은 아녜스를 외딴 감옥으로 끌고 가서 학춤이라는 형벌을 가했습니다. 학춤이란 벌거벗긴 다음 손을 뒤로 묶은 다음 팔을 공중에 달아매어, 네 사람이 번갈아 가며 매질을 하는 것으로 몇 분 만에 죽기도 하는 극심한 형벌이었습니다. 게다가 포도대장은 아녜스의 옷을 벗겨 죄수들이 있는 감옥에 집어넣기도 했습니다. 그러나 초인적인 힘으로 아녜스는 거친 남자들을 물리칠 수 있었으며, 이들도 아녜스에게서 느껴지는 온화한 빛에 그만 질려 버렸습니다. 형조로 옮겨진 아녜스와 콜롬바는 포졸들로부터 당한 모욕을 당당하게 고발하였으며, 형조판서는 처녀들에게 부끄러운 고통을 당하게 한 포졸들을 엄하게 꾸짖은 다음 여교우들에게 문책을 위한 매질과 고문은 허용하였지만, 성적으로 모욕을 가하지는 못하도록 금지하였습니다.

가혹한 형벌과 고문을 당하면서도 김효주 아녜스는 모든 마음을 바쳐 하느님을 사랑했으며, 오직 천국을 향한 마음으로 가득했습니다. 성녀 김효주 아녜스는 언니 성녀 김효임 콜롬바보다 23일 먼저 순교하였습니다. 아녜스는 24살이었으며, 콜롬바는 26살이었습니다. 두 성녀는 백합처럼 아름다운 마음과 정결함으로 자신들의 동정을 지키며 하느님을 위한 사랑을 고백하였던 것입니다.

"눈같이 결백한 이 처녀에게 감히 모욕을 준 자가 누구란 말이냐?"

성녀 레지나

〈기념 축일: 9월 7일〉

레지나는 251년 프랑스의 디종 지방에서 태어 났습니다. 당시 디종 지방은 오래 전부터 침략자 인 로마인들이 점령하여 로마 제국의 식민지가 되어 있었습니다. 레지나는 그리스도인이었는데 그녀는 평생 동정을 지키면서 기도 생활만을 하 면서 살아가려는 간절한 소망을 가지고 있었습니 다. 갈리아 지방의 로마 총독인 올리브리오는 아 름다운 레지나의 모습에 반해 그녀를 아내로 삼 고 싶어 했습니다. 그러나 레지나는 이미 그리스도인으로서 동정을 지키겠다는 결심 을 하고 있었으므로, 올리브리오의 소망은 이루어질 수 없었습니다. 로마 총독인 올 리브리오가 끈질기게 결혼을 고집하자 레지나는 자신이 그리스도인이라는 사실을 고 백하며 그의 제안을 예의를 갖춰 거절했습니다.

레지나가 그리스도인이라는 사실은 사랑을 얻지 못한 올리브리오 총독에게는 더없 이 좋은 핑계가 되었습니다. 올리브리오 총독은 레지나의 그리스도교 신앙을 꺾고 그 녀의 신념을 짓밟으려는 생각을 하기에 이르렀습니다. 결국 레지나는 286년 올리브리 오의 명령에 따라 목이 잘리는 형벌을 받게 되었습니다. 그러나 레지나는 자신의 소 망대로 동정을 지킬 수 있었으며, 순교의 영광을 받을 수 있었고 영원한 생명을 얻을 수 있었습니다. 레지나는 올리브리오와의 싸움에서 진정한 승리를 얻은 것입니다.

"하느님이 그녀의 마음 안에 함께 계시니, 아무 것도 그녀의 마음을 흔들어 놓을 수 없습니다."

"하느님이 그녀의 마음 안에 함께 계시니, 아무 것도 그녀의 마음을 흔들어 놓을 수 없습니다."

동정 마리아의 성탄

〈기념 축일: 9월 8일〉

성모 마리아님의 일생에서 중요한 일화들은 교회 달력에 여러 번 등장합니다. 오늘 9월 8일은 성모 마리아님의 탄생을 기념하는 날입니다.

다윗 왕의 후손인 요아킴과 안나(기념 축일: 7월 26일)는 9월 8일 예쁜 여자 아이를 낳았습니다. 그들은 평범한 사람들이었으며 겸손하고 성실한 사람들이었습니다.

하느님의 어머니로서 동정 마리아님을 존경하고 모시는 정성을 기념하는 이날은 아주 오랜 옛날 시작되었습니다. 이러한 전통은 오늘날에까지 이어져 성모님의 특별한 사명과 역할에 대한 우리의 관심과 존경을 상기시켜 주고 있습니다. 동정 마리아님의 이름은 수많은 성지와 교회, 대성당 등지에서 서로 다른 의미가 덧붙여진 이름으로 불리기도 합니다.

이날은 또한 기적적으로 발견된 성모상을 기념하는 특별한 날이기도 합니다. 즉, 아스투리아의 코바동가, 카탈루냐의 누리아, 쿠바의 자비의 성모상과 그밖에 세계 각지에 흩어져 발견된 수많은 성모상을 기념하는 축일입니다.

성모 마리아님의 탄생은 우리 교회의 역사에서 매우 중요한 사건입니다. 인간이 되어 오시는 아기 예수님을 낳고 기르며 옆에서 지켜보는 성스러운 역할을 하게 될 동정 성모 마리아님의 위치는 너무나 중요하기 때문입니다.

성 베드로 클라베르

〈기념 축일: 9월 9일〉

베드로 클라베르는 1581년 스페인의 레리다 지방에서 태어났습니다. 그의 부모는 농사일을 하는 평범한 사람들이었습니다. 그는 바르셀로나에서 대학교를 다녔으며, 22살이 되었을 때인 1601년 하느님의 소명을 받아들여 수사가 되기로 결심하였습니다. 베드로 클라베르는 이듬해 예수회에 들어갔습니다.

젊은 수사인 베드로는 예수회의 목표인 "하느님의 더 큰 영광을 위해" 자신의 생각과 의지를 하느님에게 맡기고 완전한 복종의 마음을 본받으려 노력하였습니다. 그는 자신을 비움으로써 생긴 공간에 예수님에 대한 사랑을 가득 채워, 죽을 때까지 도움을 필요로 하는 사람들을 기꺼이 도우며 살아갈 것을 결심하였습니다.

베드로 클라베르는 타라고나에서 수도 생활을 시작하였으며, 마요르카에 있는 몬테손 학교에서 공부를 계속하였습니다. 그는 몬테손 학교의 문지기였던 동료 수사 성 알론소 로드리게스(기념 축일: 10월 30일)와 좋은 친구가 되었는데, 언제나 겸손했던 알론소는 그에게 "밭이 드문 곳에서는 모든 일꾼들이 열심히 일을 하지만, 밭이 많은 곳에서는 열심히 일하는 사람은 거의 없네. 만약 하느님의 영광을 생각한다면 아메리카로 가는 것도 좋을 것 같아”라며 아메리카 신대륙에서의 전교 활동에 대한 충고를 해주었습니다.

베드로는 지금의 콜롬비아인 카르타헤나에 선교사로 파견될 수 있었고 그곳에서 흑인 노예들을 위해 평생을 봉사하고 희생하며 살았습니다. 그는 44년 동안이나 강제로 잡혀 노예로 팔려 온 흑인들의 물질적이고 정신적인 평화를 위해서 쉬지 않고 노력했습니다. 물론 30만 명이 넘는 흑인 노예들을 그리스도인으로 세례를 주었습니다. 노예상들과 대농장 주인들에게도 하느님의 사랑을 깨달아 흑인 노예들에게 좀 더 인간적인 대우를 해줄 것을 기도하고 소망하였습니다. 그러나 백인 노예상들과 대농장 주인들의 방해와 비난이 계속되었기 때문에 그는 오랫동안 흑인 노예들의 숙소에서 숨어 지내기도 하였습니다.

마지막 4년 동안 베드로 클라베르 성인은 숨을 쉬기도 힘들만큼 몹시 아팠지만, 제대로 간호를 받지 못해서 1654년 끝내 세상을 떠나고 말았습니다.

성 베드로 클라베르는 흑인 선교의 수호성인이며, 국제 관계를 위한 중재를 하는 성인으로 기념되고 있습니다.

그는 서명을 할 때는 언제나 **‘영원한 흑인들의 노예’**라는 말을 자신의 이름 앞에 썼습니다.

성 최경환 프란치스코

〈기념 축일: 9월 12일〉

최경환 프란치스코는 최양업 토마스 신부의 아버지입니다. 그는 1805년 충청도 다래골에서 태어났습니다. 그는 아버지의 영향을 받아 어려서부터 그리스도교를 믿고 종교 서적을 구하여 읽기를 좋아했습니다. 최경환은 아내인 이 마리아와의 사이에 최양업 토마스 신부를 비롯한 여러 자녀를 낳았습니다. 그의 집안은 비교적 부유한 편이었지만, 계속되는 모함과 박해를 받으면서 거의 모든 재산을 잃고 말았습니다. 그러나 최경환 프란치스코는 가난하고 고통을 받는 이웃 사람들을 돌보는 데에 많은 노력을 기울였습니다. 그의 모범적인 생활 태도가 사람들에게 알려지면서 멀리에서부터 그에게로부터 천주교에 대한 이야기를 듣고 싶어 하는 사람들이 몰려오게 되었습니다.

최 프란치스코는 1839년 교우들의 존경과 신임을 받아 전교 회장으로 뽑히게 되었는데, 마침 대박해로 세상이 온통 혼란스러워지고 흉년으로 굶주림이 온 나라를 휩쓸었기 때문에 그의 역할은 더욱 중요했습니다. 그는 박해 동안 순교한 사람들의 유해를 거두어 안장을 해주는 어렵고 위험한 일을 도맡아 했습니다. 그러나 결국 1839년

의 대박해 때 그는 교우들과 함께 서울에서부터 내려온 포졸들에게 붙잡혀 감옥에 갇
히고 말았습니다. 그는 하느님을 위해 목숨을 바칠 수 있는 기회를 갖게 된다는 것이
얼마나 영광스러운 일인지를 함께 붙잡힌 다른 40여 명의 교우들에게 설명해 주었습
니다. 그러나 잔인한 고문과 형벌이 계속되는 동안 그의 아내 마리아와 친척 이 에메
렌시아나만이 용기와 굳은 의지로 그의 곁에서 하느님을 증거하며 온갖 고통을 견디
어 내고 있었습니다. 아들이 마카오에서 신부가 되기 위한 공부를 하고 있다는 소식
을 전해들은 포졸들은 그를 더욱 거칠게 다루었습니다.

최경환 프란치스코는 두 달 동안 감옥에서 정강이에 매질을 340대, 볼기에 곤장을
110대나 맞게 되어 정강이뼈와 엉덩이 살이 모두 터지고 찢어졌지만, 죽을 때까지 기
도와 교리 설명을 그치지 않는 놀라운 용기와 의지를 보여주었습니다. 성 최경환 프
란치스코는 1839년 9월 12일 계속된 고문과 형벌로 감옥에서 35살의 젊은 나이로 세
상을 떠났습니다.

"형제들아, 용기를 분발하라. 주의 천사가 금으로 된 자를 가지고 너희 걸음을 재고
세는 것을 보라. 너희 앞에 서서 갈바리아로 올라가시는 주 예수 그리스도를 보라!
…… 목숨을 그리스도에게 바쳐 목을 잘리고자 한 것이 나의 일생의 바람이었으나, 이대
로 옥에서 죽는 것을 하느님께서 바라신다면 그 뜻대로 되소서."

성 요한 크리소스토모

〈기념 축일: 9월 13일〉

요한은 347년 안티오키아에서 태어났습니다. 그는 아주 젊었을 때 수도원에 들어갔으며 사막에서 은수 생활을 하였습니다. 그러나 사막에서의 거칠고 힘든 생활이 그의 건강을 나쁘게 만들었기 때문에 그는 안티오키아로 되돌아와야만 했습니다.

고향으로 돌아온 요한은 뛰어난 설교로 유명해졌습니다. 요한이라는 그의 이름에 붙여진 별명인 크리소스토모는 그리스어로 "황금으로 만들어진 입" 이라는 뜻입니다.

398년 요한은 콘스탄티노플의 주교로 임명되었습니다. 그는 한편으로는 교회를 새롭게 개혁하였으며 다른 한편으로는 교회를 지키기 위한 많은 노력을 기울였습니다. 이러한 그의 끊임없는 노력은 결코 쉽지는 않았습니다. 그는 반대자들의 모함에 빠져 유배를 당하기도 하였습니다. 그러나 신자들의 간곡한 탄원과 호소 덕분에 결국 콘스탄티노플의 주교로 돌아올 수 있었습니다.

어느 날 재상 에우트로피오는 성난 사람들에 의해 목숨이 위험해진 것을 깨닫고 요한 크리소스토모의 주교좌 교회로 피신했습니다. 요한은 '무력'이 얼마나 소용이 없는 일인가를 사람들에게 설득하여 재상의 목숨을 구해 주었습니다. 폭력을 미워하는 요한의 태도를 볼 수 있는 일화입니다.

　요한은 자신의 곧은 성격 때문에 황실 가족들의 미움을 받기도 했습니다. 에우독시아 황후는 특별히 요한을 미움하고 있었는데, 사치스러웠던 그녀는 언제나 정직하고 겸손하며 가난한 생활을 하라는 요한의 가르침과 설교를 듣기 싫은 잔소리로 생각하고 있었기 때문이었습니다. 결국 에우독시아 황후는 요한을 흑해 동쪽으로 유배시켜 버렸습니다. 흑해에 도착한 요한은 너무나 지치고 쇠약해져서 다음 날인 407년 9월 13일 세상을 떠나고 말았습니다. 그러나 그는 숨을 거두면서도 "세상 모든 생명에 깃들어 계시는 하느님은 찬미 받으소서"를 반복하며 하느님에 대한 사랑을 표현하였습니다.

　성 요한 크리소스토모가 세상을 떠났다는 소식을 전해들은 신자들은 물론이고 반대자들 가운데 많은 사람들이 그의 훌륭한 인품을 떠올리며 슬퍼했다고 합니다.

"예수님께서 나와 함께 계시다면, 내가 두려워할 것이 어디에 있겠습니까?"

고통의 성모 마리아

〈기념 축일: 9월 15일〉

성모 마리아님은 우리들에게 사랑과 부드러움을 보여주시지만, 때론 고통을 가슴에 담고 계신 슬픈 모습을 드러내십니다. 하느님의 어머니이신 마리아님은 고통과 슬픔으로 가득한 순간들을 여러 번 경험하였습니다.

교회는 이러한 성모님의 고통을 가슴을 찌르는 일곱 개의 칼로 비유하고 있습니다.

첫째 고통은 예언자 시므온(기념 축일: 10월 8일)이 예수살렘 성전에서 예수님을 받아 안고 먼저 축복을 드린 다음 "이 아기는 수많은 이스라엘 백성을 넘어뜨리기도 하고 일으키기도 할 분이십니다. 이 아기는 많은 사람들의 반대를 받는 표적이 되어 당신의 마음은 예리한 칼에 찔리듯 아플 것입니다"라고 예언하였을 때의 고통입니다.

둘째 고통은 이집트로 도망을 갈 때의 고통입니다. 헤로데가 아기 예수님을 찾아 죽일 것이라는 경고를 듣고 요셉과 마리아는 아기 예수님을 데리고 어두운 밤을 틈타 이집트로 피난을 떠나야만 했습니다.

셋째 고통은 성전에서 아들 예수님을 잃으셨을 때의 고통입니다. 성모님은 사흘 동안이나 아들 예수님을 찾으면서 커다란 마음의 고통을 겪었습니다.

넷째 고통은 갈바리아 언덕에서 무거운 십자가를 짊어지고 가는 예수님의 모습을 보셨을 때의 고통입니다. 사형 선고를 받고 십자가에 못 박혀 죽기 위하여 무거운 십자가를 지고 언덕을 오르는 예수님을 바라보아야만 하는 어머니의 고통은 이루 말할 수 없이 컸습니다.

다섯째 고통은 예수님께서 십자가에 못 박혔을 때의 고통입니다. 성모님은 예수님의 제자 성 요한(기념 축일: 6월 24일)과 함께 십자가 아래에서 예수님의 고통을 아픈 마음으로 겪어야 했습니다.

여섯째 고통은 십자가에서 돌아가신 예수님을 땅으로 내리셨을 때의 고통입니다. 차가운 시체가 되어 목숨이 끊어진 아들 예수님을 바라보는 성모 마리아님의 마음은 너무나 비통했습니다.

일곱째 고통은 예수님을 무덤에 모시는 고통입니다. 언제까지 슬퍼하며 예수님의 시신을 품에만 안고 있을 수 없어 무덤으로 옮겨야만 하는 고통으로 심장이 멎는 듯 했습니다.

"당신의 마음은 예리한 칼에 찔리듯 아플 것입니다."

성 로베르토 벨라르미노

〈기념 축일: 9월 17일〉

로베르토 벨라르미노는 1542년 이탈리아의 토스카나 지방에서 태어났습니다. 그는 예수회 수사들로부터 기초 교육을 받았습니다. 그는 젊은 나이에 그리스어와 히브리어를 비롯해서 신학을 가르칠 만큼 영리했습니다. 로베르토의 아버지는 그가 높은 사람이 되어 집안을 빛내어 주기를 희망했지만, 그는 예수회에 들어가기로 결심했습니다. 장남인 로베르토의 현명함과 착한 성품을 알고 있던 그의 아버지는 아들의 소망을 들어주기로 했습니다. 로베르토의 아버지는 제2대 예수회 총장인 디에고 라이네스 신부에게 자신의 아들을 하느님의 영광을 위해 일할 수 있도록 예수회에 보낸다는 내용의 편지를 직접 쓸 만큼 아들의 소망을 들어주기 위해 적극적으로 노력하였습니다.

로베르토는 로마에서 신학을 가르치며 『논쟁』이라는 책을 썼습니다. 이 책은 가톨릭교회가 루터파와 칼빈파에게 들려주는 이야기로서 당시에 엄청난 인기를 끌었습니다. 이때부터 교회의 교리를 연구하고 옹호하는 것은 그의 중요한 역할이 되었습니다. 1598년 로베르토는 주교가 되었으며, 1602년에는 추기경이 되었습니다.

로베르토 성인은 교황청에서 도서관장 겸 교황의 조언자로서 일하게 되었지만, 여전히 평소의 절약하고 검소한 생활을 계속하였습니다. 어쩔 수 없이 특별한 경우를 제외하고는 언제나 가난한 사람들이 주로 먹는 보잘것없는 음식만 먹었으며, 자신의 방에 걸려 있던 커튼을 모두 뜯어서 가난한 사람들의 옷을 만드는 데 사용할 만큼 다른 사람들을 위한 희생과 봉사에 신경을 썼습니다.

로베르토 성인은 1621년 78세의 나이로 세상을 떠났습니다.

"주님은 영혼과 지혜, 그리고 이해력으로 그를 채워 주셨습니다."

성 마태오 사도 복음사가

〈기념 축일: 9월 21일〉

마태오는 유대인이었지만, 로마인들을 위해 세금을 거둬들이는 세금 징수원인 세리였습니다. 바리사이파 사람들은 세리들을 죄인으로 생각했으며, 많은 사람들이 세리들을 자기 동족으로부터 세금을 거둬들이는 못된 반역자로 여기고 미워했습니다.

그러나 예수님께서는 세리였던 마태오를 "나를 따르라"고 부르시어 제자로 만드셨습니다. 마태오가 자신의 집에서 연회를 베풀어 예수님과 제자들과 함께 시간을 보내자, 사람들은 "어찌하여 당신네 선생은 세리와 죄인들과 어울려 음식을 나누는 것이오?"라며 비난하였습니다. 이때 예수님께서는 "성한 사람에게는 의사가 필요하지 않으나 병자에게는 필요하다"라고 대답하셨습니다.

마태오 성인은 아라메오어로 예수님의 일생과 죽음을 기록한 최초의 사람입니다. 역사적인 정확한 기록이 남아 있는 것은 아니지만, 성 마태오는 부활하신 예수님께서 하늘로 올라가신 다음 처음에는 유대인들에게 설교를 하였으며, 차츰 페르시아, 에티오피아, 마케도니아 등지에서 복음을 전하였다고 합니다. 그는 에티오피아에서 국왕의 딸의 목숨을 구하여, 왕을 비롯한 많은 사람들이 그리스도인으로 세례를 받을 수 있는 기회를 축복받은 분위기를 마련했다고 합니다. 그러나 결국 성 마태오는 에티오피아에서 박해를 받다 죽임을 당하였습니다.

마태오 성인은 펜과 잉크를 들고 있는 천사의 모습으로 표현되곤 합니다. 그는 예수님의 부르심에 선뜻 모든 것을 버리고 따라나선 용기와 단호함을 우리에게 증거하고 있습니다.

"그들의 얼굴과 날개는 높은 곳을 향하고 있었으며, 타오르는 불덩이처럼 이글거리고
있었습니다."

성 앵베르 라우렌시오

〈기념 축일: 9월 21일〉

앵베르 라우렌시오는 1796년 프랑스에서 태어났습니다. 그는 1819년 파리 외방전교회의 신부가 되어 중국의 서천성으로 파견되었습니다. 앵베르는 그곳에서 12년 동안이나 전교 활동을 하다가 1836년 조선의 초대 교구장 브뤼기에르 주교의 뒤를 이어 2대 교구장으로 임명되었습니다. 조선에서의 활동을 준비하던 그는 조선 사신의 수행원 중에 동행했던 그리스도인 조신철 카롤로(기념 축일: 9월 26일), 정하상 바오로(기념 축일: 9월22일) 등의 도움을 받아 1836년 12월 17일 조선에 들어올 수 있었습니다. 그는 조선 최초의 주교가 되었습니다. 조선이 독립 교구로 설정된 지 53년만의 감격적인 일이었습니다.

앵베르 주교는 1801년의 대박해 이후 오랫동안 침체되어 있던 조선 교회의 재건을 위해 위험을 무릅쓰고 자신이 필요로 하는 모든 곳을 돌아다녔습니다. 그는 베드로 모방 신부(기념 축일: 9월 21일), 야고보 샤스탕 신부(기념 축일: 9월 21일) 등과 함께 활발한 전교를 하였습니다. 모방 신부와 샤스탕 신부는 앵베르 주교처럼 모두 프랑스에서 태어나서 파리 외방전교회에서 사제로 서품을 받은 다음, 중국에서 활동을 하던 중 조선 선교사가 되기로 희망을 하고 조선으로 들어왔습니다. 그들은 뛰어난 희생정신으로 조선의 신자들을 격려하고 위로하며 전교를 하였습니다. 특히, 모방 신부는 최초로 조선에 들어온 서양 선교사였으며, 경기도와 충청도를 돌며 활발한 전교를 펼쳤습니다.

성 앵베르 라우렌시오는 3년 동안 밤낮을 가리지 않고 정성스럽게 조선인 교우들을 위한 생활을 계속했습니다. 몸이 약하고 늘 병세에 시달리는 그였지만 언제나 기쁜 마음으로 활동을 계속했습니다. 그러나 1939년 기해박해가 일어났으며, 전국 곳곳에서 순교의 피가 퍼져 나갔습니다. 앵베르 주교는 죽음을 눈앞에 둔 신자들에게 성사를 주어야 한다는 신념으로 위험을 무릅쓰고 전국을 헤매고 다녔습니다. 그는 다른 두 신부들을 불러 외국인인 자신들이 한국을 떠나면 혹시 박해가 그칠는지 모르니 한국을 떠나야 할 것인가 의논하였습니다. 앵베르 주교는 자신은 혼자 몰래 한국에 남아 신자들을 돌보고, 다른 두 신부는 박해의 압력을 가라앉히기 위해서 중국으로 몸을 피하라고 권고했습니다. 그러나 순교하는 교우들의 숫자가 눈에 띄게 늘어나자, 앵베르 라우렌시오 주교는 신자들이 고통당하는 것을 막기 위해 모방 신부와 샤스탕 신부와 함께 모두 자수하였습니다. 그들은 모두 대역 죄인이라는 죄목으로 목이 잘려어 군문에 걸리는 판결을 받았습니다.

사형을 집행하는 날이 밝아 오자, 앵베르 주교와 모방 신부, 샤스탕 신부는 포졸들의 감시를 받으며 형장으로 끌려갔습니다. 형장에 도착하자, 포졸들은 그들의 겨드랑이에 긴 몽둥이를 꿰고 화살로 귀를 뚫고 얼굴에 회를 뿌린 다음, 사람들 앞에 온갖 조롱과 욕설을 퍼부었습니다. 먼 이국땅에서 하느님의 영광을 위해 목숨을 바친 이들의 영혼은 9월 21일 새남터에서 세상을 떠났습니다.

"나는 조선에 사람들의 영혼을 구하러 왔습니다."

성 정하상 바오로

〈기념 축일: 9월 22일〉

정하상 바오로는 1795년 경기도 양근 지방에서 유서 깊은 양반 가문의 후예인 정약종 아구스티노의 둘째 아들로 태어났습니다. 아버지 정 아구스티노는 집안에서 최초로 신앙을 받아들여 형제들과 가족에게 교리를 알려주었습니다. 어렸던 하상 바오로는 어머니로부터 교리와 전례에 대해서 배울 수 있었습니다. 바오로가 일곱 살 되던 해인 1801년 아버지는 형 철상과 함께 서소문에서 순교했습니다. 재산을 몰수당한 바오로의 어머니는 아이들을 데리고 마재의 큰댁인 정약용 요한의 집으로 내려가야만 했습니다. 그리스도에 대한 믿음을 버리지 않은 이들의 생활은 여전히 불안하고 힘든 나날이었지만, 천국에 대한 열망은 더욱 강해졌습니다.

정하상 바오로는 20살이 되면서 혼자 서울로 올라와 조증이 바르바라(기념 축일: 12월 29일)의 집에 머물면서 조선 교회를 위해 평생을 바칠 것을 결심했습니다. 그는 함경도 무산에 있던 조동섬 유스티노의 도움을 받아 그리스도교 교리와 학문을 공부하고 서울로 돌아와 신유박해로 폐허가 된 뒤 오랫동안 흔적이 희미하던 조선 교회를 재건하는 일에 전념하였습니다.

정하상 바오로는 유일한 사제였던 주문모 신부와 지도급 신자들이 순교하였기 때문에 조선 교회가 이렇게 어려운 처지에 놓이게 되었다는 사실을 깨달았습니다. 그는 우선 흩어져 숨어 있는 신자들을 찾아내 그들이 신앙생활을 계속할 수 있도록 그들에게 용기와 희망을 심어 주기 위해 노력했으며, 유진길 아우구스티노(기념 축일: 9월 22일)와 같은 적극적인 신자들과 함께 의논하고 노력하여 조선 교회에 다시 성직자를 파견할 수 있도록 북경 주교를 설득하기 위해서 북경과 변문을 여러 차례 다녀왔습니다.

바오로는 조선 교회가 독립 교구로 인정을 받게 되자 모방 신부(기념 축일: 9월 21일), 샤스탕 신부(기념 축일: 9월 21일)와 앵베르 주교(기념 축일: 9월 21일)를 도와 그들의 사목 활동과 전교를 위해 봉사했습니다. 그는 그리스도교 교리를 정확하게 이해하고 있었기 때문에, 하느님의 계명을 지켜야 할 이유와 교리에 대해 기록한『상재상서』를 가지고 다니며 교우들의 교육과 전교를 위해 사용했습니다. 그는 1839년 7월 11일 포졸들에게 잡히자, 자신이 쓴『상재상서』를 포도대장의 대리에게 주었습니다. 포장은 다음 날 "네가 한국의 풍속을 저버리고 외국교를 행하며 다른 사람들에게까지 그 교를 전파했다는 것이 참말이냐?"며 그를 꾸짖었습니다. 그러나 바오로는 "우리는 외국에서 귀중한 물품을 들여다 사용하면서 단순히 다른 나라에서 들여왔다는 이유만으로 참된 종교인 천주교를 박해하는 것이 옳은 일이겠습니까? 천주교는 누구를 막론하고 신봉해야 할 종교입니다"고 침착하게 대답하였습니다.

포장은 바오로에게 고문과 형벌을 명령했으며, 그는 팔주뢰와 줄 톱질 형벌을 받았습니다. 팔주뢰형은 두 팔을 모아 팔꿈치 위에까지 잡아매고 두 개의 굵은 몽둥이를 지렛대처럼 이용해 어깨 죽지가 서로 맞닿다시피까지 틀어 팔의 결박을 풀어놓고 가슴을 발로 밟고 팔을 앞으로 잡아당겨 뼈를 제자리에 돌아오게 하는 무서운 형벌이며, 줄 톱질은 끈을 허벅다리에 감아 두 사람이 양쪽에서 서로 당겼다 늦췄다 해서 바가 살을 파고들어 뼈가 드러나게 하는 잔인한 고문입니다. 그러나 그는 계속되는 고문과 형벌에도 그리스도교를 버리지 않을 뿐 아니라 외국인 신부들이 숨어서 활동하고 있는 곳에 대해서도 대답을 하지 않았습니다. 결국 성 정하상 바오로는 사형을 선고받고 성 유진길 아우구스티노와 함께 9월 22일 서소문 밖에서 목이 잘려 순교하였습니다. 그와 함께 잡혔던 어머니 성녀 유 체칠리아(기념 축일: 11월 23일)와 누이동생 정정혜 엘리사벳(기념 축일: 12월 29일)도 다른 식구들과 마찬가지로 순교하였습니다.

"우리는 외국에서 귀중한 물품을 들여다 사용하면서 단순히 다른 나라에서 들여왔다는 이유만으로 참된 종교인 천주교를 박해하는 것이 옳은 일이겠습니까? 천주교는 누구를 막론하고 신봉할 수 있는 종교입니다."

성녀 테클라

〈기념 축일: 9월 23일〉

테클라는 1세기경 소아시아의 이코니움에서 태어났습니다. 그녀는 성 바오로(기념 축일: 6월 29일) 사도의 설교로 그리스도인으로 개종한 여인입니다. 그녀는 자신의 방 창문을 통해서 성 바오로의 설교를 듣곤 하였습니다. 그녀는 예수님의 가르침을 전하기 위해서 동정을 지키고 살면서, 성 바오로를 도와 그 지역의 복음화를 위해 노력하겠다는 결심을 하게 되었습니다. 소아시아에서 당시 여자들의 행동이란 매우 제한된 것이었기 때문에 테클라는 자신의 소망을 이루기 위해서 사내아이처럼 변장을 하고 밖으로 나가야만 했습니다.

테클라 성녀는 자신에 대한 종교적 박해를 수없이 견디어 냈습니다. 그 가운데 세 번은 정말 끔찍한 고문도 포함되어 있었습니다. 마지막 박해에서 그녀는 맹수들에게 던져졌으며, 결국 목숨을 잃고 말았습니다. 그러나 로마 병사들은 그녀의 시체를 불에 태워 다른 사람들에게 그리스도교를 믿지 말도록 경고하는 데 사용하였습니다.

테클라 성녀의 유해는 스페인의 타라고나에 모셔져 있으며, 그녀는 이 도시의 수호 성녀로 기념되고 있습니다.

"당신의 계명을 마음속 깊이 사랑하기 때문에 그 계명들을 하나씩 명상하고 있습니다."

성 고스마와 성 다미아노

〈기념 축일: 9월 26일〉

고스마와 다미아노는 쌍둥이 형제로서, 3세기 아라비아의 에게아에서 태어났습니다. 그들은 부모의 소망에 따라 어렸을 때부터 의사가 되기 위한 교육을 받았으며, 의사가 된 다음 많은 사람들을 위해 봉사를 게을리하지 않았습니다. 그들은 사람들의 병을 치료하고 고쳐 주었지만, 한 푼의 대가도 바라지 않았기 때문에 사람들은 그들을 '돈을 받지 않는 사람들'이라는 뜻의 '아나르키리오스'라고 부르기도 했습니다.

고스마와 다미아노는 사람들의 병을 고쳐 주기 위해 노력했지만, 또한 영혼의 건강을 위해 그리스도교를 전교하였습니다. 그들은 자신들의 재산을 모두 모아 온갖 정성을 다해 사람들을 치료하고 도와주었습니다. 고스마와 다미아노 형제의 정성과 설교에 감동한 사람들은 그리스도교 신앙에 관심을 기울이게 되었으며, 자연스럽게 신자가 되었습니다.

디오클레치아노 로마 황제의 명령에 따른 그리스도교에 대한 박해는 이들 형제들의 자선 행위를 중단하게 만들었습니다. 로마 병사들은 고스마와 다미아노 형제를 붙잡아 돌팔매질로 거의 죽게 만든 다음, 쇠줄로 묶어 불에 던졌습니다. 이들의 유해는 로마로 옮겨졌으며, 사람들은 성 고스마와 성 다미아노 형제를 기억하게 되었습니다.

고스마와 다미아노 형제는 성 루가(기념 축일: 10월 18일)와 성 판탈레온(기념 축일: 7월 27일)과 함께 의사들의 수호성인으로 기념됩니다.

"여러분의 몸은 하느님께로부터 받은 성령이 계시는 성전입니다. 그러므로 여러분은 자기 몸으로 하느님의 영광을 드러내십시오."

성 빈첸시오 아 바울로

〈기념 축일: 9월 27일〉

빈첸시오는 1581년 스페인과 경계를 이루는 피레네 산맥 기슭에 있는 작은 프랑스 마을에서 농부의 아들로 태어났습니다. 어렸을 때는 동네의 다른 아이들처럼 밭일을 돕고 양을 돌보면서 평범하게 자라났습니다. 그는 스페인의 사라고사와 프랑스의 툴루즈를 두루 다니며 공부를 하였으며, 20살 무렵에는 공디 백작의 자녀들을 가르치는 교사가 되었습니다. 그는 백작의 저택을 방문하면서 백작령에 살고 있는 많은 가난한 사람들과 병으로 고통 받는 사람들을 알게 되었습니다.

가난하고 힘없는 사람들의 고통을 안타까운 마음으로 지켜보던 빈첸시오는 사제가 되어 그들을 도와야겠다는 결심을 하였으며, 사제가 되기 위한 과정을 성실하게 준비하였습니다. 몇 년 뒤 빈첸시오는 자신의 소망대로 사제가 되었습니다. 그런데 1605년 그가 본격적인 사제 생활을 하기 위해 마르세유를 떠나 나르보나로 여행을 하던 중, 그가 탄 배는 해적들의 습격을 받았습니다. 해적들은 그를 노예로 만들어 튀니지로 팔아버렸으며, 그 후에는 선원으로 과수원 일꾼으로 이리 저리 팔려 다녔습니다. 그러다 운이 좋게 풀려나게 된 빈첸시오는 아비뇽을 거쳐 로마를 지나 파리에 도착하였습니다. 빈첸시오는 파리에서 새로운 영성 생활에 전념하였으며, 마르게리타 왕비의 개인 신부로 임명되었습니다.

　빈첸시오는 어렸을 때부터의 꿈이었던 가난한 사람들을 돕는 자선 회의를 개최하였으며, 인심이 후하고 마음씨가 좋은 사람들을 후원자로 삼아 본격적인 사회사업을 시작할 수 있었습니다. 그러나 이 사업이 성공하기까지 동료 신부들의 도움을 빼놓을 수는 없습니다. 빈첸시오의 정성과 노력을 이해한 수많은 신부와 수사, 수녀들이 그를 도와 자선 사업은 계획대로 진행될 수 있었습니다. 빈첸시오는 엄청난 액수의 자선기금을 모아 고아와 가난한 사람, 환자, 전쟁 포로, 피난민과 같은 수많은 사람들을 위해 사용하였습니다. 그는 성녀 루이즈 드 마리야크(기념 축일: 3월 15일)와 함께 애덕 자매회를 설립하였는데, 그들의 수도원은 병실이었습니다. 빈첸시오는 부유한 사람들로부터 기금을 모아 많은 병원을 세웠으며, 전쟁 희생자들을 위한 구호금으로 사용했고, 북아프리카에서 강제로 일하는 갤리선의 노예들을 위한 몸값으로 지불했습니다. 그가 구해 준 갤리선의 노예들의 숫자는 기록되어 있는 사람들의 경우만 해도 1,200명을 넘었습니다.

　빈첸시오 성인은 1660년 세상을 떠날 때까지 도움을 필요로 하는 사람들이 있는 곳이라면 어느 곳이라도 달려가며 열심히 자선 활동을 하였습니다. 처음에 본당의 가난한 사람들과 병에 걸린 환자들을 위한 휴식 시설을 마련하면서 시작된 그의 자선 활동은 이제 전 세계에 널리 퍼져 그의 숭고한 뜻이 계속 이어지고 있습니다.

　교황 레오 13세는 빈첸시오 성인을 모든 자선 단체의 수호성인으로 선포했습니다. 그는 마다가스카르의 수호성인이기도 합니다.

　유명 작가이며 대주교였던 보수에는 "빈첸시오 아 바울로를 만드신 하느님은 참으로 좋으신 분이시다"고 증언하고 있습니다.

성 벤체슬라오

〈기념 축일: 9월 28일〉

벤체슬라오는 907년 공작의 아들로 보헤미아에서 태어났습니다. 그는 어렸을 때 아버지를 잃었기 때문에, 보헤미아의 공작부인이었던 외할머니 성녀 루드밀라(기념 축일: 9월 16일)의 보살핌을 받고 자라났습니다. 그는 922년 보헤미아의 통치자가 되었으며, 왕으로서 그가 실천한 가장 중요한 결정은 자신의 국민들을 그리스도인으로 만들겠다는 것이었습니다. 그는 가난한 사람들과 병든 사람들을 직접 방문하여 그들을 도울 수 있는 방법을 연구하였으며, 감옥에 갇혀 있는 사람들에게도 인간적으로 대우를 할 수 있도록 형법을 고쳤습니다.

굳은 신앙을 지니고 있던 벤체슬라오는 프라하 대성당을 건설하였습니다. 그는 자상하고 인정이 많아 수많은 사람들의 존경의 대상이 되었습니다. 벤체슬라오는 폭력을 싫어했지만, 그리스도교를 지키기 위해서는 왕으로서 보헤미아를 포기해서는 안 되었습니다. 그러나 그는 전쟁을 치르면서도, 죄 없는 상대 병사들의 희생을 최소한으로 줄이기 위해서 적의 대장과 단 둘이서만 결투를 벌이곤 했습니다.

보헤미아에는 정치적인 음모가 항상 도사리고 있었는데, 벤체슬라오의 친동생인 볼레슬라프가 형을 죽이려는 계획에 참가하고 있었습니다. 볼레슬라프는 이교도였는데, 형의 왕위를 빼앗아 자신의 왕국을 건설하려는 꿈을 가지고 있었습니다. 929년 볼레슬라프는 휴식을 취하기 전 저녁 기도를 드리고 있는 형을 찾아가 죽이고 말았습니다. 벤체슬라오는 정치적인 음모 때문에 죽임을 당했지만, 수많은 사람들은 그의 죽음을 순수한 믿음을 지키려다 죽음을 당한 순교자로 찬미하였습니다.

성 벤체슬라오는 헝가리, 폴란드, 보헤미아, 체코 공화국과 슬로바키아 공화국의 수호성인으로 기념됩니다.

"예수님에 대한 사랑 때문에 목숨을 잃는 사람은 영원한 보상을 받을 것입니다."

대천사 미카엘

〈기념 축일: 9월 29일〉

천사들도 인간들과 마찬가지로 하느님의 모습을 닮아 창조되었기 때문에 지능과 판단력을 지니고 있습니다. 그들은 하느님의 의지를 따르거나 아니면 거역할 수 있는 자유로운 판단을 할 수 있는 존재입니다. 몇몇 천사들은 하느님의 뜻을 따르지 않아서 악마로 변화되어 지옥을 차지하고 있습니다. 이러한 선택의 가능성은 인간에게도 똑같이 적용되기 때문에, 사람들은 자신의 행동에 따라 영원한 구원을 받을 수도 있고, 또 영원히 지옥에서 고통을 받을 수도 있습니다.

대천사 미카엘은 하느님을 배반한 사탄을 비롯한 몇몇 천사들과는 달리 하느님의 영광을 위해 천사들 가운데 가장 중요한 자리를 차지하고 있으며, 하느님의 곁에 항상 머물러 있는 일곱 천사 가운데 하나가 되는 영광을 받았습니다. 그는 지옥의 세력과 맞서 천사들의 우두머리가 되어 싸움을 이끌었습니다. 그의 용기와 충성심, 그리고 엄격함은 다른 천사들에게 모범이 되었습니다.

그리스도교는 항상 대천사 미카엘을 교회를 수호하는 천사로 생각해 왔습니다. 미카엘 대천사의 모습은 보통 용이나 악마를 창으로 찌르면서 칼을 들고 있는 용감한 모습으로 표현되곤 합니다. 어떤 경우에는 한 손에 저울을 들고 있는 모습으로 그려지기도 합니다. 미카엘 대천사가 최후의 심판 날에 착한 일과 못된 일을 재는 역할을 맡고 있기 때문입니다.

요한 묵시록에는 미카엘 대천사가 동료 천사들과 함께 용과 맞서 싸우는 광경이 묘사됩니다.

미카엘 대천사는 파푸아 뉴기니의 수호천사이며, 성 오스카(기념 축일: 2월 3일)와
함께 독일의 수호천사입니다.

미카엘은 "하느님 같은 자가 누구냐?"는 뜻입니다.

대천사 가브리엘

〈기념 축일: 9월 29일〉

하느님께서 얼마나 많은 천사들을 창조하셨는지 우리는 알 수 없습니다. 그러나 대천사 가브리엘은 성경에서 아주 여러 번 등장합니다. 그는 원죄를 지은 사람들에게 희망의 소식을 전하는 하느님의 사신입니다. 그는 하느님의 말씀을 전하기 위해 성경에 등장하는 여러 사람들에게 나타났습니다.

가브리엘 대천사는 다니엘에게 나타나 앞으로 구세주가 태어날 것을 알려주었으며, 즈가리아와 엘리사벳에게 나타나 세례자 요한의 탄생을 예고하기도 했습니다. 물론 성모 마리아님에게 나타나 예수님을 낳으실 것이라는 소식도 알려주었습니다. 그는 마리아님의 집으로 들어가 "은총을 가득히 받은 이여, 기뻐하십시오. 주께서 당신과 함께 계십니다" 하고 인사를 한 다음, "두려워하지 마시오. 마리아, 당신은 하느님의 은총을 받았습니다. 이제 아기를 가져 아들을 낳을 터이니 이름을 예수라 하십시오. 그 아기는 위대한 분이 되어 지극히 높으신 하느님의 아들이라 불릴 것입니다." 이때 마리아님은 "이 몸은 처녀입니다. 어떻게 그런 일이 있을 수 있겠습니까?"라고 물었고, 가브리엘 천사는 "성령이 당신에게 내려오시고 지극히 높으신 분의 힘이 감싸주실 것이다. 그러므로 태어나실 그 거룩한 아기를 하느님의 아들이라 부르게 될 것입니다"라며 대답하였습니다.

가브리엘 대천사는 우편배달부와 사신들의 수호천사입니다. 그의 이름은 "하느님의 힘"이라는 뜻입니다.

대천사 가브리엘의 이름은 "하느님의 힘"이라는 뜻입니다.

대천사 라파엘

〈기념 축일: 9월 29일〉

　라파엘 대천사는 미카엘 대천사와 가브리엘 대천사와 함께 하느님의 곁에 항상 머물러 있는 일곱 천사 가운데 하나가 되는 영광을 받았습니다.

　성경의 토비트서에는 사람들의 기도를 들어 하느님에게 전달하고 하느님의 명령에 따라 사람들을 돕는 대천사 라파엘의 역할이 자세하게 나옵니다.

　토비트는 니느웨에 살고 있던 이스라엘 사람이었습니다. 어느 더운 날 그는 나무 아래에서 잠을 자고 있다가 뜨거운 참새 똥이 그의 눈에 떨어져 눈이 멀게 되었습니다. 그는 시력이 점점 약해져서 마침내 완전히 장님이 되고 말았습니다. 토비트는 아들 토비아를 불러 자기가 전에 메대의 라게스에 사는 가바엘에게 맡겨 두었던 돈을 찾아오도록 시켰습니다. 라파엘 대천사는 토비트의 진실된 믿음과 기도를 들으신 하느님의 명령에 따라 사람으로 변장하여 토비아를 도와 여행을 무사히 마칠 수 있도록 도와주었습니다. 물론 토비아가 사라라는 훌륭한 여인과 결혼을 할 수 있도록 도와주었으며, 토비트의 눈을 치료할 수 있도록 생선 쓸개를 구해 주기도 했습니다. 토비트는 라파엘 대천사가 준비해준 생선 쓸개를 먹고 기적적으로 시력을 회복하였으며, 하느님께 감사드리고 더욱 강한 믿음을 갖게 되었습니다. 임무가 모두 끝나자 라파엘 대천사는 자신의 신분을 밝히고 하느님의 위대하심과 영광을 찬미하였습니다.

　토비트의 가족은 자신들의 모든 어려움을 해결할 수 있도록 대천사 라파엘을 보내주신 하느님을 찬미하였습니다.

대천사 라파엘은 건강 검진을 위한 수호천사입니다.

라파엘은 "하느님의 약"이라는 뜻입니다.

성 예로니모

〈기념 축일: 9월 30일〉

　예로니모는 교회의 위대한 학자 가운데 한 사람입니다. 그는 지금의 유고슬라브인 달마치아에서 341년 무렵 태어났습니다. 그는 로마에서 문법학자인 도나투스로부터 고전에 대해 배운 다음, 이탈리아와 갈리아 지방에서 학자로서 활동을 하였습니다. 그는 364년 리베리오 교황으로부터 세례를 받았습니다. 그리스도인이 된 예로니모는 신학을 공부하였으며, 안티오키아에서 그리스어를 공부하였습니다. 그는 팔레스티나와 시리아의 칼키스 사막에서 고행과 엄격한 생활을 하였습니다. 이때 그는 그리스도인으로 개종한 유대인의 도움을 받아 히브리어를 배울 수 있었습니다.

　사막에서의 은수 생활에서 안티오키아로 돌아온 예로니모는 사제가 되었습니다. 그는 성 그레고리오 나치아체노(기념 축일: 1월 1일)와 니사의 성 그레고리오(기념 축일: 3월 9일)와 영적인 우정을 나누었습니다.

　382년 교황 성 다마소(기념 축일: 12월 11일)는 그를 로마로 불러 성경을 라틴어로 번역하도록 부탁하였습니다. 그는 교황이 죽자, 알렉산드리아와 이집트를 거쳐 팔레스티나로 돌아왔습니다. 예로니모 성인은 386년 베들레헴의 한 수도원에 머물면서 기도와 명상에 전념하면서 성서 연구를 계속하였으며 성서를 라틴어로 번역하는 일을 했습니다. 성 예로니모는 성서에 대한 본격적인 연구를 위해 도서관을 세웠으며 34년 동안 열심히 연구에 몰두하였습니다.

성 예로니모의 가장 커다란 업적 가운데 하나는 히브리어로 되어 있던 구약 성경을 라틴어로 번역하고, 신약 성경을 정리한 사실입니다. 그가 번역하고 정리한 성경은 오늘날 '불가타 성경'이라고 불리며, 성서 연구와 역사 연구에 커다란 도움이 되었습니다.

예로니모 성인은 급하고 거친 성격을 지니고 있었지만, 겸손한 마음가짐과 헌신적인 봉사의 정신으로 훌륭한 업적을 많이 남긴 뛰어난 학자가 되었습니다. 중세의 그림에서 성 예로니모가 사자를 데리고 있는 모습으로 표현되는 것은 그의 불같은 성격 때문이었습니다.

성 예로니모는 도서관 사서와 서점상들의 수호성인이며 성 다마소(기념 축일: 12월 11일)와 함께 고고학자들의 수호성인으로 기념됩니다.

"저는 언제나 베드로가 만들어 놓은 교회와 하나가 되려고 하는데, 교회를 벗어나서는 구원이 없기 때문입니다.

10월

리지외의 성녀 데레사

〈기념 축일: 10월 1일〉

데레사는 1873년 태어났습니다. 그녀는 다섯 자매 가운데 막내로 태어났는데, 언니들은 마리아, 파울리나, 레오니아와 셀리아였습니다. 부모님은 그녀의 이름을 데레사라고 지었지만, 언제나 작은 데레사라는 뜻으로 데레시타라고 불렀습니다.

데레사는 건강한 아이는 못되었습니다. 그녀는 갓난아기였을 때부터 자주 아팠습니다. 그녀의 부모는 유모 로시타에게 아기를 맡겨 요양소에서 돌보게 하였습니다. 겨우 건강을 회복하여 집으로 돌아온 데레사는 이미 아장아장 걷는 아기가 되었을 만큼 오랫동안 요양소 생활을 했습니다.

가족의 큰 사랑을 받으며 평화롭게 어린 시절을 보내던 데레사에게 불행이 찾아왔습니다. 어머니가 병으로 세상을 떠난 것입니다.

데레사의 가족은 얼마 후 리지외로 이사를 갔으며, 데레사는 베네딕토회 학교에 다니게 되었습니다. 언니들은 어머니를 대신해서 어린 데레사를 돌보아 주었는데, 둘째 언니 파울리나는 데레사에게 특별한 사랑을 듬뿍 주었습니다. 그러나 언니들은 나이가 들면서 저마다 갈멜 수녀원에 들어가기 위해서 차례차례 집을 떠나야만 했습니다.

언니들과의 헤어짐은 어린 데레사에게 쉬운 일은 아니었습니다. 집에는 오직 막내 언니인 셀리아와 데레사만 아버지의 곁에 머물러 있었습니다.

데레사가 열다섯 살이 되던 해 데레사는 수녀원에 들어갈 나이가 되지는 않았지만, 수녀원에 들어가고 싶었습니다. 그래서 막내 언니와 아버지와 함께 로마로 가서 교황에게서 특별한 허가를 받아 내어야 했습니다.

어렵게 수녀원에 들어간 데레사의 수녀원 생활은 생각처럼 쉽지만은 않았습니다. 엄격한 생활과 고행의 시간들은 그녀의 약한 건강을 해치고 말았습니다. 그러나 리지외의 데레사는 언제나 웃음과 미소를 잃지 않고 희생과 봉사로 어려움을 극복하려 노력하였습니다.

리지외의 데레사는 전쟁 영웅이나 설교가들의 경우에서 볼 수 있는 그러한 눈에 드러나는 뛰어난 업적을 남기는 않았습니다. 그녀가 우리에게 보여준 것은 겸손하고 평화로운 마음으로 기도 생활과 수도 생활을 충실하게 했다는 점입니다. 그러나 이러한 성실함과 희생은 너무나 중요하고 성스러운 것입니다. 성녀 데레사는 1897년 24살이라는 젊은 나이에 세상을 떠났습니다. 그녀는 죽으면서 "예수님, 당신을 사랑합니다. 당신의 이름으로 보여주신 기적과 은총은 그 수를 헤아릴 수 없습니다"고 말하였습니다.

리지외의 성녀 데레사는 죽기 전에 하늘에 가면 세상 사람들에게 장미꽃을 보내겠다는 말을 들려주곤 했기 때문에 리마의 성녀 로사(기념 축일: 8월 23일)와 성녀 도로테아(기념 축일: 10월 30일)와 함께 꽃의 수호 성녀로 기념되고 있습니다. 리지외의 성녀 데레사는 성녀 잔 다르크(기념 축일: 5월 20일)와 성 디오니시오(기념 축일: 10월 9일)와 함께 프랑스의 수호 성녀로 기념됩니다. 또한 프란치스코 하비에르(기념 축일: 12월 3일)와 함께 모든 가톨릭 전교의 수호 성녀이기도 합니다.

"저는 지상에서 선행을 하면서 나의 천국을 지내고 싶습니다."

수호천사

〈기념 축일: 10월 2일〉

　하느님께서 만드신 하늘에 있는 모든 영혼들은 천사라고 불립니다. 그러나 천사들은 인간과 마찬가지로 자기 마음대로 생각하고 행동하는 자유를 가지고 있기 때문에 창조주 하느님에게 충실한 천사들의 무리와 하느님의 말씀을 거역하고 배반한 천사들과 악마들의 무리로 나뉩니다.

　하느님의 말씀을 따르는 천사들은 모두 아홉 계급으로 이루어져 있습니다. 천사들의 존재를 믿고 그 천사들이 신자들을 돕고 보호한다는 것을 믿는 종교는 그리스도교뿐이 아닙니다. 마호메트교는 한 사람의 신자에게는 두 명의 수호천사가 있어서 한 천사는 착한 일을 다른 천사는 나쁜 일을 하도록 이끈다고 믿습니다. 다른 종교에서는 한 사람의 신자에게 다섯 명의 수호천사가 맺어져 있다고 믿기도 합니다.

　그리스도교의 역사를 거슬러 살펴보면 천사들은 하느님과 성인들의 곁에 있는 모습으로 화가나 조각가들에 의해 묘사되었습니다. 그때의 모습에서는 날개나 후광이 그려져 있지 않았습니다. 그런데 4세기부터 천사들의 모습에 날개가 덧붙여지기 시작했습니다. 그들의 옷은 주로 하얀색이나 자주색으로 표현되며, 주로 악기를 연주하거나 노래를 부르는 모습을 하고 있습니다.

　모든 신자들은 수호천사들의 보살핌을 받는데, 이 수호천사들의 가장 중요한 역할은 자신이 맡은 신자들의 기도와 소원을 하느님께 전해 주는 일이라고 합니다.

　성 베르나르도는 자신의 수호천사에게 "존경, 감사, 그리고 신뢰"를 부탁하였습니다.

성 프란치스코 데 보르하

〈기념 축일: 10월 3일〉

프란치스코 데 보르하는 1510년 스페인의 발렌시아에서 귀족의 자손으로 태어났습니다. 그의 집안에는 많은 성직자들이 나왔는데, 교황 알렉산더 6세도 보르하 가문 출신입니다.

프란치스코 데 보르하는 어려서부터 스페인 왕국의 국왕이며 신성로마제국의 황제인 카를로스 5세와 가깝게 지냈습니다. 그는 19살에 결혼을 하여 평범한 가정을 꾸몄습니다. 별다른 변화가 없이 평범한 나날을 보내던 그는 1539년 카를로스 국왕의 부인인 여왕 이사벨의 시체를 검사하는 일을 맡게 되었습니다. 그가 맡은 일은 이사벨 왕비의 관을 열고 왕비의 시체와 장신구들이 어떻게 보존되어 있는지를 검사하는 것이었습니다. 그는 살아 있을 때 무척 아름답고 우아했던 왕비를 기억하고 있다가 너무나 처참하게 썩어 가고 있는 왕비의 시체를 확인하고는 심한 충격에 사로잡혔습니다. 인간이란 누구나 죽을 수밖에 없을 뿐 아니라, 시간이 지나면서 영원한 것은 아무 것도 없다는 평범하면서도 실감할 수 없었던 진리를 깊이 느꼈던 것입니다. 그는 인생에 대해서 진지하게 생각하게 되었으며, 영원한 진리인 그리스도교의 진리를 새삼스럽게 깨달았습니다.

그러던 중 1546년 부인이 세상을 떠나자, 프란치스코 데 보르하는 세상의 모든 것을 다 버리고 수도사가 되기로 결심하였습니다. 그는 간디아 공작이며 카탈루냐의 부왕이라는 높은 지위를 아무런 미련도 없이 포기하였으며, 카를로스 5세 황제가 제안했던 추기경의 자리마저도 한마디로 거절하였습니다. 그는 세상의 모든 것을 버리고 이제 막 창설된 예수회에 들어갔습니다.

프란치스코 데 보르하는 엄격하고 희생적인 생활을 기꺼이 하였으며, 몇 년 후 예수회 총장으로 뽑혔습니다. 그는 자상하고, 친절했으며, 겸손하면서도 정확한 성격을 지니고 있었습니다. 그는 예수회 총장을 지내면서 아메리카 신대륙에 많은 선교사를 파견하였으며, 유럽 모든 지역에서 예수회의 적극적인 활동을 뒷받침하였습니다.

교황 성 비오 5세는 프란치스코 데 보르하에게 터키 군에 대항하여 스페인과 프랑스, 그리고 포르투갈이 함께 힘을 합쳐서 그리스도교를 지킬 수 있도록 십자군을 구성하라는 사명을 맡겼습니다. 그러나 서로 등을 지고 전쟁을 벌이기도 했던 나라들이 힘을 합쳐서 십자군을 구성한다는 일은 생각보다 무척 어려운 작업이었습니다. 그는 결국 십자군 구성이라는 어려운 일을 성공적으로 마치기는 했지만, 결국 계속되는 힘든 회의와 설득으로 1572년 9월 30일 세상을 떠나고 말았습니다. 그러나 프란치스코 데 보르하 성인의 노력으로 십자군이 성공적으로 구성되었으며, 십자군은 그리스도교 세계를 위협했던 터키 군을 상대로 레판토 전투에서 승리를 거둘 수 있었습니다. 물론 전쟁과 같은 폭력은 바람직하지 않은 일이지만, 그리스도교 세계를 지키겠다는 그의 순수한 열정과 성실한 자세는 많은 그리스도인들에게 정신적인 위로와 모범이 되었습니다.

"저는, 주님께서 목숨을 바치셨던 것처럼 그렇게 봉사하지는 못할 것입니다."

아시시의 성 프란치스코

〈기념 축일: 10월 4일〉

프란치스코는 이탈리아의 아시시에서 1181년 태어났습니다. 그의 아버지는 옷감을 만드는 고급 천을 파는 부유한 상인이었습니다. 덕분에 프란치스코는 별다른 어려움 없이 어린 시절을 보낼 수 있었습니다. 그는 많은 친구들과 어울려 시를 짓거나 노래를 부르며 한가로운 생활을 즐기며 자라났습니다. 그러던 어느 날 그는 세상의 모든 것이 너무나 허무하게 스쳐 지나가 버린다는 사실을 깨닫게 되었습니다.

세상의 재물과 높은 지위가 영원하신 하느님 앞에서는 보잘것없는 것이라는 진리를 깨달은 프란치스코는 성경에서 지적한 대로 정말 가난한 생활을 하면서 자신의 빈 곳을 하느님의 말씀으로 채우며 살고 싶어 했습니다. "네가 가진 것을 모두 버리고 나를 따라 오라"고 말씀하신 예수님의 가르침을 말 그대로 실천하려 했던 것입니다. 그는 예수님께서 말씀하시고 행동하신 그대로 복음을 받아들이기 위해서 모든 것을 버리고 가난하게 살기로 결심했습니다. 많은 사람들은 성경에서 말하는 가난이라는 것을 그저 상징적이고 교훈적인 의미로 받아들였습니다. 그러나 프란치스코는 가난을 현실적인 가치를 차지하려고 집착하는 마음을 버리고 그 빈 곳을 하느님의 말씀으로 채우려는 자세로 이해했던 것입니다. 그는 또한 가난하고 헐벗은 사람들과 그들의 생활을 겸손하게 받아들이며 인간의 삶의 진정한 의미란 바로 그러한 보잘 것 없는 것에서부터 출발한다고 생각했습니다. 가난한 생활에 대한 분명한 확신을 가지게 된 프란치스코는 자신의 재산은 물론이고 입고 있던 옷마저 모두 버리고 알몸으로 아버지의 집을 나갔습니다. 그는 가난하고 비참한 생활을 하는 사람들이 입는 보잘것없는 넝마를 몸에 걸치고 구걸을 하면서 가난한 생활을 하기 시작했습니다. 많은 사람들은 그의 행동을 이해하지 못했으며 심지어 그를 구박하기도 했습니다. 사람들은 프란치스코가 다른 사람들에게 자신의 신앙을 자랑하려고 이상한 짓을 하고 있거나, 아니면 정신이 조금 돌아 버린 것은 아닌지 의심을 하기도 했습니다. 그러나 시간이 지나면서 프란치스코의 행동이 마음 깊은 곳에서 우러나온 진정한 겸손의 자세이며, 가난을 직접 체험하는 태도라는 사실을 깨닫고는 조금씩 그를 이해하기 시작했습니다. 프란치스코의 행동은 처음에는 괴상하고 수상한 것으로 비쳐지기도 했지만, 결국 그의 행동과 생활을 본받으려 사람들의 숫자는 날이 갈수록 늘어났습니다.

아시시의 프란치스코 성인은 부제가 되었지만, 결코 사제가 되지는 않았습니다. 자신은 사제가 되기에는 많이 부족하다며 겸손하게 사양했기 때문이었습니다. 1212년 아시시의 클라라는 프란치스코의 도움을 받아 그리스도를 닮기 위해 가난한 생활을 추구하는 여자 프란치스코회를 만들 수 있었습니다.

아시시의 성 프란치스코는 예수님의 탄생을 기념하는 성탄절 밤을 위해 최초로 베들레헴 마구간의 모습을 만들었습니다. 그는 설교를 하면서 팔레스티나까지 선교 여행을 다녔습니다. 그는 하느님을 사랑하는 마음으로 모든 생물을 아끼고 사랑했습니다.

프란치스코 성인은 세상을 떠나기 전 손과 발 그리고 옆구리에 예수님의 고통스러운 상처를 실제로 느끼는 오상의 고통을 받았습니다. 복음의 말씀을 실천하기 위해 가난한 생활을 사랑하였으며, 모든 생물을 사랑했던 아시시의 성 프란치스코는 1226년 10월 4일 동료 수사들의 아쉬움과 기도 가운데 세상을 떠났습니다.

"늑대야 다른 동물들을 마구 죽이지 마라. 네가 가지고 있는 맹수의 성질을 없앤다면, 우리가 너를 보살펴 주겠다."

성 브루노

〈기념 축일: 10월 6일〉

브루노는 1032년 쾰른에서 태어났습니다. 그는 랭스와 파리에서 대학을 마쳤으며, 파리에서 사제가 되었습니다. 그는 랭스로 돌아가 대학에서 신학에 대한 강의를 하였습니다. 그의 제자들 가운데는 나중에 교황 우르바노 2세가 될 학생도 있었습니다. 학문을 연구하고 똑똑한 학생들과 만나는 즐거운 시간이었지만, 보다 적극적인 영적 생활을 위해서 그는 교수의 지위를 포기했습니다. 결국 그는 1084년 완전히 세상으로부터 멀리 떨어져 기도 생활만 전념할 수 있도록 몇몇의 동료들과 함께 사막에 은둔하여 그곳에서 카르투 수도회를 창립하였습니다.

브루노가 세운 수도회는 완전히 엄격한 수도 생활을 강조하는 곳으로서 은수자 사이의 대화도 금지되었습니다. 수도원의 엄격한 규칙은 은수자들이 기도와 공동 미사를 드릴 경우에만 서로 말을 할 수 있도록 허락하였습니다. 그들은 각각 작은 독방에서 엄격한 생활을 하면서 기도실과 성당만을 다녔으며, 식사도 대축일에만 함께 하였습니다.

제자였던 교황 복자 우르바노 2세(기념 축일: 7월 29일)는 브루노를 로마로 불러 자신의 조언자가 되어 달라고 간곡하게 부탁하였습니다. 그는 로마에서 교황을 도왔으며, 다른 한편으로는 보다 많은 사람들이 은수 생활을 할 수 있도록 권장하기 위해서 카르투 수도회의 확산을 위해 노력하였습니다.

브루노 성인은 우르바노 2세 교황의 만류에도 불구하고 은수자 생활을 위해서 칼

라브리아의 광야에서 여생을 보냈습니다. 시편과 성 바오로의 편지에 대한 그의 연구
는 중요한 자료로 남아 있습니다.

성 브루노는 1101년 10월 6일 다른 은수자들에 둘러싸여 조용히 세상을 떠났습니다.

묵주 기도의 거룩한 동정 마리아

〈기념 축일: 10월 7일〉

처음 묵주 기도의 거룩한 동정 마리아 기념 축일은 교황 성 비오 5세(기념 축일: 4월 30일)에 의해 정해졌습니다. 비오 5세는 터키의 마호메트 교도들에 대항하여 구성된 십자군이 레판토의 전투에서 큰 승리를 거둔 것을 기념하며, 동정 마리아에 대한 신심을 기념하기 위해 이 날을 축일로 정했던 것입니다. 그 후 클레멘테 11세 교황은 모든 그리스도 교회가 묵주 기도의 거룩한 동정 마리아 축일을 기념하도록 했습니다. 위기에 몰린 그리스도 교회가 성모 동정 마리아님에게 존경심을 표시하며 교회를 위해 함께 기도드려 주실 것을 간절히 기도했기 때문에 마호메트를 앞세운 거센 터키군으로부터 그리스도교 신앙을 지킬 수 있었던 것입니다.

묵주 기도는 예수님의 탄생에서 죽음과 부활, 그리고 동정 마리아님의 승천에 이르기까지의 이야기를 열다섯 개의 묵상 주제로 나누어 기도하는 방법으로서 스페인의 도밍고 데 구스만 성인이 정리하여 만들었습니다.

묵주 기도는 동정 마리아님께서도 직접 하시는 기도 방법으로 알려져 있습니다. 묵주 기도는 환희의 신비와 고통의 신비, 그리고 영광의 신비 이렇게 세 가지의 신비로 나뉘어져 있으며, 각각의 신비에는 다섯 단계의 묵상 주제가 있습니다.

환희의 신비의 첫째 단계는 마리아님께서 예수님을 잉태하셨음을 묵상하는 단계이며, 둘째 단계는 마리아님께서 엘리사벳을 찾아보셨음을 묵상하는 단계이고, 셋째 단계는 마리아님께서 예수님을 낳으심을 묵상하는 단계입니다. 넷째 단계는 마리아님께서 성전에서 예수님을 드리심을 묵상하는 단계이며, 다섯째 단계는 마리아님께서 성전에서 예수님을 찾으심을 묵상하는 단계입니다.

고통의 신비의 첫째 단계는 예수님께서 우리를 위하여 피땀을 흘리심을 묵상하는 단계이며, 둘째 단계는 예수님께서 우리를 위하여 매 맞으심을 묵상하는 단계이고, 셋째 단계는 예수님께서 우리를 위하여 가시관을 쓰셨음을 묵상하는 단계입니다. 넷째 단계는 예수님께서 우리를 위하여 십자가 지심을 묵상하는 단계이며, 다섯째 단계는 예수님께서 우리를 위하여 십자가에 못 박히심을 묵상하는 단계입니다.

영광의 신비의 첫째 단계는 예수님께서 부활하심을 묵상하는 단계이며, 둘째 단계는 예수님께서 승천하셨음을 묵상하는 단계이고, 셋째 단계는 예수님께서 성령을 보내셨음을 묵상하는 단계입니다. 넷째 단계는 예수님께서 마리아님을 하늘에 불러 올리셨음을 묵상하는 단계이며, 마지막 다섯째 단계는 예수님께서 마리아님에게 천상 모후의 관을 씌우셨음을 묵상하는 단계입니다.

묵주 기도를 기념하는 날은 10월 7일만이 아니라 10월 동안 계속됩니다. 교회는 모든 신자들에게 가능하면 매일 묵주 기도를 할 수 있도록 권하고 있지만, 어려울 경우에는 영광의 신비 다섯 단만이라도 할 수 있도록 노력하라고 지도하고 있습니다.

교황 레오 13세는 "묵주 기도는 예수 그리스도의 왕국을 펼치기 위한 가장 강력한 방법입니다"라고 말씀하시며 모든 신자가 묵주의 기도에 정성을 드리고 열렬히 기도할 것을 당부하였습니다.

반석의 성모 마리아

〈기념 축일: 10월 12일〉

반석의 성모 마리아라는 이름은 **40**년 무렵 사도 야고보에게 나타나신 성모 마리아를 기념하기 위해 만들어진 성모 마리아 조각상에 붙여진 이름입니다. 사도 야고보는 예수님의 말씀을 전하기 위하여 여러 곳을 다니다가 스페인에 도착하였습니다. 그는 사라고사 지방을 흐르는 에브로 강가에서 지친 몸과 마음을 쉬고 있었습니다. 그때 아직 예루살렘에서 살고 계시던 성모 마리아님은 먼 공간을 뛰어넘어 야고보에게 나타났습니다. 마리아님은 야고보를 위로하고 그가 머물고 있는 바로 그 자리에 기도를 드릴 수 있을 만한 기도 장소를 세우라는 부탁을 하였습니다.

성모님의 모습은 대리석으로 조각되어 있는데, 그 대리석을 받치고 있는 원주 기둥은 좀 더 어두운 갈색의 대리석이며, 네모난 반석이 전체를 떠받치고 있습니다. 반석의 성모 마리아 조각상은 제대 위에 야고보 성인이 모셔 놓은 바로 그 자리에 있습니다. 지금 대성당의 두 번째 천장 부분이 사도 야고보 성인이 초기에 세운 교회의 모습을 간직하고 있습니다.

반석의 성모 마리아에 대한 존경은 수많은 기적을 일으켰습니다. 1637년 미겔 후안 페이세르에게 일어났던 기적은 좀 특별합니다. 그는 사고로 다리를 심하게 다쳤습니다. 의사들은 그의 다리 하나를 잘라서 땅에 묻었습니다. 그런데 삼 년이 지난 후 미겔 후안 페이세르는 반석의 성모상을 바라보고, 자신의 지난 생활에 대한 깊은 반성을 하였으며, 성모님께 자신을 위해 기도드려 달라는 애절한 기도를 드렸습니다. 성모님에게 모든 것을 내맡긴 후안은 목발을 바닥에 버리고 섰습니다. 그런데 놀라운 것은 그에게 잘라지고 없던 다리가 새로 생겨난 것이었습니다. 다리의 상처가 심해 다리를 절단했던 의사들은 놀라운 사건을 기록으로 남기고 증언하였습니다.

반석의 성모 마리아님은 사라고사의 수호 성녀로 기념됩니다.

"동정녀이면서 아기를 낳으신 거룩한 성모 마리아여, 당신은 하늘과 땅의 왕을 낳으셨습니다."

아빌라의 성녀 데레사

〈기념 축일: 10월 15일〉

데레사는 1515년 3월 28일 스페인의 아빌라에서 태어났습니다. 아빌라는 해발 1130미터나 되는 높은 곳에 위치한 중세의 도시인데, 스페인의 건국 서사시나 전설, 이교도들과의 전쟁에 얽힌 이야기가 가득한 역사적인 도시입니다.

데레사의 할아버지는 유대교인이었지만, 오래 전에 그리스도인으로 개종하여 전통적인 그리스도인 집안의 여인인 이네스 데 세뻬다와 결혼을

하여 일곱 명의 자녀를 두고 화목하게 살았습니다. 데레사의 아버지 알론소 산체스는 25세가 되던 1505년 카탈리나라는 여인과 결혼하여 남매를 두었지만, 곧 부인이 죽자, 1509년 베아트리스 데 아우마다와 결혼하여 열 명의 자녀를 두었습니다. 데레사는 베아트리스 데 아우마다의 장녀로 태어났으며, 어머니의 이름을 따 데레사 데아우마다라고 불렸습니다.

데레사의 회상에 의하면, 아버지는 자비한 성품을 지녔던 인자한 분으로서 굶주리고 병든 이들을 위해 기꺼이 자선을 실천했습니다. 또한 그녀의 어머니도 여러 덕망을 지닌 분이었으나, 잦은 병치레 때문에 항상 허약했습니다. 데레사는 로드리고 오빠와 친했는데, 함께 성인전이나 기사도 이야기를 읽으며 시간을 보내곤 했습니다.

일곱 살이던 어린 데레사는 어느 날 오빠 로드리고와 함께 아랍인들의 칼날 아래 순교를 하기 위해 몰래 집을 빠져나가 아랍인들이 살고 있을 것이라고 생각되는 남쪽 방향으로 도망을 치다, 뒤늦게 없어진 아이를 찾아 헤매던 삼촌에게 발견되어 집으로 붙잡혀 온 일도 있었습니다.

열두 살이 되던 해 데레사의 어머니는 병환으로 돌아가셨습니다. 데레사에게 어머니의 죽음은 커다란 충격이었습니다. 그녀는 아빌라 대성당에 모셔져 있는 자비의 성모님상 앞에 엎드려 자신의 어머님이 되어 주시기를 눈물로 간절히 호소했습니다. 데레사는 21살이 되면서 아빌라의 엔카르나시온 수녀원에 들어갔으며, 완덕과 희생을 위한 생활을 시작하였습니다. 그러나 데레사의 수녀원 생활은 그녀의 약한 건강 때문에 아주 어렵게 진행되었습니다. 하지만, 어떠한 어려움도 데레사의 굳은 믿음과 신념을 막을 수는 없었습니다.

1560년 데레사는 갈멜 수녀원을 개혁하려는 생각을 하게 되었으며, 갈멜 수도원이 생겼을 때의 엄격한 규칙을 되살리려 하였습니다. 그러나 종교 재판소는 유대인의 후손인 데레사의 행동을 이단적인 것은 아닌가 의심하게 되었습니다. 견디기 힘든 여러 차례의 조사와 수도원 개혁 운동에 대한 반대를 인내와 기도로 이겨낸 데레사는 1562년 드디어 최초의 맨발의 갈멜 수녀원을 건설할 수 있었으며, 모두 17개의 수녀원을 세웠습니다. 아빌라의 데레사 성녀는 20년이 넘는 긴 세월을 수녀원 건설을 위해서 오직 앞만 보며 열심히 살았습니다.

데레사는 많은 역경을 이겨냈습니다. 어렸을 때부터 그녀의 곁을 항상 따라다니던 온갖 질병과 자신의 개혁 운동에 반대하는 많은 의견과 방해, 그리고 자신이 진정으로 만족할 수 있는 기도를 하지 못한다는 안타까움과 같은 어려움들은 십자가에 매달리신 예수님의 고통을 통해서 오히려 그녀에게 위로와 힘이 되었습니다. 데레사가 우리에게 남겨 놓은 많은 저술은 영적으로 성숙한 영혼의 경험에서 나온 이야기들입니다.

아빌라의 성녀 데레사의 작품에는 초자연적 신비의 세계를 느낀 사람의 솔직한 고백이 담겨 있습니다. 이러한 자기 고백의 글은 남자들에 의해서 지배되던 16세기 서양 사회의 분위기에서 볼 때 놀라운 일입니다. 데레사는 자신의 저술에서 여성으로서는 보기 드물게 자신의 감정과 생각을 솔직하면서도 훌륭하게 표현하고 있으며, 자신의 믿음을 실천하려는 진지하고 진실한 수도자의 겸손한 모습을 보여주고 있습니다.
데레사 성녀는 겸손한 자세로 자신과 싸워 하느님의 사랑을 발견하도록 동료 수녀들
에게 용기를 주었습니다.

"제 안에 살지 않으며 살아갑니다. …… 죽어지지 못함에 죽어가옵니다."

성 루가 복음사가

〈기념 축일: 10월 18일〉

루가는 복음사가 가운데 유일하게 유대인이 아닌 이방인입니다. 그는 시리아의 안티오키아에서 태어났습니다. 그는 헬레니즘 문화의 영향을 받고 자라났으며, 그의 모국어는 그리스어였습니다. 루가 복음에 사용된 문장의 표현들이 단순하면서도 세련된 훌륭한 고전적 문체로 되어 있는 것은 루가의 모국어가 그리스어였다는 사실을 생각하면 쉽게 이해가 됩니다. 당시 그리스어는 높은 문화 수준을 표현하는데

별다른 어려움이 없을 만큼 잘 발달되어 있던 고급언어였기 때문입니다.

루가는 의사였으며, 동시에 화가였습니다. 그는 자신이 세례를 받았다는 사실만으로는 만족을 하지 못하였으며, 다른 사람들에게도 그리스도교의 진리를 알려 그들의 영혼이 구원될 수 있도록 하겠다는 결심을 하였습니다. 그는 복음을 전하기 위하여 일생을 바쳤습니다. 루가는 성 바오로(기념 축일: 6월 29일)를 따라 마케도니아와 필립보 등지를 돌아다녔습니다. 성 바오로가 예루살렘에서 붙잡히자, 그는 성 바오로의 곁에 머물면서 로마 황제에게 탄원을 올렸습니다. 그는 로마로 향하는 바오로의 위험한 여행을 따라나섰으며, 바오로의 충실한 동료가 되었습니다. 성 바오로는 그를 "우

리의 사랑하는 의사"라고 불렀으며, "루가만이 나와 함께 있습니다"라고 기록하고 있습니다.

성 루가는 세 번째 복음서와 사도행전을 기록했습니다. 복음사가로서 성 루가의 상징은 황소입니다. 루가 복음은 사제 직분을 이행하는 즈가리야의 이야기로부터 시작합니다. 루가 복음의 특징은 가난하고 병들고 보잘것없는 사람들에 대한 사랑과 구원의 이야기가 많이 등장하고 있다는 사실과 예수님께서 이 땅에 오신 것은 유대인만을 위해서 오신 것이 아니라 수많은 이방인들 모두를 위해 오셨다는 사실을 강조하고 있다는 데에 있습니다.

성 루가가 순교를 했다는 증거는 남아 있지 않습니다. 성 예로니모의 기록에 의하면 그는 83년 무렵에 세상을 떠났으며 콘스탄티노플에 묻혔다고 합니다.

성 루가 복음사가는 예술가들의 수호성인이며, 성 판타레온(기념 축일: 7월 27일), 성 고스메(기념 축일: 9월 26일)와 성 다미안(기념 축일: 9월 26일)과 함께 의사들의 수호성인으로 기념됩니다.

"나는 너를 이방인의 빛으로 삼았으니, 너는 땅 끝까지 구원의 등불이 되어라."

성 베드로 알칸타라

〈기념 축일: 10월 19일〉

베드로는 1499년 스페인의 알칸타라 지방에서 귀족 집안의 자손으로 태어났습니다. 그는 16살이 되면서 프란치스코회에 들어갔습니다. 그는 페드로사에서 사제로 서품을 받았으며, 그곳에서 가난과 기도, 회개와 엄격한 생활을 실천하는 정신을 되살리려는 수도원 개혁을 위해 노력합니다. 그는 다른 성직자들에게 모범이 되는 행동과 태도를 보여주었습니다.

베드로 알칸타라는 "나는 내가 이 땅에 살아 있는 동안 내 몸이 절대 쉬지 못하게 만들겠지만, 대신 내가 하늘에 올라가게 되면 내 몸이 마음껏 쉴 수 있도록 하겠다고 내 몸과 약속을 했습니다"고 말하곤 했습니다. 그의 훌륭한 인품과 굳은 신앙심은 당시 많은 수도 성직자들에게 위로와 용기가 되었습니다.

베드로 성인은 아빌라의 데레사 성녀(기념 축일: 10월 15일)의 고해 신부였으며, 그녀가 정신적으로 힘들어할 때 용기와 지혜를 주었습니다. 데레사는 베드로 알칸타라의 생활 태도에 깊은 존경을 지니고 있었습니다.

성 베드로 알칸타라는 1562년 세상을 떠났습니다. 그는 무염시태의 성모님(기념 축

일: 5월 11)과 함께 브라질의 수호성인으로 기념됩니다.

"고행은 나에게 값진 영광입니다."

성 이사악 조그

〈기념 축일: 10월 19일〉

이사악 조그는 북아메리카에서 그리스도교의 복음을 전했던 최초의 순교자 가운데 한 분입니다. 이사악은 1607년 프랑스의 오를레앙에서 태어났습니다. 그는 17살이 되던 해 하느님의 영광을 위하여 예수회에 들어갔습니다. 이사악 조그는 오를레앙에서 문학을 가르치면서 조용히 살고 있었습니다. 그러던 어느 날 그는 신대륙에 복음을 전하겠다는 사명을 느꼈으며, 신대륙의 휴론 원주민들에게 그리스도교를 전도하기 위해서 1636년 동료들과 함께 캐나다에 도착했습니다. 그는 비록 신체적으로 강한 사람은 아니었지만, 그의 선교에 대한 열의는 대단한 것이었습니다.

휴론 족과 함께 살면서 복음을 전하던 이사악은 휴론 족을 침략한 이로크와 족에게 잡혀 오랫동안 온갖 고문과 고통을 겪으며 노예로 지내게 되었습니다. 그러다 우연히 네덜란드 사람들에게 구출되어 프랑스로 돌아온 그는 영웅 대접을 받으며 고국에 머물러 있을 수 있었습니다. 그러나 그는 무사히 고향에 돌아올 수 있었음을 하느님께 감사드린 다음 다시 복음의 사명을 위해 캐나다의 퀘벡으로 돌아갔습니다.

이사악 조그는 다른 동료들과 함께 이로크와 족이 사는 곳으로 갔습니다. 그러나 호전적인 리오크와 족의 일파인 모호크 인에게 사로잡혀 손톱과 손가락을 잘리는 고문을 받다가 마침내 도끼로 목이 잘려 죽음을 당했습니다. 모호크 인들은 이사악 조그의 목을 창대에 걸어 장식을 하여 다른 선교사들에게 경고의 표시로 사용하였습니다. 이 참혹한 일이 벌어진 것은 이사악 조그가 처음 신대륙에 도착한 지 10년이 지난

1646년이었습니다. 그러나 이사악 조그의 뒤를 잇는 선교사들은 위험을 무릅쓰고 복음을 전하기 위한 여행을 계속하였으며, 결국 요한 드 랄랑드, 르네, 존, 앤소니 다니엘 등의 예수회 선교사들은 1649년 모두 휴론 족의 적인 모호크 인들에게 잡혀 고문을 당하다 순교하고 말았습니다.

이사악 조그와 동료 선교사들은 성 요셉(기념 축일: 3월 19일)과 더불어 캐나다의 수호성인으로 기념되고 있습니다.

"순교자들의 피는 새로운 그리스도인을 위한 씨앗입니다."

성녀 라우라

〈기념 축일: 10월 20일〉

　라우라의 출생에 대한 기록은 거의 알려져 있지 않습니다. 그러나 그녀의 죽음은 지금까지도 많은 그리스도인에게 생생하게 기억되고 있습니다. 라우라가 태어난 스페인의 코르도바는 아랍인들의 지배를 받고 있었습니다. 당시 스페인에는 호전적인 아랍 족이 점령하고 있었는데, 그들은 711년 지브롤터 해협을 통해 이베리아 반도로 침입해 반도를 전쟁의 참혹함으로 몰아넣었습니다. 그들은 코란과 칼을 들고 스페인 사람들의 정신과 영토를 조금씩 지배하기 시작했습니다.

　아랍인들이 스페인을 침입한 지 거의 100년가량이 지난 다음 라우라가 태어났습니다. 라우라는 젊어서 과부가 되었습니다. 그녀는 코르도바의 동정 마리아 수도원에 들어가 수녀가 되었습니다. 순수하고 열정적인 신앙심을 가지고 있던 라우라는 곧 수도원의 원장 수녀가 되었습니다.

　아랍인들은 대도시를 중심으로 거의 모든 스페인 반도를 다스리고 있었지만, 그들의 힘이 높은 산악 지형까지 미치지는 않았습니다. 그러나 아랍인들은 864년 라우라가 있던 수도원에까지 침입하였습니다. 그들은 수녀들에게 그리스도교를 포기하라는 무리한 요구를 하였습니다. 그때 라우라 원장 수녀는 당당하게 앞으로 나아가 침략자들의 무례함을 꾸짖고, 오직 한 분이신 하느님을 버릴 수는 없다고 맞섰습니다. 아랍인들은 라우라를 막대기와 회초리로 잔인하게 때리며 고문을 했지만, 라우라는 당당하게 자신의 신앙을 고백할 뿐이었습니다. 화가 난 아랍인들은 납을 녹이고 있던 커다란 솥에 그녀를 집어넣어 목숨을 빼앗았습니다.

"당신은 나를 모함하는 사람들 앞에서 저를 보호하셨습니다. 당신은 당신에게 희망을 가지고 있는 사람들을 구하셨습니다."

성 크리산토와 성녀 다리아

〈기념 축일: 10월 25일〉

크리산토와 다리아 부부의 신앙과 모범적인 행동은 로마에 널리 퍼졌던 이야기입니다. 크리산토는 이집트 출신이었으며, 다리아는 그리스 출신이었습니다. 그들은 누메리아노와 카리노 황제의 박해 때 죽음을 맞이했습니다.

누메리아노와 카리노 황제의 그리스도인들에 대한 박해의 명령을 받은 로마 병사들은 크리산토와 다리아 부부에게 신앙을 포기하도록 명령했습니다. 그러나 그들은 그리스도인으로서 자랑스럽게 죽음을 맞이하기로 했습니다. 로마 병사들은 이들 부부를 지하 묘지에 산채로 매장하였습니다. 그러나 크리산토와 다리아 부부는 당당하게 죽음의 순간을 맞이하였습니다.

성 다마소(기념 축일: 12월 11일)는 이들 부부의 큰 용기에 감동을 받아 묘비명을 직접 기록하였습니다. "순교한 성인들의 묘를 경배하십시오. …… 저, 교황 다마소는 순교 성인들에 대한 감사의 표시로 이 무덤을 기념합니다."

"역경과 고난 가운데 인내를 가집시다. 우리는 언제나 기쁘게 생활합시다."

성 시몬 사도

〈기념 축일: 10월 28일〉

교회는 일 년 동안 세 번 사도들을 둘씩 묶어 기념 축일로 정하고 있습니다. 첫 번째는 성 필립보 사도와 성 야고보 사도의 기념 축일(5월 3일)인데, 같은 날 두 사도의 기념 축일이 정해진 것은 그들의 유해가 같은 날 함께 옮겨졌기 때문입니다. 두 번째는 성 베드로 사도와 성 바오로 사도의 기념 축일(6월 29일)로서 같은 날 기념 축일이 정해진 이유는 그들이 함께 순교를 하였기 때문입니다. 세 번째로는 성 시몬 사도와 성 유다 사도를 들 수 있는데, 이

들도 성 베드로와 성 바오로처럼 같은 날 순교를 하였습니다.

시몬 사도는 베드로와 분명히 다른 사도입니다. 베드로 사도 역시 시몬이라는 이름으로 불렸지만, 예수님이 직접 지어 주신 "반석"이라는 의미의 베드로로 이름을 지어 주신 다음에는 베드로로만 불렸습니다.

시몬 사도는 갈릴리의 가나 지방에서 태어났습니다. 그는 "혁명 당원"이라고 불리기도 하는데 그가 유대 전통을 완성하기 위한 정치 종교 집단에 속해 있었기 때문입니다. 시몬은 예수님의 첫 번째 제자 가운데 한 사람입니다.

성령이 제자들에게 내려온 다음 시몬은 사도 유다 타대오와 함께 복음을 전하기 위

해서 이집트를 거쳐 페르시아로 갔습니다. 그들은 그곳에서 30년 동안이나 복음을 전하기 위한 많은 노력을 하였습니다. 성 시몬 사도는 80년 십자가형으로 순교하였습니다.

성 시몬 사도는 성 베드로 사도(기념 축일: 6월 29일), 성 안드레아 사도(기념 축일: 11월 30일), 성 제논(기념 축일: 4월 12일)과 성 니콜라오(기념 축일: 12월 6일)와 함께 어부들의 수호성인으로 기념됩니다.

"저는 주님의 집에 있는 비옥한 올리브 나무와 같습니다."

성 유다 타대오

〈기념 축일: 10월 28일〉

유다는 소 야고보의 형제이며, 성 요셉(기념 축일: 3월 19
일)과 성모 마리아님의 조카입니다. 그는 타대오라고도 불리
는데 타대오란 "용감한"이라는 뜻입니다. 그는 예수님을 어렸
을 때부터 잘 알고 있었습니다.

유다 타대오는 부활하신 예수님이 성령을 보내신 다음, 처
음에는 메소포타미아로 복음을 전하기 위한 여행을 떠났습니
다. 그러나 성 시몬 사도와 함께 페르시아로 가서 그곳에서
예수님을 모르는 이방인들에게 예수님의 복음 말씀을 전하며
30년 동안을 열심히 일했습니다. 그는 온갖 어려움과 역경을
겸손과 인내로 참아 내었습니다. 비록 개종자들의 행동이 마음에 들지 않더라도 참고
노력하며 그들이 진정한 그리스도인이 될 수 있도록 예수님의 말씀을 생생하게 전하
기 위하여 꾸준한 노력을 하였습니다.

성 유다 타대오 사도는 80년 성 시몬 사도와 함께 순교하였습니다.

예수님께서는 "사람들이 나를 박해한다면, …… 또한 너희들도 박해할 것이다"라고
말씀하셨습니다.

성 유대철 베드로

〈기념 축일: 10월 31일〉

유대철 베드로는 1826년 통역관이던 성 유진길 아우구스티노(기념 축일: 9월 22일)의 장남으로 태어났습니다. 그는 아버지 유진길은 불교와 도교에 대한 뛰어난 학식을 갖추고 있던 박식한 사람이었는데, 천주교에서 진리의 빛을 발견하였습니다. 그는 정하상 바오로(기념 축일: 9월 22일)와 함께 교회의 재건과 성직자를 맞아들이는 일에 큰 공을 세웠습니다. 베드로는 아버지  유진길의 영향을 받아 어려서부터 그리스도인으로서의 바람직한 행동을 따르려 노력하였습니다. 그러나 어머니와 누나는 이들 부자의 신앙에 적극적으로 반대를 하였으며, 공개적으로 비난하기까지 했습니다. 그러나 유대철 베드로는 어머니의 편견을 안타까워하면서도, 자식으로서의 효성을 다하려고 노력하였습니다.

1839년 드디어 그리스도인들에 대한 대박해가 시작되었으며, 여기저기에서 순교의 소식이 들려 왔습니다. 그는 감옥에 갇혀 있던 아버지와 다른 순교자들이 보여 준 훌륭한 행동에 감동, 하느님께 대한 열렬한 사랑의 마음으로 관청을 찾아가 자신이 그리스도인이라는 사실을 밝혔습니다. 재판관은 자수한 베드로가 그리스도교를 버리겠다는 말을 할 수 있도록 가혹한 형벌을 내렸습니다. 어린아이에게는 감히 상상할 수도 없는 숱한 고문과 형벌이 계속되었습니다. 베드로는 어린 나이에도 불구하고 고문과 조사 14회, 태형 100여 대 이상과 치도곤 45대 이상을 맞아서, 온몸의 살이 너덜거렸으며 피로 범벅이 되어 있었지만 항상 기쁜 얼굴로 지냈습니다.

하루는 감옥 소장이 담뱃대로 그의 넓적다리를 내리쳐 살점을 한 점 떼어 내며, "이래도 천주교를 버리지 않겠느냐?"고 소리치자, "그럼요. 이것쯤으로 배교할 줄 아세요?"라고 대답하며 놀라운 용기를 보여주었습니다. 이에 감옥 소장은 부젓가락으로 빨간 숯덩이를 집어 입을 벌리라고 말했습니다. 그러자 유대철은 "자요"라며 입을 벌려 주변 사람들을 깜짝 놀라게 했습니다. 관헌들은 어린 그를 공공연히 죽이면 군중이 반발할까 두려워 감옥 안으로 몰래 들어가, 뼈가 부러지고 살이 거의 모두 찢겨 있어 피투성이가 된 작은 몸뚱이를 움켜쥐고 목에 끈을 감아 졸라 죽였습니다. 1839년 10월 31일의 일이었습니다.

성 유대철 베드로는 한국의 가장 어린 순교자입니다. 그의 용기는 어느 누구도 흉내 내기 어려운 대단한 것이었습니다. 어린 베드로는 기적과 같은 용기로 한국 천주교의 생명에 불을 지핀 영웅이었습니다.

"너무 염려하지 마시어요. 이까짓 것쯤으로는 죽지 않아요. 그럼요. 이것쯤으로 배교할 줄 아세요?"

11월

성 마르틴 데 포레스

〈기념 축일: 11월 3일〉

마르틴 데 포레스는 현재 페루의 수도 리마에서 1579년 태어났습니다. 그의 아버지는 스페인의 부르고스 지방 출신 귀족이었습니다. 그의 어머니는 낮은 계급의 흑인 처녀였습니다. 마르틴은 사생아였던 것입니다. 흑인인 어머니의 모습을 꼭 닮은 마르틴을 아버지는 인정하려 하지 않았습니다.

아버지의 인정을 받지 못한 마르틴은 어머니와 함께 아주 가난하게 어린 시절을 보냈습니다. 몇 년 동안의 어려운 시절이 지난 다음, 그의 아버지는 마르틴을 자신의 자식으로 인정하였으며, 그를 구아야킬로 불러 기초 교육을 받을 수 있게 해 주었습니다. 그러나 마르틴의 여동생이 태어난 다음 그의 아버지는 파나마의 총독으로 임명되었기 때문에, 혼자 파나마로 떠나야 했습니다. 아버지를 따라 파나마로 갈 수 없었던 마르틴은 리마로 돌아왔습니다. 마르틴의 가족은 다시 가난한 생활로 돌아가야만 했습니다. 그러나 마르틴의 어머니는 그에게 외상 치료사와 이발사가 될 수 있도록 직업 교육을 받을 수 있게 해주었습니다. 간단한 외과 치료 기술과 이발 기술을 익히게 된 마르틴은 아픈 사람들을 돌볼 수 있었습니다.

마르틴 데 포레스는 21살이 되었을 때, 성 도밍고 수도회에 들어가고 싶어 했습니다. 그러나 그의 출생이 불분명하고 게다가 중등 교육도 제대로 받지 못했기 때문에 수사가 되지는 못했고, 평신도 보조원으로 일할 수 있었습니다. 그는 수도원에서 생활하면서 병든 사람들과 버려진 아이들, 그리고 고통을 받고 있는 사람들을 돕는 일에 전념했습니다. 사람들은 힘든 일을 맡아서 처리하는 그를 '빗자루 수사'라고 불렀습니다. 빗자루 수사 마르틴 데 포레스는 낮에는 겸손함과 사랑으로 아픈 사람들을 돌보았고 밤에는 기도와 참회의 생활을 하였습니다. 그는 모든 사람을 차별 없이 똑같은 사랑과 정성으로 보살폈습니다. 그의 덕망이 널리 알려지자 많은 사람들이 신분의 높고 낮음에 관계없이 그와 상담하기를 원했습니다. 마르틴에게 충고와 조언을 부탁했던 수많은 사람들 가운데는 친촌의 부왕과 투르히요의 주교도 있었습니다.

마르틴의 환자들이 마르틴을 애타게 찾으면, 그는 어느 틈엔가 나타나 환자들을 돌보기 시작했습니다. 환자들은 놀라움과 기쁨으로 들뜨게 되었고, 마르틴은 환자들을 진정시키고 조용히 치료를 하였습니다. 빗자루 수사 마르틴의 명성은 널리 퍼져서, 도미니코 수도원에는 언제나 수많은 사람들이 모여들었습니다. 수도원장은 조용해야 할 수도원에 수많은 사람들이 마구 몰려들어 소란스러워지자, 마르틴에게 모든 치료나 기적을 이룰 때 자신의 허락을 받으라고 명령했습니다. 그는 겸손하게 원장의 명령을 따랐으며, 하루에도 몇 번씩이나 치료와 기적을 허락해 달라고 부탁하러 뛰어다니곤 했습니다.

성 마르틴 데 포레스의 사랑과 정열은 모든 사람들에게 공평하게 전달되었으며, 심지어는 동물들도 그를 좋아하였습니다. 마르틴이 미사 예복을 씹어 놓는 쥐들에게 모두 바구니로 올라오라고 한 다음 정원에 풀어 주고 먹을 것을 주었던 이야기는 잘 알려져 있습니다. 동료 수사들 가운데 대부분은 그를 뛰어난 영적 지도자로 여겼지만, 그는 자기 스스로를 '노예'라고 불렀습니다.

빗자루 수사 성 마르틴 데 포레스는 1639년 인종을 초월한 큰 사랑을 실천하며 살아온 인생을 마감하고 세상을 떠났습니다.

"잠깐만 기다리세요, 제가 당신을 치료할 수 있도록 허락을 받아 오겠습니다."

성 가롤로 보로메오

〈기념 축일: 11월 4일〉

가롤로 보로메오는 이냐시오 로욜라(기념 축일: 7월 31일)를 비롯한 몇몇의 중요한 인물들과 함께 가톨릭교회의 쇄신 운동 역사에 있어서 가장 중요한 사람입니다. 그는 교회의 관습을 개선하기 위해 특별한 노력을 기울였습니다. 그는 1538년 밀라노의 귀족 가문인 보로메오 백작의 아들로 태어났습니다. 그의 어머니는 유명한 메디치 가문 출신이었고, 교황 비오 4세는 그의 외삼촌이었습니다. 가롤로는 14세가 되자 민법과 교회법을 공부했습니다. 그는 22살에 밀라노의 주교와 추기경으로 예정될 만큼 뛰어난 지식과 능력을 인정받았습니다. 그는 교황청의 국무성 장관을 지냈으며, 결혼하라는 가족의 말을 뿌리치고 25살에 사제가 된 뒤 곧바로 주교로 임명되었습니다. 그는 로마에서 누릴 수 있었던 자신의 모든 특혜를 포기하고 밀라노로 가서 평범한 사제로서 활동하고 싶다는 뜻을 교황에게 전했습니다.

가롤로는 밀라노의 주교로서 신자들의 모범이 되기 위해 열심히 일하고 기도했습니다. "영혼은 무릎으로 구원되는 것입니다"는 그의 말은 그가 간절한 기도의 소중함을 얼마나 강조했는지 알게 해줍니다. 그러나 그는 밀라노로 가지 못한 채 트렌트 공의회를 준비하기 위한 종교회의를 소집해야 했습니다. 트렌트 공의회를 무사히 마친 다음 그는 밀라노 대교구에서 사목 활동을 할 수 있도록 허락을 받았습니다.

가롤로 보로메오는 가톨릭의 정신적인 쇄신 운동을 위해서 스스로가 모범이 되기 위해 노력했습니다. 그는 자신의 수입과 집안에서 물려받은 재산을 모두 자선 사업을 위해 사용했으며, 거의 항상 마른 빵과 물만으로 식사를 대신했습니다.

가롤로 보로메오 성인은 1576년 전염병과 기아가 몰아닥치자 밀라노를 떠나지 않고 자신의 침대까지 내놓으며 환자들을 돌보았습니다. 그는 그때부터 세상을 떠날 때까지 바닥에 판자를 펼쳐 놓고 잠을 자기 시작했으며, 도시의 관리들도 모두 떠나고 힘들었지만, 그는 어렵고 힘든 병간호를 꾸준히 해냈습니다.

성 가롤로 보로메오는 1584년 밀라노에서 46살의 나이로 세상을 떠났습니다. 그는 이웃과 교회에 대한 사랑으로 평생을 바쳤습니다. 그의 희생과 교회의 쇄신 운동은 많은 결실을 거두었으며, 그리스도교의 윤리적이고 도덕적인 생활에 근본적인 변화를 가져다주었습니다.

"수다스러움을 부끄럽게 생각하지 마십시오. 바르게 기도한다면 그것으로 충분합니다."

성 대 레오

〈기념 축일: 11월 10일〉

레오는 440년 교황 식스토 3세를 뒤이어 교황이 되었습니다. 그가 이탈리아의 토스카 지방에서 태어났다는 사실 말고는 교황이 되기까지 알려진 사실은 별로 없습니다. 교황으로 선출된 레오가 해야 할 일은 아주 어려운 것이었습니다. 당시 교회는 불안정한 상태에 놓여 있었습니다. 적지 않은 수의 사람들이 여기저기에서 생겨난 이단을 따르기 시작했으며, 그리스도교 신앙에 혼란을 가져오기도 하였기 때문이었습니다. 교황 레오는 사람들에게 올바른 그리스도교 신앙을 일깨워 주고, 혼란스러워 하는 신자들에게 참다운 진리를 깨우치고 평화를 찾을 수 있게 해야 할 사명을 강하게 느꼈습니다.

교황 레오는 그리스도에 대한 교리가 분명하게 정리되어야 할 필요를 느끼고, 칼케돈 공의회(451년)를 개최해서 예수 그리스도가 사람이시며 동시에 하느님이시라는 교리를 선포하였으며, 여럿으로 흩어져 안정을 찾지 못하고 있던 유럽의 주교들을 로마 교황을 중심으로 모일 수 있는 분위기를 마련하였습니다. 그는 진정 사도 성 베드로의 후계자로서 교황의 위치를 분명하게 세웠던 것입니다.

레오 성인은 452년 흉노족들이 로마로 침입해 왔을 때, 로마가 약탈되는 것을 막아 내었습니다. 흉노족의 대장인 아틸라이는 대 레오 교황의 용기와 위엄에 감동을 받아 이탈리아를 공격하려던 계획을 바꾸어 자신들의 진행 방향을 다른 곳으로 돌렸습니다. 3년이 지난 455년 북방의 반달족이 로마를 침략했을 때, 대 레오 교황은 물건은 훔쳐 가더라도 사람의 목숨만은 절대로 해치지 말라고 반달족의 두목에게 간청하여 로마인들을 생명의 위협으로부터 구해 내었습니다.

성 대 레오 교황의 많은 강론과 편지들은 지금까지 전해지고 있는데, 특히 그가 성탄절을 맞이하여 신자들에게 들려줬던 강론은 지금까지도 유명합니다.

"내 마음은 슬픔과 두려움으로 가득합니다. 지금 사람들은 너무나 위험한 상태에 놓여 있습니다."

투르의 성 마르티노

〈기념 축일: 11월 11일〉

마르티노는 오늘날 헝가리인 파노니아에서 316년 무렵 태어났습니다. 그의 아버지는 로마 군의 호민관이었습니다. 그는 이교도였지만, 마르티노는 8살이 되면서 교리문답을 배웠으며, 아버지를 따라 프랑스의 갈리아 지방으로 갔습니다. 그는 15살이 되면서 아버지의 뜻을 받아들여 군인으로 지원했습니다.

그가 아미앙에 있을 때였습니다. 아주 추운 어느 날 그는 추위에 떨고 있는 걸인을 보았습니다. 그는 망설임 없이 들고 있던 칼로 자신의 망토를 두 조각으로 만들어 한쪽은 자신이 걸치고 나머지 한쪽은 걸인에게 주어 추위를 피하도록 해주었습니다. 마르티노는 그날 밤 꿈속에서 예수 그리스도님께서 자신이 준 반쪽 망토를 걸치고 "아직 예비 신자인 마르티노가 이 옷으로 나를 입혀 주었다"고 말씀하시는 것을 들었습니다. 그는 18살이 되면서 그리스도인으로 세례를 받았습니다. 마르티노는 율리아노 황제가 군인들에게 내리는 전쟁 하사품을 거절하며 "지금까지 저는 폐하를 섬겨왔습니다. 그러나 앞으로는 예수 그리스도님을 섬기겠습니다"라고 말하였습니다. 군대에서 물러난 마르티노는 먼저 어머니를 찾아가 뵈었습니다. 어머니는 몇 년 전에 이미 그리스도인으로 개종을 하였기 때문에 그리스도인이 된 아들의 행동을 무척 기뻐했습니다. 그는 잠깐 동안 어머니의 곁에 머물러 있다가, 프와티에에 있던 힐라리오에게 가서 그의 제자가 되었습니다.

마르티노는 이교도들에 대항하여 아주 열심히 일했습니다. 그는 수도자가 되어 밀라노에 머물면서 활동을 하였지만, 프랑스로 되돌아가서 갈리아 지방에서는 최초로 수도원을 세워 미래의 주교들을 여러 명 길러냈습니다.

371년 마르티노는 투르 주민들의 간곡한 요청에 따라 주교로 임명되었습니다. 그러나 그는 주교로서의 역할보다는 수도원을 세우고 프랑스, 룩셈부르크와 독일 전역을 다니며 복음을 전하는 일에 매력을 느꼈습니다. 397년 마르티노는 더 이상 일을 할 수 없을 만큼 지칠 때까지 교회를 위해 봉사하다 세상을 떠났습니다. 그의 무덤은 투르에 마련되었습니다.

투르의 성 마르티노는 순교를 하지 않고 성인으로 존경받는 최초의 성인들 가운데 한 분이십니다.

"이 망토를 받으세요. 우리 모두 이 추위에 얼어 죽지는 않을 것입니다."

성 슬라니슬라오 코스트카

<기념 축일: 11월 13일>

　슬라니슬라오는 1550년 폴란드에서 국회의원의 아들로 태어났습니다. 슬라니슬라오는 형과 함께 이제 막 설립된 예수회 학교에서 공부를 하기 위해 비엔나로 보내졌습니다. 그러나 몸이 약하면서도 무엇이든 꾸준히 잘 견뎌 내는 그의 성격 탓에 형과 친구들은 그를 모기라고 부르며 놀려대곤 했습니다. 슬라니슬라오는 자신이 옳다고 믿는 것은 반드시 이뤄내는 성격을 지니고 있었습니다. 청년으로 자란 슬라니슬라오는 가족의 반대와 어려운 환경을 무릅쓰고 예수회 회원이 되려는 결심을 하였습니다. 그러나 비엔나의 예수회에서는 그를 받아들이지 않았습니다. 슬라니슬라오는 호리병 물통과 지팡이만을 들고 걸어서 로마까지 순례를 떠났습니다. 어려서부터 곱게만 자라났던 그는 아직까지 별다른 육체적 고생을 경험해 보지는 못했지만, 순례가 얼마나 힘든 일인지 잘 알고 있었습니다. 그는 고생을 각오하고, 농부의 복장을 구해 입은 다음 순례의 먼 길을 나섰습니다. 그가 아우스부르고라는 마을에 도착했을 때는 그는 이미 병에 걸려 거의 쓰러질 지경이 되었습니다. 그러나 그는 거의 먹지도 쉬지도 못하면서도 여행을 계속했는데, 한 달 동안 800킬로가 넘는 먼 거리를 계속 걸었습니다. 순례를 나선 슬라니슬라오의 유일한 소망은 예수회 수사가 되는 것이었습니다.

　슬라니슬라오는 독일을 지나면서 성 베드로 카니시오를 만날 수 있었는데, 그는 슬라니슬라오의 소명에 확신을 주었습니다. 마침내 로마에 도착한 슬라니슬라오는 성 프란치스코 데 보르하의 따뜻한 환영을 받을 수 있었습니다.

　슬라니슬라오는 수련기 동안 성모 마리아님에 대한 특별한 사랑과 봉사의 정신을 새롭게 하였습니다. 그는 언제나 동료들과 잘 사귀며 열심히 예수회 수도원의 생활을 하였지만, 그의 약한 건강은 그에게 계속된 많은 시련을 안겨 주었습니다. 로마의 기후에 적응을 하지 못한 슬라니슬라오는 10개월 동안의 수련 생활을 보내면서 완전히 탈진한 상태가 되었습니다. 그는 자신이 그토록 사랑하던 성모님이 하늘로 올라가신 몽소승천일 새벽에 세상을 떠났습니다.

　슬라니슬라오 성인은 학생들, 특히 젊은 신학생들의 모범이 되고 있습니다.

　사람들이 그의 성모님에 대한 특별한 존경과 사랑에 대해서 묻자, 그는 "우리 모두의 어머너를 어떻게 사랑하지 않을 수 있겠느냐"고 대답했습니다.

성 알베르토

〈기념 축일: 11월 15일〉

알베르토는 1200년 무렵 볼쉬태드 백작의 장남으로 태어났습니다. 그의 아버지는 그를 파리와 파두아로 보내 대학 공부를 시켰습니다. 그는 파두아에서 아리스토텔레스의 학문을 알게 되었습니다. 그는 집과 성을 버리고 가족의 반대를 무릅쓴 채, 이제 막 설립된 도미니코회에 들어갔습니다. 그는 아리스토텔레스의 전문가로서, 자연과학과 그 밖의 여러 학문에 능통한 학자로서 파리 대학과 쾰른 대학을 비롯한 유럽의 여러 대학에서 제자들을 가르쳤습니다. 그의 제자 가운데 성 토마스 아퀴나스(기념 축일: 1월 28일)는 그의 학문을 잘 받아들여 그리스도교 철학과 희랍 철학을 종합하여 발전시켰습니다. 알베르토는 토마스 아퀴나스의 재능을 발견하여 그의 빛나는 앞길을 예견하였습니다.

알베르토 성인은 독일 도미니코회의 관구장이었으며, 1260년 로마 교황의 간곡한 부탁을 겸손하게 받아들여 레겐스부르크의 주교가 되었습니다. 2년이 지난 다음 그는 자신이 그 동안 미루어 두고 있던 저술 활동과 연구를 위해서 주교의 직위를 겸손하게 사양했습니다.

성 알베르토의 연구와 저술은 자연 과학, 논리학, 수사학, 천문학, 윤리학, 수학, 경제학, 정치학, 형이상학 등 모든 학문에 걸쳐 이루어졌으며, 아주 두꺼운 책으로 38권이 넘는 많은 양으로 정리가 되어 있습니다. 알베르토 성인의 학문에 대한 호기심과 열정은 무척 진지하였는데, 그는 20년이 넘는 기간 동안 거의 쉬지 않고 연구를 진행했으며, 언제나 진지한 의욕에 넘쳐 있었습니다.

알베르토 성인은 더 이상 학문을 연구하기에는 자신이 너무 늙었다는 사실을 깨닫고, 제자들에게 학문의 가능성을 제시하고 용기를 주면서 자신은 연구에서 물러났습니다. 그는 죽기 2년 전부터 콜로니아로 은퇴하여 자신이 죽은 다음 묻히게 될 무덤을 직접 준비하고, 매일처럼 죽은 사람들을 위한 장례 미사를 주재하였습니다. 그는 1280년 80을 바라보는 나이로 세상을 떠났습니다.

성 알베르토는 교회 학자이며 과학자들과 철학자들의 수호성인으로 기념됩니다.

알베르토 성인은 "세상의 등불이며 당시에 알 수 있었던 모든 것을 알고 있었던 사람"이라고 인정받고 있습니다.

헝가리의 성녀 엘리사벳

<기념 축일: 11월 17일>

엘리사벳은 1207년 헝가리 왕국의 공주로 태어났습니다. 그녀는 사치스럽고 호화로운 생활을 할 수 있었지만, 힘들고 어려운 사람들을 돌보고 봉사하는 생활을 좋아했습니다. 엘리사벳 공주는 14살이 되자, 튀링겐의 루드비히 4세와 결혼을 하였습니다. 그녀는 루드비히 4세와의 사이에서 세 명의 자녀를 낳았으며, 화목한 가정을 꾸몄습니다. 엘리사벳은 그리스도인으로서의 바람직한 생활을 실천하기 위해 많은 노력을 하였습니다. 그녀는 특히 기도하는 생활과 가난한 사람들을 도와주는 일을 너무나 좋아했기 때문에, 남편인 루드비히 14세가 가끔 화를 내기도 할 정도였습니다. 어느날 밤 그녀는 언제나처럼 빵과 음식이 가득한 망토를 들고 왕궁을 빠져나가 가난한 사람들에게 나누어주고 돌아왔습니다. 그때 루드비히가 화가 나서 그녀에게 무엇을 가지고 다니느냐고 물었습니다. 그러자 엘리사벳은 "장미"라고 대답하면서 장미 향기가 가득한 망토를 보여주었습니다. 그녀는 매일 가장 가난한 사람 수백 명에게 빵과 음식을 나누어주었습니다.

엘리사벳은 세 명의 자녀와 남편과 함께 단란한 가정을 이루고 살았습니다. 그러나 1227년 루드비히 4세는 제5차 십자군 전쟁에 참전했다가 목숨을 잃고 말았습니다. 6년 동안의 결혼 생활은 남편의 갑작스런 죽음으로 끝나고 말았습니다. 그러나 남편의 가족들은 재산을 상속받기 위해서 엘리사벳과 세 자녀들을 모두 왕궁에서 내쫓았습니다. 겨우 20살밖에 되지 않은 엘리사벳은 갑작스런 시련을 모두 하느님의 뜻으로 겸손하게 받아들이며, 베들레헴의 아기 예수님이 추운 겨울에 당하셨을 고통을 생각하고 꿋꿋하게 견디며 살았습니다. 십자군 전쟁에 참전했던 사람들이 돌아오자, 엘리사벳 가족의 재산과 권력을 빼앗은 루드비히의 가족들을 왕궁에서 내쫓은 다음, 엘리사벳의 장남인 헤르만의 왕위 계승자로서의 자격을 백성들 앞에서 확인하였습니다. 물론 엘리사벳과 다른 자녀들도 왕궁으로 돌아올 수 있게 되었습니다.

엘리사벳은 왕궁에 돌아왔지만, 프란치스코 제3회의 회원으로서 죽을 때까지 가난한 사람들을 위한 봉사 활동을 하면서 살았습니다. 그녀는 자신이 성 프란치스코의 이름으로 세운 병원에서 건강이 악화되어 1231년 24살의 젊은 나이로 세상을 떠났습니다. 그녀의 큰 딸 소피아는 브라반트의 공작부인이 되었으며, 작은 딸 게르트루디스(기념 축일: 8월 13일)는 알덴부르크 수도원의 원장 수녀가 되었으며, 뛰어난 인품과 성덕으로 성녀의 위치에 오르게 되었습니다.

형가리의 성녀 엘리사벳은 예수님께서 제자들의 발을 직접 씻어 주시며 우리에게 주신 교훈을 잘 이해했습니다. 그녀는 왕족의 높은 혈통을 지녔지만, 가난한 사람들을 직접 돌보고 그들을 위해 봉사하는 생활을 실천했던 것입니다.

"당신의 손을 펼쳐 걸인을 도와주고, 두 팔을 벌려 어려운 사람들을 위로해 주세요."

성녀 체칠리아

〈기념 축일: 11월 22일〉

체칠리아의 일생에 대한 기록은 거의 남아 있지 않습니다. 그녀는 모든 음악인들의 수호 성녀이며 거의 언제나 악기를 들고 있는 모습으로 우리에게 기억됩니다. 그녀는 또한 맹인들의 수호자이기도 합니다.

체칠리아는 로마의 높은 귀족 집안에서 태어났습니다. 그녀의 이름은 미사 시간마다 불릴 만큼 아주 유명합니다. 그녀가 순교했다는 것은 분명한 사실이지만, 구체적인 자료들이 부족합니다.

성녀 체칠리아는 로마에서 태어났는데, 어렸을 때부터 언제나 가슴에 성경책을 가지고 다녔습니다. 그녀의 가족은 그녀에게 발레리아노라는 젊은 이교도 청년과 결혼하라고 강요를 했습니다. 어쩔 수 없이 결혼은 했지만, 체칠리아는 순수한 생활을 위해서 동정을 지키고 싶어 했습니다. 그래서 그녀는 결혼한 날 밤 남편인 발레리아노에게 "저에게는 순결을 지켜 주는 수호천사가 늘 붙어 다닙니다. 그러니까 혹시 저의 순결을 뺏으려고 한다면 하느님께서 당신을 혼내 주실 것입니다"고 말했습니다. 체칠리아의 말을 진지하게 듣고 있던 발레리아노는 자기도 세례를 받고 그리스도교를 믿고 싶다고 말했습니다. 그러나 그는 한 가지 조건을 붙였습니다. 세례를 받고 체칠리아의 순결을 지켜 주기 위해서는 자신이 직접 천사를 볼 수 있어야 한다는 것이었습니다. 체칠리아는 우르바노 교황에게 발레리아노를 보내어 세례를 주도록 부탁했습니다. 발레리아노는 교황과의 만나는 과정에서 천사를 볼 수 있었고, 자연스럽게 그리스도인으로 개종하게 되었습니다.

체칠리아와 발레리아노는 서로의 순결을 지켜 주면서 기도와 명상의 생활을 하였습니다. 특히 체칠리아는 음악을 사랑하여, 하느님에 대한 사랑을 노래로 부르기를 좋아했습니다. 두 사람은 하느님 안에서 서로를 믿고 의지하는 좋은 사이가 되었습니다. 그러나 두 사람은 알마키오 총독의 명령을 받은 로마 병사들에게 붙잡혔습니다. 전해 오는 전설에 의하면 체칠리아는 220년 사형 집행인이 세 번이나 그녀의 목에 칼을 내리쳤지만, 죽지 않고 살아 있다가 교황에게 자기가 죽은 다음 자기의 집을 교회로 바꾸어 달라고 부탁한 다음 죽었다고 합니다.

"천사의 목소리 같은 소리로 언제나 하느님을 위한 노래를 부릅니다."

성 클레멘스

〈기념 축일: 11월 23일〉

클레멘스는 로마 제국에서 태어난 유대인이었습니다. 그는 성 베드로와 성 바오로(기념 축일: 6월 29일) 사도들의 영향을 받아 그리스도교로 개종하였습니다. 테르툴리아노의 기록에 의하면 클레멘스는 베드로 사도에 의해 주교로 임명되었으며, 성 바오로를 따라 전교 여행을 다녔습니다. 그는 성 베드로의 교황직을 물려받은 성 리노(기념 축일: 9월 23일)와 성 아나클레토(4월 26일)를 뒤이어 네 번째 교황이 되었습니다.

클레멘스는 고린토 교회의 분열을 극복하기 위해서 고린토인들에게 사랑과 일치에 대한 글을 썼습니다. "겸손하게 살아야 합니다. 우리는 조화를 방해하는 오만을 버립시다. 머리는 발이 없으면 아무 것도 아닙니다. 또한 발도 머리가 없다면 무슨 소용이 있겠습니까? 큰 것도 작은 것이 없으면 소용이 없고 작은 것도 큰 것이 없으면 쓸모가 없어지는 것입니다. 우리 사랑을 가집시다. 성인들은 사랑을 통해서 완덕에 도달한 것입니다."

클레멘스의 고린토인들에게 보낸 편지는 아주 효과적이어서 몇 년이 채 지나기도 전에 거의 모든 그리스도인 공동체에서 클레멘스의 편지가 읽혀졌습니다. 클레멘스 성인은 트라하노 로마 황제의 박해를 받아 101년 순교하였습니다. 그리스의 문헌을 살펴보면, 로마 병사들은 클레멘스 성인을 죽인 다음 그의 목에 큰 닻을 매달아 깊은 바다에 던졌다고 합니다.

"사랑이 없다면, …… 하느님의 마음에 들 수 있는 것은 없습니다."

성 사투르니노

〈기념 축일: 11월 29일〉

사투르니노는 세르닌 혹은 세레닌이라는 이름으로 더 널리 알려져 있습니다. 그는 프랑스의 갈리아 지방과 스페인 북부 지방에서 설교 여행을 하며 복음을 전하였습니다.

208년 파비아노 교황은 사투르니노를 갈리아 지방으로 보내 복음을 전하도록 하였습니다. 그는 프랑스 남쪽과 스페인 북쪽을 통과하는 '로마인들의 길'을 따라 복음을 전하였습니다. 그는 설교 여행을 마치고 툴루즈 지방에 주교관구를 세웠습니다. 그의 명령을 받아 스페인으로 설교를 떠났던 그의 제자 님므의 호네스토가 그에게 돌아와서 팜플로나에 많은 예비자들이 세례를 받고 싶어 한다는 소식을 전해 들었습니다. 사투르니노는 호네스토(기념 축일: 2월 16일)와 함께 스페인의 팜플로나로 가서 그곳에 있던 많은 예비자들에게 세례를 주었습니다. 그 가운데는 성 페르민(기념 축일: 9월 25일; 스페인에서는 7월 7일)의 아버지인 국회의원 피르무스도 있었습니다. 2년 동안 사투르니노와 제자에게 세례를 받은 스페인 사람들은 무려 4만 명이 넘었습니다.

그러나 사투르니노는 툴루즈 지방에서 전교를 하던 또 다른 제자인 성 파파루스(기념 축일: 11월 3일)가 전교 여행 도중 순교를 하였다는 사실을 전해 듣고는 2년 동안이나 비워 뒀던 툴루즈로 돌아갔습니다.

그리스도인들은 툴루즈에서 가장 넓은 주피터 신전 가까이에서 모이곤 했습니다. 그들은 이교도들의 비난을 피해 서로에게 위로와 용기를 전해 주며 신앙을 확인하곤 했습니다. 그러나 250년 어느 날 그리스도인들에 대한 데치오의 박해 명령이 내려졌습니다. 그리스도인들에 대한 박해가 절정을 이루고 있던 어느 날 사투르니노 성인은 주피터 신전 근처를 지나가고 있었습니다. 그때 주피터에게 제사를 지내려던 이교도들이 갑자기 사투르니노를 붙잡아 제단으로 데리고 갔습니다. 그들은 제물로 바치려던 황소의 몸에 사투르니노 성인의 손을 밧줄로 연결하여 묶은 다음 황소를 계단 아래로 마구 달리게 하였습니다. 성 사투르니노는 중심을 잡을 수 없어 계단에 마구 넘어지고 끌려 다니며 거의 죽음에 이르게 되었습니다. 그러나 제사를 위해 모여 있던 이교도들은 그에게 마구 돌팔매질을 하여 온몸이 거의 형체를 알아볼 수 없을 정도로 잔혹하게 그를 죽이고 말았습니다.

"성 세레닌이여, 저를 착한 그리스도인으로 이끌어 주소서."

성 안드레아

〈기념 축일: 11월 30일〉

안드레아는 시몬 베드로의 친동생입니다. 그는 베드로(기념 축일: 6월 29일)와 함께 예수님께서 직접 고르신 최초의 제자가 되는 영광을 받았습니다.

예수님께서 갈릴리 호숫가를 걸어가시다가 베드로라는 시몬과 안드레아 형제가 그물을 던지고 있는 것을 보셨습니다. 그들은 어부였는데, 예수님께서 그들에게 "나를 따라 오너라. 내가 너희를 사람 낚는 어부로 만들겠다"고 말씀하시자 그들은 아무런 미련 없이 하던 일을 멈추고 그물을 내버려둔 채 예수님을 따라갔습니다.

요한복음에는 안드레아가 세례자 요한의 제자라고 기록되어 있습니다. 그는 스승인 세례자 요한이 예수님을 발견하고 "하느님의 어린 양이 저기 가신다" 하고 말하자 곧 예수님을 따라가 곁에 머물렀습니다.

예수님의 부르심을 기꺼이 받아들인 안드레아의 태도는 그리스도인의 모범이 됩니다. 자신을 드러내지 않고 겸손하게 예수님의 뜻을 따르려는 안드레아는 우리 그리스도인들이 어떠한 자세로 살아가야 할지 알려주는 좋은 본보기라고 할 수 있습니다.

"우리가 찾던 메시아를 만났소."

12월

성 프란치스코 하비에르

〈기념 축일: 12월 3일〉

프란치스코는 1506년 4월 7일 스페인의 나바라 지방에 있는 하비에르 성에서 태어났습니다. 그는 하비에르 성에서 부모와 함께 화목한 어린 시절을 보냈습니다. 파리 대학에서 철학을 공부하던 프란치스코는 그곳에서 이냐시오 로욜라를 알게 되었습니다. 프란치스코는 이냐시오와 우정을 나누며, 그리스도교의 복음을 위한 생활을 적극적으로 펼치기 위해 작은 모임을 만들었습니다. 이 과정에서 이냐시오의 영적인 지도와 충고는 프란치스코에게 많은 도움이 되었습니다. 이냐시오와 프란치스코가 중심이 되어 만든 작은 모임은 예수회라는 단체로 발전되었습니다. 그들은 교황의 지시를 따르는 청빈과 정결 그리고 사도직을 수행하기 위한 서약을 하였습니다. 프란치스코 하비에르는 1537년 사제가 된 다음 인도의 고아에 도착했습니다. 그 후 그는 10년 동안 인도와 말레이시아 등지를 돌아다니면서 예수님의 말씀을 전했습니다.

프란치스코 하비에르는 어느 곳에서나 보잘것없고 가난한 사람들을 위한 봉사를 가장 중요한 일로 받아들였으며, 하느님의 복음 말씀을 전하는 일을 평생의 소명으로 생각했습니다. 그는 말레이시아 섬을 거쳐서 일본에 도착했습니다. 그는 일본어를 열심히 배워 일본 사람들에게 일본어로 설교를 하고 세례도 주었습니다. 그는 일본에서 활동을 하는 한편, 중국으로 들어가 예수님을 모르는 중국 사람들에게 복음을 전하려는 원대한 꿈을 갖고 있었습니다. 그러나 당시 중국은 유럽의 어떠한 나라와도 외교 관계를 맺고 있지 않았으며, 조금이라도 수상하게 보이는 외국인을 발견하면 무조건 사형시켰을 만큼 폐쇄된 나라였습니다.

　프란치스코 하비에르 성인은 닫힌 나라였던 중국을 전교하려는 소망을 끝내 이루지 못한 채, 열병으로 고생하다가 1552년 칸톤에서 세상을 떠났습니다. 그는 모든 선교사들의 수호자입니다.

　"저는 세상의 모든 사람들이 예수 그리스도님을 알게 될 때까지 결코 쉴 수 없습니다."

성 요한 다마스체노

〈기념 축일: 12월 4일〉

요한 다마스체노는 676년 다마스코에서 태어났습니다. 그의 아버지는 정부의 관리였습니다. 요한은 시리아에 노예로 팔려 온 코스모스라는 시칠리아 출신 수사에게서 고전과 신학 교육을 받았습니다. 그는 자라서 아버지를 뒤이어 정부 관리가 되었지만, 예루살렘 근처에 있는 성 사바 수도원에 들어가기 위해서 관리로서 받게 될 모든 혜택을 포기했습니다. 요한은 735년 예루살렘의 주교인 요한 5세로부터 사제로 서품받았습니다.

성 요한 다마스체노는 기도와 연구, 그리고 회개의 생활을 위해 은수자로서 생활하였습니다. 그는 위대한 신학자였으며, 레오 황제의 후원을 받는 성상 공경 금지주의자들에게 지칠 줄 모르고 글을 썼습니다. "책이란 읽고 싶은 사람들에게 유용한 것이며, 많은 사람들에게 이미지를 제공합니다. 단어가 우리의 귀에 들리는 것처럼 이미지도 영상을 제공하는 법입니다."

요한 다마스체노 성인은 성모님을 무척 존경하였는데, 성모님에 대한 많은 글을 남겼습니다. 너무나 글을 많이 썼기 때문에 손이 점점 마비되었으며, 마비된 손을 돌보지 않고 계속 글을 쓰다가 그만 손이 부러지고 말았습니다. 부러진 손으로는 글을 쓸 수 없었기 때문에 앞으로 자신이 완성해야 할 수많은 글을 앞에 놓고 요한 다마스체노는 슬픔을 감출 수 없었습니다. 그러나 어느 날 성모님께서 요한에게 나타나 그의 손을 직접 낫게 해주셨다고 합니다. 그는 "생명의 어머니시여, 제 안에 영혼을 혼란스럽게 하는 육신의 열정을 없애 주소서. 제 영혼을 돌보시어, 이 육신의 껍질을 벗을 때까지 내버려두지 마소서. 원죄 없는 잉태하신 동정 성모 마리아님이여”라며 노래하고 있습니다.

"모든 성화들은 신성한 기념물들입니다."

성 니콜라오

〈기념 축일: 12월 6일〉

니콜라오 성인은 그리스도교 세계에서 가장 인기가 좋은 성인 가운데 한 분입니다. 니콜라오가 보여준 사랑의 정신은 오늘날 모든 환상의 효과와 합쳐져서 새로운 모습으로 우리에게 다가왔습니다. 그가 바로 우리가 알고 있는 산타클로스인 것입니다.

니콜라오는 3세기 말 소아시아 지방인 리치아의 파타라에서 태어났습니다. 그는 어렸을 때부터 자주 단식을 하였으며, 자신이 아낀 돈과 양식으로 어려운 이웃을 돕는 생활을 해 왔습니다. 그는 젊어서 자신의 소유로 되어 있던 모든 재산을 팔아 가난한 사람들에게 나누어주고, 수도원으로 들어갔습니다.

수도원 원장을 지내고 있던 니콜라오는 리치아 지방의 또 다른 도시인 미라의 주교가 되었습니다. 그가 주교로 있는 동안 그리스도인들에 대한 박해가 닥쳤기 때문에, 그는 감옥에 갇혀 숨 막히는 생활을 해야만 했습니다. 그러나 그는 아주 쉽게 감옥 생활을 마쳤으며, 결국 평화로운 신앙생활을 할 수 있게 되었습니다.

그는 사람들에게 매우 친절했으며 복음을 위해 꾸준히 노력하는 성실한 사람이었습니다. 324년 그가 세상을 떠날 때까지 수많은 사람들이 그의 인자함과 너그러움에 감동을 받았으며, 그리스도인으로 개종하였습니다. 그리스도교에서 분리된 러시아 정교회에서도 니콜라오 성인에 대한 공경은 계속되었습니다. 1087년 이탈리아 상인들은 니콜라오 성인의 유해를 훔쳐 바리로 옮겨 놓았습니다. 그래서 그의 이름은 니콜라오 데 바리라고도 불리는 것입니다.

10세기의 작가인 시몬 메타프라스테스는 니콜라오 성인에 대해 전해져 오는 이야기를 기록하였습니다. 기록에 의하면 니콜라오는 소금물이 담겨 있는 통에 빠져 죽은 아이를 살려냈다고 합니다. 또한 인자했던 니콜라오는 어느 가난한 사람이 결혼할 나이에 있는 세 딸에게 지참금을 준비할 수 없어 괴로워하는 것을 보고, 몰래 돈주머니를 창문을 통해 전해 주어 딸들이 모두 결혼할 수 있게 해주었다고 합니다. 특히 이 전설은 수세기에 걸쳐서 니콜라오 성인의 기념 축일에 서로 선물을 주고받는 아름다운 풍습이 생기게 된 이유를 알 수 있게 해줍니다. 성 니콜라오는 언어가 변해 가는 과정에 산타클로스로 이름이 바뀌어 지금까지도 우리들에게 희망과 기쁨을 주는 성인으로 남아 있습니다.

성 니콜라오 기념 축일은 무죄한 어린이들의 순교(기념 축일: 12월 28일)와 함께 어린이를 먼저 생각하는 마음을 느끼게 합니다. 그는 또한 결혼을 앞둔 신부와 여행객, 상인, 노처녀들의 수호자입니다. 니콜라오 성인은 성 바실리오(기념 축일: 1월 2일), 성 안드레아(기념 축일:11월 30일)와 성 요셉(기념 축일: 3월 19일)과 함께 러시아의 수호성인으로 기념됩니다.

"올바른 사람은 팔마나무처럼 활짝 필 것이며 레바논 삼나무처럼 크게 자랄 것입니다."

성 암브로시오

〈기념 축일: 12월 7일〉

암브로시오는 339년 밀라노 지방에서 태어났습니다. 그의 아버지는 로마 귀족이었습니다. 암브로시오는 젊어서부터 유능한 변호사로 이름이 널리 알려져 있었으며, 밀라노의 총독으로 임명되어 자신의 임무를 성실하게 수행했습니다. 그는 아직 예비 신자였지만, 밀라노 사람들은 성실하고 능력이 있는 그를 주교로 뽑아 밀라노 교회가 발전하기를 바랐습니다.

374년의 어느 날 암브로시오가 대성당을 들어가자, 한 소년이 "암브로시오를 우리의 주교가 되게 해주세요" 하고 소리쳤습니다. 성당에 모여 있던 사람들은 모두 열광적으로 "암브로시오"를 외쳤으며, 얼마 후 그는 주교로 임명되었습니다. 주교로 임명된 암브로시오는 곧 세례를 받았으며 같은 해 12월 7일 사제가 되었습니다. 밀라노의 그리스도인들을 위해 봉사할 준비를 갖춘 암브로시오는 관리자로서의 자신의 임무에 열정적인 태도를 보였습니다.

암브로시오는 뛰어난 행정가였으며, 작가였지만, 가난한 사람들에게 자신이 가진 모든 재산을 나누어 줄 만큼 어려운 사람들을 돌보는 데 큰 관심을 가졌습니다.

유스티나 황후는 암브로시오가 관리하던 가톨릭교회 지역 안에 있는 두 개의 대성당을 아리우스 이단에게 넘겨주려고 했습니다. 그러자 암브로시오는 찾아온 군인들과 대항하여 당당하게 맞섰습니다. 그는 오히려 7천 명의 무죄한 사람들을 무참하게 죽인 테오도시우스 황제를 비난했습니다. 암브로시오는 "황제란 교회 안에 있는 존재이지 교회 위에 있는 존재는 아니다"라면서 황제의 회개를 요구했습니다. 황제는 자기 죄를 인정하고 공적으로 참회했습니다.

암브로시오는 자신이 '이집트 인들의 황금' 이야기를 강론의 주제로 들려줄 수 있게 되어 개인적으로 영광스럽다고 말할 정도로, 이단자들에게는 엄격했지만, 이방인들의 문화를 결코 무시하지 않았습니다.

성 암브로시오는 많은 찬미가를 지어 신자들에게 용기와 희망, 평화를 느낄 수 있게 해주었습니다. 이 노래들은 오늘날에도 암브로시안 성가라는 이름으로 남아 있습니다.

암브로시오 성인은 아우구스티누스(기념 축일: 8월 28일)에게 많은 정신적 영향을 미쳤습니다. 방황하던 아우구스티누스는 암브로시오 성인의 가르침과 교훈으로 새로운 사람이 되었으며, 아우구스티누스의 어머니인 모니카(8월 27일)는 암브로시오 성인을 하늘에서 보내 주신 천사처럼 존경과 사랑을 표현하였다고 합니다. 성 아우구스티누스는 암브로시오 성인이 살아 있을 때 개인적으로 많은 대화를 가지지 못했다는 사실을 무척 아쉬워했습니다.

암브로시오 성인은 물질적인 욕심을 버리고 맑고 밝은 영혼이 되려는 태도가 가장 바람직한 그리스도인의 자세라고 믿었습니다. 그는 동정을 지키면서 하느님을 위해 살아간다는 것이 이 세상에서 가장 순수하고 아름다운 일이라고 굳게 믿었습니다. 성 암브로시오는 고대의 학문과 그리스도교의 문화를 확립하고 정리하면서 일생을 보내다가 397년 세상을 떠났습니다.

"돈을 모으는 일보다 훨씬 중요한 일은 영혼을 구하는 일입니다."

성 다마소

〈기념 축일: 12월 11일〉

다마소는 305년 무렵 로마로 이주해 온 스페인 부모 사이에서 태어났습니다. 다마소는 대학 교육을 마치고 사제가 된 다음, 로마의 성 로렌소 성당의 주임 신부로 일하게 되었습니다. 성 로렌소 성당은 로마에 살고 있는 스페인 사람들을 위한 본당이었습니다. 그는 어려서부터 성경 구절을 읽고 외우는 것을 좋아했으며, 순교자들의 행적을 기록한 순교일지 등을 주로 읽었습니다.

다마소는 교황 성 리베리오를 모셨으며, 그와 함께 유배를 당하기도 했습니다. 그러나 교황 성 펠릭스 2세(기념 축일: 7월 27일)는 그를 로마의 주교로 임명하였으며, 그는 366년 마침내 교황으로 선출되었습니다.

교황 다마소는 로마 교황청을 빛냈습니다. 그가 교황으로 일하는 동안 동방 교회의 성 바실리오는 그에게 편지를 써서 "교황 성하, 저희를 인도하고 일깨워 주십시오. 교황님께서 받아들이시는 것을 저희는 받아들일 것이며, 반대하시는 것을 저희는 반대할 것입니다. 저희는 교회의 일치와 평화를 위해 교황 성하의 가르침을 따르겠습니다"라고 말하였습니다.

다마소는 당시 로마에 퍼지기 시작했던 이단에 대항해서 엄격한 처벌을 내렸습니

다. 그는 절친한 친구이며 동료였던 성 예로니모(기념 축일: 9월 30일)의 성서 연구를
격려하여 불가타 번역을 마칠 수 있도록 용기와 정신적인 도움을 주었습니다. 불가타
번역은 트렌트 공의회에서 "독서와 논증, 설교에서 권위를 가지는" 성경으로 인정받
은 라틴어 성서 번역입니다.

다마소 성인은 특히 순교 성인들에 대한 깊은 관심을 지니고 있었는데, 순교자들
각자의 특징에 맞는 묘비명을 라틴어 시구를 사용하여 직접 준비하였습니다. 또한 그
는 자기 스스로를 위해 준비한 묘비명에 "죽음의 쇠사슬을 푸시고, 3일간의 어두움이
지난 다음 마르타를 위해 그의 오빠를 이 세상에 다시 불러오신 분, 다마소가 먼지에
서 다시 일어날 수 있도록 만드실 분, 그분을 굳게 믿습니다"라는 내용을 미리 준비해
놓았습니다.

성 다마소는 80살을 얼마 남겨 놓지 않은 채, 세상을 떠났습니다.

"적을 물리치는 것뿐 아니라, 싸움에서 진 사람들을 용서하는 것도 중요합니다."

과달루페의 성모 마리아

〈기념 축일: 12월 12일〉

1531년 12월 9일 토요일 최근에 영세를 받은 후안 디에고에게 성모님이 나타나셨습니다. 후안 디에고가 성모님을 만난 것은 멕시코 시 가까운 곳에 있는 테페약 언덕이었는데, 그는 마침 미사 시간에 맞추어 교회로 가고 있던 중이었습니다. 후안 디에고에게 나타나신 성모님은 당신을 만난 기념으로 그림을 주셨는데, 그림에는 망토를 쓰고 계신 성모님 자신의 모습이 그려져 있었습니다. 또한 성모님은 언덕 위에 성모님을 기념할 만한 건물을 지으라고 부탁하셨습니다.

망토는 멕시코의 농부들이 보통 걸치고 다니는 얇고 간단한 것으로 어깨나 머리 위로부터 온몸을 감싸듯 걸치는 긴 천 조각이었습니다. 망토는 175센티미터의 길이에 45센티미터의 폭으로 되어 있었는데, 그림은 사람의 솜씨라고 볼 수 없을 만큼 정교하게 그려져 있었습니다. 수백 년이 지난 지금도 그림은 잘 보관되어 있습니다.

아메리카 원주민인 후안 디에고는 성모님이 발현했던 자리에서 아름답게 활짝 피어 있는 장미들을 발견할 수 있었습니다. 그는 장미가 필 계절이 아닌데도 눈부시게 아름답게 피어 있는 장미 송이들을 놀라운 마음으로 바라보다 장미 송이들을 망토에 조심스럽게 담아 수마라가 주교에게 가져갔습니다.

후안 디에고가 망토를 펼치자, 장미들이 바닥에 떨어졌고 그림이 눈에 드러났습니다. 주교는 그림의 아름다움에 깜짝 놀라고 말았습니다. 교회의 검열 위원들과 사제들은 후안 디에고의 이야기가 정말 신빙성이 있는지 알기 위해 조심스럽게 조사를 했습니다. 그들은 오랫동안의 조사와 연구를 마치고 후안 디에고가 경험한 것은 인간의 지혜를 넘어서는 신비라는 결론을 맺었습니다. 교회의 책임자들은 성모님의 뜻을 겸손하게 받아들여 성모님이 나타나셨던 언덕 위에 성모님을 기념하고 성모님과 함께 기도할 수 있는 교회를 지었습니다. 수많은 멕시코 신자들의 열정과 기도의 힘으로 교회는 완성되었으며, 과달루페 대성당이 되었습니다. 과달루페의 성모님은 라틴 아메리카에서 아주 중요하게 기념되고 있습니다.

최근에 이루어진 과학적인 분석에 의하면, 그림에 그려진 성모님의 눈동자 안에는 주교에게 망토를 펼쳐 이야기를 들려주는 원주민의 모습과 주교, 그리고 장미 송이들이 비쳐 보인다고 합니다.

"나는 언제고 보잘것없는 사람들과 함께 있고 싶습니다."

성녀 요안나 프란체스카 드 샹탈

요안나 프란체스카는 1567년 디종에서 태어났습니다. 그녀의 어머니는 요안나가 이제 겨우 18개월 되었을 때 세상을 떠났기 때문에, 요안나는 디종 지방의 국회 의장이었던 아버지의 영향을 받으며 자라났습니다. 1592년 요안나는 샹탈 남작과 결혼을 하여 8년 동안 4명의 아이를 낳으며, 행복한 생활을 하였습니다. 그러던 어느 날 샹탈 남작은 사냥을 나갔  다가 사고로 세상을 떠나고 말았습니다. 남편이 죽자, 요안나는 오직 자식들을 기르고 교육하는 데에만 신경을 썼습니다.

어머니로서의 역할에 모든 노력과 정열을 기울이던 요안나는 디존에서 성 프란치스코 살레시오(기념 축일: 1월 24일)를 만나 깊은 감동을 받았습니다. 요안나는 자신의 영적 지도자가 되어 준 프란치스코 살레시오에게 수녀가 되고 싶다는 소망을 이야기했습니다. 마침 살레시오 성인은 오래 전부터 요안나와 같이 건강이 약하거나 나이가 많아서, 혹은 다른 이유로 수녀원에 들어갈 수 없었던 여자들이 모여서 기도하고 봉사할 수 있는 수녀원을 세우고 싶어 했습니다. 요안나는 몇 년 동안이나 열심히 수녀원 설립을 위해 일을 했습니다. 그녀의 훌륭한 생활과 성품을 지켜본 프란치스코 살레시오는 "솔로몬이 예루살렘에서 찾지 못했던 완전한 여인이 바로 샹탈 부인이다"라고 증언합니다.

수녀원에 들어가기 전에도 이미 요안나의 생활은 아주 모범적이었습니다. 살레시오와 요안나는 새로운 수녀원의 이름을 엘리사벳을 방문한 마리아의 겸손하고 부드러운 마음씨를 본받기 위해 '방문회 수녀원'이라고 지었습니다. 요안나는 자신의 두 딸과 함께 방문회 수녀원의 첫 번째 회원이 되었습니다.

요안나의 활동은 성 프란치스코 살레시오의 죽음으로 어려운 시련을 맞이했지만, 이미 13명으로 늘어난 수녀회 식구들과 함께 어려움을 극복해 나갔습니다. 어려움을 하나씩 극복하면서 수녀원의 숫자는 불어났습니다. 결국 1641년 요안나가 세상을 떠날 때는 이미 86개가 넘는 수녀원이 생겨났습니다. 친절하고 겸손했던 요안나는 많은 사람들에게 사랑과 인정을 받으며 세상을 떠났습니다.

"몸이 약한 사람들도 하느님의 사랑만을 위해 살아갈 수 있는 수도회가 필요합니다."

성녀 루치아

〈기념 축일: 12월 13일〉

루치아는 이탈리아의 시칠리아에 살고 있던 시라쿠사라는 귀족 집안에서 태어났습니다. 루치아 성녀의 어린 시절에 대해서 알려진 것은 거의 없습니다. 정확하게 알 수는 없지만, 루치아는 어려서부터 그리스도 교리를 알고 있었다고 합니다. 그래서 루치아는 순수한 영혼을 지키기 위해서 결혼을 하지 않고 동정을 지키면서, 하느님을 섬기는 일에만 관심을 두고 있었습니다.

304년 무렵 루치아가 살고 있던 시칠리아에는 그리스도교가 아직도 널리 알려져 있지는 않았습니다. 그 시절에는 이방인들과 함께 살면서 그리스도교를 믿고 그 교리를 따른다는 것은 참으로 어려운 일이었습니다. 그녀의 이방인 친구들은 남자들과 만나는 것을 피하며 기도와 봉사 생활만을 고집하는 그녀의 태도를 이해하지 못했습니다. 결혼 전에 순결을 지키는 것은 고대 로마인들에게는 흔한 일은 아니었습니다. 따라서 평생 동정을 지키면서 혼자 살겠다는 루치아의 행동은 주변 사람들에게는 이상하게 보일 수밖에 없었습니다. 그러나 루치아는 다른 사람들이 자신을 어떻게 생각하는지에 대해서 걱정하지 않았으며, 오히려 더욱 깨끗한 영혼이 되고 싶다는 생각만 간절하게 하였을 뿐입니다.

　그러던 어느 날 디오클레치아노 로마 황제의 그리스도인들에 대한 박해가 시작되었습니다. 평소에도 눈에 띄는 행동으로 의심을 받던 루치아는 금방 로마 병사들에게 잡혀 감옥에 갇혔습니다. 시칠리아의 총독은 루치아를 불러 그리스도교를 부정하고 로마의 신들을 찬양하라는 명령을 내렸습니다. 그러나 루치아 성녀는 용감하게 자신은 그리스도인이며 절대로 그리스도를 모욕하는 일은 없을 것이라고 밝혔습니다. 총독은 때로는 부드럽고 달콤한 유혹으로 때로는 무서운 고문으로 루치아의 생각을 바꾸어 보려고 노력했습니다. 그러나 고통이 심하면 심할수록 루치아의 태도는 분명해졌습니다. 하느님에 대한 믿음과 서약을 지키고 동정을 잃지 않으려는 루치아의 행동은 그야말로 용기와 확신으로 가득했습니다. 총독은 병사들에게 그녀의 두 눈을 뽑으라고 명령했습니다. 루치아는 두 눈이 뽑힌 고통을 참으며 용감하게 버티고 있었고, 화가 난 총독은 당장 루치아의 목을 칼로 찌르라고 하였습니다. 루치아 성녀는 마침내 바닥에 쓰러졌고, 숨을 거두면서 디오클레치아노 황제와 막시밀리아노 황제가 죽고 난 다음에도 그리스도교는 영원히 계속될 것이라면서 그리스도 교회는 평화를 찾을 것이라는 예언을 했습니다.

　루치아 성녀가 죽은 뒤 그녀의 용기와 맑은 정신은 많은 그리스도인에게 모범이 되었으며, 약 200년이 지난 뒤부터 루치아 성녀에 대한 간구와 존경은 더욱 강해졌습니다. 오래된 성당 벽화에 자주 등장하는 성녀 루치아의 모습은 쟁반에 자신의 두 눈알을 받쳐 들고 있는 모습이나 목에 칼이 꽂힌 채 서 있는 모습으로 묘사되곤 합니다. 루치아 성녀는 맹인과 유리 세공사들의 수호자입니다.

"당신의 입술을 통해 나오는 말들은 모두 하느님의 은총이 가득한 것들입니다. 하느님은 당신을 영원히 축복해 주셨습니다."

십자가의 성 요한

〈기념 축일: 12월 14일〉

요한은 1542년 스페인의 카스티야 지방에 있는 폰티베로라는 작은 마을에서 태어났습니다. 그의 어릴 때 이름은 요한 데 예페스였습니다. 그의 아버지 곤살로 데 예뻬스는 귀족의 후손이었지만, 사회적 지위가 없는 평범한 농부의 딸, 카탈리나 알바레스와 결혼했다는 이유로 귀족의 자격과 재산을 물려받지 못했습니다. 그래서 요한의 아버지는 직조공으로 일했는데, 요한이 어렸을 때 2년이 넘는 병치레 끝에 세상을 떠나고 말았습니다. 요한의 식구들은 먹을 것을 구하기 위해서 여러 가지 일을 해야 했습니다. 어린 요한은 아레발로에서 양복 수선공, 목공소 조수, 병원 사환 등의 여러 가지 허드렛일을 하면서 어머니의 살림을 도와주었습니다.

어느 날 요한이 일하고 있던 병원의 원장은 열심히 일하는 요한을 기특하게 여겨 예수회가 운영하던 메디나 델 캄포 학교에 입학시켜 주었습니다. 요한은 21살이 되면서 갈멜회에 들어갔습니다. 그는 4년 동안 살라망카 대학에서 공부를 하고 25살에 사제가 되었습니다. 엄격하고 절제 있는 수도회를 찾고 있던 요한은 아빌라의 성녀 데레사를 만나게 되었습니다. 그는 데레사 성녀와 함께 맨발의 갈멜 수도원을 창설하는 계획을 세우고 일을 시작했습니다. 그러나 수도원 개혁 운동은 결코 쉽지 않았습니다. 데레사와 요한의 개혁 운동을 의심하던 사람들은 그를 잡아 톨레도의 감방에 가두어 정신적인 고통을 주었습니다.

9개월 동안이나 감옥에 갇혀 있던 십자가의 요한은 우연히 감옥에서 탈출하게 되었습니다. 그는 1591년 세상을 떠날 때까지 스페인 중부와 남부 지방을 돌아다니면서 맨발의 갈멜 수도원을 세웠습니다. 요한의 개혁 운동은 많은 사람들의 도움으로 큰 성공을 거두었습니다. 그러나 그의 가난과 청빈의 삶에는 아무런 변화도 없었습니다.

요한은 안달루시아의 메마른 땅에서 피어나는 한 송이 풀과 들꽃에서도 한없이 큰 하느님의 사랑을 찾을 수 있었던, 시인이었고 신비가였습니다. 십자가의 성 요한은 1591년 우베다에서 세상을 떠났습니다.

요한 성인에게 인생이란 '십자가'의 진정한 뜻을 생각하며 걸어야 하는 깊고 어두운 밤과 같은 여행입니다. 그는 언제나 "만약 누구든지 나를 따르고자 한다면 자신을 버리고 매일 자기의 십자가를 져야 한다"는 예수님의 가르침을 매일 매일의 삶에서 실천하려 했기 때문에, 자신의 이름에 십자가를 집어넣었습니다.

십자가의 요한 성인은 하느님과 하나로 일치하는 신비 체험을 시로 표현하여 우리에게 들려주고 있습니다. 그는 말로는 설명할 수 없는 하느님과의 만남의 기쁨을 말로 적어야 하는 어려움을 '어두운 밤'이라는 문학적인 표현으로 극복하고 있습니다. 우리가 보고 듣는 것을 뛰어넘은 신비의 세계를 보고 들을 수 있기 위해서는 보지도 듣지도 못할 만큼 어두운 밤이 우리에게 도움이 될 수 있기 때문입니다.

십자가의 성 요한은 진정 '십자가'의 삶을 실천하며 살다간 그리스도인입니다. 그의 순수하고 맑은 영혼의 이야기는 그의 시를 통해 우리에게 전해지고 있습니다.

"모든 것 다 맛보려거든, 아무 것에도 맛들이지 말라. 모든 것 다 알려거든, 아무 것도 알려 들지 말라."

성 스테파노

〈기념 축일: 12월 26일〉

예수님이 부활하신 다음 열두 사도들은 모여서 예수님의 말씀을 믿고 따르는 공동체를 만들었습니다. 최초의 그리스도인들인 이들은 단체 생활을 했기 때문에 함께 일하고 함께 나누는 공동생활을 했습니다. 스테파노는 이러한 그리스도인 사회에서 식량 배급을 비롯한 단체 생활의 중요한 일을 해결하기 위해 대표로 뽑힌 사람들 가운데 하나입니다.

사도행전에는 스테파노가 대표로 뽑히게 된 배경을 설명하고 있습니다. "이 무렵 신도들의 수효가 점점 늘어나게 되자 그리스말을 쓰는 유대인들이 본토 유대인들에게 불평을 터뜨리게 되었다. …… 그래서 열두 사도가 신도들을 모두 불러 놓고 이렇게 말하였다. "우리가 하느님의 말씀을 전하는 일은 제쳐놓고 식량 배급에만 골몰하는 것은 옳지 못합니다. 그러니 형제 여러분, 여러분 가운데서 신망이 두텁고 성령과 지혜가 충만한 사람 일곱을 뽑아내시오. 이 일은 그들에게 맡기고 우리는 오직 기도와 전도하는 일에만 힘쓰겠습니다." 모든 신도들은 이 말을 따라 믿음과 성령이 충만한 사람 스테파노와 필립보와 브로코로와 니카노르와 디몬과 바르메나와 또 안티오키아 출신으로 유대교로 개종한 니콜라오를 뽑아 사도들 앞에 내세웠다. 스테파노는 그리스도인 집단에서 믿음과 성령이 충만한 사람으로 인정을 받고 있었던 것입니다.

스테파노는 하느님의 은총과 성령의 힘으로 많은 기적을 행하기도 했습니다. '자유인의 회당'에 속한 사람들은 스테파노와 논쟁을 벌였지만, 지혜와 성령을 받은 스테파노를 이길 수는 없었습니다. 그러자 그들은 거짓 증인들을 세워 스테파노를 의회에 고발하였습니다. 스테파노는 천사 같은 빛나는 모습으로 의회에 모여 있는 사람들의 잘못을 지적하였습니다. "당신들은 당신네 조상들처럼 언제나 성령을 거역하고 있습니다. 당신들의 조상이 박해하지 않은 예언자가 한 사람이나 있었습니까? 그들은 의로운 분이 오시리라고 예언한 사람들을 죽였지만 이제 당신들은 바로 그분을 배반하고 죽였습니다. 당신들은 천사들에게서 하느님의 율법을 받고도 그 규례를 지키지 않았습니다."

스테파노의 연설은 의회에 모여 있던 사람들의 분노를 일으켰습니다. 그때 스테파노는 성령으로 충만하여 하느님의 영광과 하느님 오른편에 계신 예수님을 보았습니다. "아, 하늘이 열려 있고 하느님 오른편에 사람의 아들이 서 계신 것이 보입니다" 하고 외쳤습니다. 그러자 사람들은 스테파노에게 달려들어 성 밖으로 끌어내고는 돌로 치기 시작하였습니다. 스테파노는 "주 예수님, 제 영혼을 받아 주십시오" 하고 부르짖었습니다. 그리고 "주님, 이 죄를 저 사람들에게 지우지 말아 주십시오" 하고 외쳤습니다.

성 스테파노는 그리스도교 최초의 순교자입니다. 그는 성령과 지혜로 충만하여 많은 신도들에게 하느님의 영광을 전하여 주었습니다. 그는 두려움 없이 진리를 말했으며, 결국 돌에 맞아 죽는 고통을 받았습니다. 그러나 그는 죽는 순간에도 자신을 박해하는 사람들을 용서하고 있습니다.

"주 예수님, 제 영혼을 받아 주십시오. 주님, 이 죄를 저 사람들에게 지우지 말아 주십시오."

성 요한 사도 복음사가

〈기념 축일: 12월 27일〉

　　요한은 예수님이 직접 선택하신 최초의 제자들 가운데 한 사람입니다. 그는 제베데오의 아들이며 성 야고보(기념 축일: 7월 25일)의 동생입니다. 그는 예수님께서 부르실 때까지는 평범한 어부였습니다.

　　요한은 예수님의 부르심에 아무런 망설임도 없이 곧 모든 것을 버리고 따라나섰습니다. "예수께서 조금 더 가시다가 제베대오의 아들 야고보와 그의 동생 요한이 배에서 그물을 손질하고 있는 것을 보시고 부르시자 그들은 제베대오와 삯꾼들을 배에 남겨 둔 채 예수를 따라 나섰다." 그는 여러 제자들 가운데에서도 "예수님의 사랑을 받는 제자"가 되었습니다. 그는 언제나 예수님의 곁에 머물면서 역사적인 순간들을 경험하였습니다.

　　요한은 베드로와 함께 최후의 만찬을 위한 방을 마련했으며, 예수님이 십자가에 못 박혀 돌아가시는 순간에도 곁에서 지켜보았습니다. 예수님은 요한에게 성모님을 보살피도록 부탁하였습니다. "예수의 십자가 밑에는 그 어머니와 이모와 클레오파의 아내 마리아와 막달라 여자 마리아가 서 있었다. 예수께서는 당신의 어머니와 그 곁에 서 있는 사랑하시는 제자를 보시고 먼저 어머니에게 '어머니, 이 사람이 어머니의 아들입니다' 하시고 그 제자에게는 '이분이 네 어머니시다' 하고 말씀하셨다. 이때부터 그 제자는 마리아를 자기 집에 모셨다."

　　요한 사도는 네 번째 복음과 요한 묵시록을 쓴 복음사가입니다. 그는 예수님이 부활하신 다음, 아시아를 돌아다니며 복음을 전파하다가 로마로 돌아왔습니다.

　고대부터 내려오는 전설에 의하면 요한 사도는 도미치아노 로마 황제의 박해 때 잡혀서 끓는 기름 솥에 던져졌다고 합니다. 그러나 그는 기적적으로 아무런 상처도 입지 않았습니다. 지금도 기름 솥의 기적을 기념하여 5월 6일을 요한 사도를 위한 기념일로 정하고 있습니다. 병사들은 놀라운 광경에 어떻게 해야 할지를 몰라 그를 파트모스 섬으로 귀양을 보냈습니다. 요한 사도는 파트모스 섬에서 요한 묵시록을 썼으며, 에페소로 돌아가서 복음을 전하다 100살이라는 많은 나이로 세상을 떠났습니다. 그는 사도들 가운데에서 가장 오랫동안 살았습니다.

　성 요한 사도 복음사가는 터키의 수호성인으로 기념됩니다.

다윗은 유대의 베들레헴에서 이새의 막내아들로 태어났습니다. 예언자 사무엘은 이스라엘의 왕으로서 민족을 다스릴 사람을 찾으라는 야훼의 부르심을 받고 이새의 집을 찾아갔습니다. 다윗의 세 형들은 모두 야훼께서 원하시는 사람이 아니었습니다. 그러나 마침내 다윗이 집으로 들어오자, 야훼께서는 "바로 이 아이다, 어서 이 아이에게 기름을 부어라"고 하셨습니다. 사무엘은 다윗에게 기름을 부어 축복을 주고 길을 떠났습니다.

다윗은 어려서부터 수금 연주를 잘하였습니다. 그는 몸이 약해진 사울을 위해 수금을 연주하며 왕궁에서 지냈으며, 블레셋이 전쟁을 일으켰을 때는 고향 베들레헴으로 돌아와 아버지의 양 떼를 돌보았습니다. 어느 날 어린 다윗은 아버지의 심부름으로 형들에게 전해 줄 음식을 들고 이스라엘 군과 블레셋 군이 싸우고 있는 골짜기로 갔습니다. 그는 블레셋 군인들의 대표로 나온 골리앗이라는 거인이 이스라엘과 야훼를 모욕하는 것을 듣고는 "소인이 나가 저 블레셋 놈과 싸우겠습니다"라며 앞으로 나섰습니다. 골리앗은 갑옷도 없이 막대기와 돌팔매 끈을 들고 있는 다윗을 우습게 여겨, "막대기는 왜 가지고 나왔느냐? 내가 개란 말이냐?" 하고는 자기 신의 이름을 부르며 다윗을 저주하였습니다. 그러나 다윗은 겁을 먹기는커녕 "오늘 야훼께서 너를 내 손아귀에 넣어 주셨다. 나야말로 네 놈을 쳐서 목을 떨어뜨리고 네 시체와 블레셋 전군의 시체를 하늘의 새와 들짐승의 밥으로 만들어 주리라. 그리하여 이스라엘이 모시는 하느님이 어떤 분이신지 천하에 알리리라"고 소리쳤습니다. 다윗은 재빨리 돌 하나를 꺼내어 팔매질을 하여 다가오는 골리앗의 이마에 정확히 맞추었습니다. 골리앗이 이마에 돌을 맞아 땅바닥에 쓰러지자, 다윗은 골리앗의 칼을 뽑아 들고 그의 목을 잘라 버렸습니다. 그러자 그 모습을 보고 있던 블레셋의 군대는 도망치기 시작했습니다. 이스라엘과 유대 군대는 이 기회를 이용해 블레셋 군대를 크게 이겼습니다.

용감한 다윗에 대한 사람들의 사랑과 관심이 커지자, 사울은 질투 때문에 무척 괴로워했습니다. 그러나 이스라엘과 유대는 다윗을 더욱 좋아하게 되었으며, 사울이 죽자 다윗은 이스라엘의 왕이 되었습니다. 예수님이 태어나시기 1040년 전의 일이었습니다.

다윗왕은 예루살렘을 정복해서 이스라엘의 수도로 삼았으며, 영토를 넓히고 풍부한 자원을 확보했습니다. 그는 이스라엘을 위해 많은 공적을 세웠지만, 우리야를 죽이고 그의 아내 바쎄바를 아내로 맞이하는 잘못도 저질렀습니다. 다윗은 예언자 나단의 충고를 듣고는 "내가 야훼께 죄를 지었소"라며 자신의 죄를 고백하였습니다.

다윗은 기원전 1001년 세상을 떠났습니다. 그는 시편 가운데 많은 글을 직접 지었습니다. 성 다윗은 하느님을 위해 목숨도 바칠 수 있는 용기와 믿음으로 행동을 하며 사람들에게 힘을 주기도 했지만, 보통 사람들처럼 죄를 저지르기도 했습니다. 그러나 그는 자신의 행동을 돌이켜 반성하는 모습도 보여주고 있습니다.

"야훼는 나의 반석, 나의 요새, 나를 구원하시는 이, 나의 하느님, 내가 숨을 바위, 나의 방패, 승리를 안겨 주는 뿔, 나의 산채, 나의 피난처, 포악한 자들의 손에서 이 몸 건져 주셨으니, 찬양을 받으시라."

성 실베스트로

〈기념 축일: 12월 31일〉

실베스트로가 언제 태어났는지는 확실하지 않습니다. 그러나 그가 314년부터 335년까지 교황으로 재임했다는 사실은 분명합니다. 그는 로마제국에서 태어난 로마 시민으로서 어려서부터 그리스도교를 믿었습니다. 로마의 황제 콘스탄티누스는 313년 밀라노 칙령으로 모든 그리스도인의 믿음의 자유를 보장하였습니다. 따라서 실베스트로 교황은 지금까지 3백 년 가까이 교회가 받아 온 박해의 두려움이 없이 사목 활동과 전도 활동을 지도할 수 있었던 최초의 교황이 되었습니다.

교황으로서 실베스트로는 재임 기간 동안 니케아 공의회를 비롯한 여러 회의를 통해 교회의 일치를 위해 많은 노력을 했습니다. 그는 예수님의 신성을 거부하는 아리우스파의 잘못을 지적하고 흩어져 있는 교회를 하나로 일치시키는데 모든 힘을 기울였습니다. 또한 실베스트로 성인은 세계의 모든 그리스도인을 위해 레트란의 성 요한 대성당, 성 베드로 대성당, 성 바오로 대성당을 비롯한 몇 채의 대성당을 세웠습니다.

기록에 의하면 실베스트로는 로마 황제 콘스탄티누스에게 그리스도교의 정신을 알려주었으며, 황제가 그리스도교의 자유를 인정할 수 있도록 꾸준한 노력을 하였다고 합니다. 또한 성인은 콘스탄티누스 황제가 개인적으로 그리스도인으로 세례를 받을 수 있도록 그에게 복음 정신을 설교했다고 합니다.

수백 년 동안의 긴 박해가 끝나고 새로운 평화의 시대가 시작되면서 교황으로 재임한 성 실베스트레의 기념 축일이 한 해를 마치는 12월 31일이라는 사실은 한 해를 마치고 희망의 새해를 맞이하는 의미도 될 수 있을 것입니다.

"그는 자신이 맡은 하느님의 양 떼들을 먹이고, 이끌어 주었으며, 그들을 위해 밤을
지새우곤 했습니다."